万举 李玉中 著

国家粮食安全与农地权利制度创新研究

National Food Security and Innovation of Rural Land Rights System

中国社会科学出版社

## 图书在版编目（CIP）数据

国家粮食安全与农地权利制度创新研究/万举，李玉中著 . —北京：
中国社会科学出版社，2015.12
ISBN 978 - 7 - 5161 - 7136 - 3

Ⅰ.①国…　Ⅱ.①万…②李…　Ⅲ.①粮食问题—研究—中国
②农地制度—研究—中国　Ⅳ.①F326.11②F321.1

中国版本图书馆 CIP 数据核字（2015）第 283346 号

| 出　版　人 | 赵剑英 |
| --- | --- |
| 责任编辑 | 侯苗苗 |
| 特约编辑 | 沈晓雷 |
| 责任校对 | 魏晶晶 |
| 责任印制 | 王　超 |
| 出　　　版 | 中国社会科学出版社 |
| 社　　　址 | 北京鼓楼西大街甲 158 号 |
| 邮　　　编 | 100720 |
| 网　　　址 | http：//www.csspw.cn |
| 发　行　部 | 010 - 84083685 |
| 门　市　部 | 010 - 84029450 |
| 经　　　销 | 新华书店及其他书店 |
| 印　　　刷 | 北京君升印刷有限公司 |
| 装　　　订 | 廊坊市广阳区广增装订厂 |
| 版　　　次 | 2015 年 12 月第 1 版 |
| 印　　　次 | 2015 年 12 月第 1 次印刷 |
| 开　　　本 | 710 × 1000　1/16 |
| 印　　　张 | 17.75 |
| 插　　　页 | 2 |
| 字　　　数 | 300 千字 |
| 定　　　价 | 68.00 元 |

# 前　言

　　"民以食为天"，"手中有粮，心中不慌"，这历来是中国传统社会稳定与发展的较为通俗的基本理念。在传统农耕文明中，以农为本、保证粮食安全是治世的基础，甚至是首要任务，理所当然。但在现代社会中，除农业之外的其他各行各业蓬勃发展，农业产值占整个社会总产出的比重大大下降（2014年中国第一产业总产值占国内生产总值比重已降至9.17%，其中粮食生产的总产值就更低了。据《国际统计年鉴2014》，2011年世界平均农业增加值占国内生产总值比重仅为3.1%。而2014年中国粮食总产量已达到6.07亿吨，人均粮食占有量已接近900斤），这给人们一种似是而非的感觉：在农业以外的社会成员只要有了较高收入，就不愁买不到粮、不愁吃不饱饭。对整个国家而言，这种看法适合吗？显然没这么简单，我们很难基于单个人的吃饭问题线性推论国家粮食安全。

　　人们关于粮食安全的认识有一个逐渐深化的过程。自1974年9月在罗马召开"联合国世界粮食大会"，经1996年、2002年的"世界粮食首脑会议"，联合国粮食及农业组织（FAO）都有关于粮食安全的定义，并强调"按照获得充足食物的权利和人人享有免于饥饿的基本权利，重申人人有权获得安全而富有营养的粮食"，到2009年《世界粮食安全首脑会议宣言》中的定义："粮食安全系指所有人在任何时候都能通过物质、社会和经济手段获得充足、安全和营养食物，满足其过上积极、健康生活的膳食需要和饮食偏好。粮食安全的四个支柱是可供应量、获取渠道、充分利用和稳定供应。营养是粮食安全概念中不可分割的一部分。"进而到联合国粮食及农业组织2013年的报告《世界粮食不安全状况2013：粮食安全的多元维度》进一步深入细化，强调粮食安全的多元维度（细分有30个指标）。同时，世界各国对粮食安全也有多种定义但都基本接受粮农组织的共识定义，这说明，人们对粮食安全的认识越来越广、越深入、越精细，粮食安全已成为综合性、复杂性的社会经济问题。

目前，对于中国这样一个仍处于发展中国家的人口大国、农业大国而言，论及国家粮食安全，重点已不在于重要不重要，而在于如何有效保障国家粮食安全。大致可从技术与制度两个方面做出努力。技术上重点在保障提供粮食的数量、质量与结构。尽管现代技术进步给人们一种乐观前景，但这需要一个渐进、持续的过程，并且在一定时期内受资源环境的局限。因此，从制度角度保障与激励粮食的生产、交易与分配就成为应对或摆脱可能的粮食危机的另一种可行选择。在诸多制度中，农地制度居于核心地位。这不仅在于农地是粮食生产的核心要素与基本资源，更在于农地制度的变革或创新牵动着其他关联粮食生产的诸多要素流动与配置，对保障粮食安全起着基础性作用。在现代市场经济中，农地制度重在农地权利的保障与交易。正如巴泽尔所言，经济实践中"人们对资产的权利都不是永久不变的，它们是他们自己直接努力加以保护、他人企图夺取和政府予以保护程度的函数"。

因此，论及农地权利，必须密切关联个人、社会和国家三方面。个人，即谁的农地权利？哪些权利？如何获取与使用？等等；社会，即哪些人或组织与此农地权利相关？如何关联、如何影响个人的农地权利？等等；国家，即国家保障谁的权利？如何赋予和保障农地权利？保障程度如何？哪些法律法规落实农地权利？等等。任何现代个人与社会都是在国家治理下的个人与社会。这说明国家的重要地位，而国家是通过各级政府直接体现出来的。

国家与社会也在不断演化。当代中国正处于双重转型时期，工业化、城镇化在加速推进，现代市场经济机制逐渐拓展、渗透到社会经济生活的方方面面。在这样的宏观背景下，"农业、农村、农民"问题急剧变革，"城中村"、"农民工"、"新市民"、"空心村"、"农地非农化"、"农地非粮化"、"耕地红线"、"强拆"、"失地农民"、"农地撂荒"、"耕地细碎化"、"留守儿童"、"被上楼"、"耕地污染、退化"等问题不断涌现。一方面城镇化和工业化争夺土地、减少耕地；另一方面，保障国家粮食安全需要保证一定规模的耕地，这两者似乎成为不易解决的尖锐矛盾。在这些急速激变中，政府在起着哪些作用？政府应当起到哪些作用？各级政府如何应对？政府自身如何变革？尤其是近年来在中国人均国内生产总值达到4.65万元人民币（2014年）、社会经济进入"新常态"之后，伴随着中国"一带一路"战略的实施之际，跨太平洋伙伴关系协议（Trans－Pacific Partnership Agreement，TPP）突破传统的自由贸易协定（FTA）模式继而来袭，如何在新的国内外环境下推进农业融入国际市场、农村和农民现代转型？这对国家粮食安全、农地利用和农地权利保障都将带来巨大挑战。

国家是每个人的国家，权利都是具体个人的权利。保障国家粮食安全即要保障我国所有人的粮食安全。推进农地制度创新重在强调农地权利制度创新，强调具体个人的农地权利。现代市场经济一定是各类主体的市场经济。农民或新型农民在新型农村、现代农业中的重要主体地位就凸显出来。农民的经济机会、农民集体的自我治理、农民的土地权利保障、农民的自组织、现代农村转型、农村社区或村社变革等，诸多方面对保障国家粮食安全不但紧密相关，而且更是农地权利制度创新的基础环境。迅捷性适应新环境，创新性应对新挑战，无论国内外环境如何变化，只要策略及时得当，变"危"为"机"，这不能不说是走出短期困境、高效保障国家粮食安全和稳步推进农地权利制度创新的巨大机遇。

全书从国家、社会与个人之间关系的角度构架内容，既关注社会经济转型大背景，又强调农民个人的土地权利与农地利用；既分析国家、政府角色，又剖析其中相关组织或个体（农民）的行为。主要内容曾作为学术论文在各类学术期刊发表，其中有《改革》、《农业经济问题》、《财经问题研究》、《中国农学通报》、《学术月刊》、《天府新论》、《北方经济》等，在此对他们表示感谢。

作者所做相关研究中的实际调研资料来自多个省份，但主要调研活动是在河南省进行的。河南作为中国的农业大省、粮食大省、农民大省、人口大省，有"中国粮仓"之美誉，正逐步演变为"中国厨房"。目前，河南省是《国家粮食生产核心区规划》、《中原经济区规划》、《郑州航空港经济综合实验区发展规划》三大国家战略规划全面实施的主体省份，研究河南省粮食生产、耕地保护与农地权利制度创新问题更具有典型意义与现实意义。这也是作者进一步深入与拓展相关研究的良机。热切盼望学界同人倾心交流，电子邮箱 wanjucn@ sohu. com 或 wanjucn@126. com。

本书受河南省省级重点学科（区域经济学）（河南省教育厅教高〔2013〕56 号）的基金资助，同时得到本重点学科带头人朱杰堂教授的鼎力支持，在此深表谢意。

本书得以正式出版，还要感谢中国社会科学出版社全体员工的大力支持与辛勤工作，尤其应感谢责任编辑侯苗苗女士，他们的认真与坚持、严谨细致与高度责任感大大提高了成书质量，为本书增色良多。

作者学识水平浅陋、实践经验有限，此次部分论文结集出版，也是一个向方家学习的机会，诚惶诚恐。敬请同人、大家不吝赐教，拜谢之至。

万 举

2015 年 10 月 6 日

# 目　　录

## 第一篇　国家、农民与农地制度

# 第二篇 粮食安全与农地利用

# 第三篇　社会经济转型与农地权利变革

# 第一篇　国家、农民与农地制度

# 第一章 国家权力下的土地产权博弈

## ——城中村问题的实质*

在进入 21 世纪后，我国城市化进程的快速推进使得城中村问题凸显，尤其是近几年在许多大中城市成为城市发展不可绕过的棘手问题。"城中村"指在转型经济城市化进程中，由于城区不断扩张，城市周边农村村落先后被包围在城市建成区或规划区内，成为城市里的村庄，村庄农业生产内容逐渐削减而原有社会管理状态基本不变，是中国城市发展中出现的特殊现象。对城中村问题的有关研究主要有以下视角：（1）产权分析角度，尤其是土地产权，产权与社会成本的关系；（2）政府主导作用的角度；（3）政府、城市与村民等各方行为主体利益协调的角度；（4）公共物品供给的角度；（5）较全面关注社会经济发展的各种制度安排的角度（包括土地产权、二元社会经济管理体制等）；（6）农民主体和农民现代化的角度；（7）社会学考察社会总体发展转型的角度；等等。笔者认为，城中村问题产生于一个复杂的社会系统，解决城中村问题必须与中国特殊的社会经济转型相联系，其关键是国家权力影响下的集体土地产权博弈问题。

## 第一节 二元制度下的权力与利益对等
### ——城中村集体土地产权利益困境

#### 一 城中村的现状

从城中村发展现状回望，它在各地的演化虽不同，但总体有如下共同点：

---

\* 本章内容曾发表于《财经问题研究》2008 年第 5 期，第 11—16 页。

（1）城市经济与乡村经济从最初的明显分割到不断融合。村中土地经过逐步被征收，到被城区包围只剩下村民宅基地和集体公用地，城中村逐渐服务于城市社会经济发展，临街、临路房屋被改为各种店面，成立各种经济组织，村民自建房变为城市低收入者的廉租房。城中村这种"无农的村落"[1]俨然成为城市独特的社会服务体。

（2）城中村社会生活环境恶化。城中村仍属于乡村式的自然演化态势，管理体系也没有太大变化。较差的卫生条件，缺乏合理规划和乱搭滥建，各色人等杂居下的现世百态，严重的"黄、赌、毒"问题，都使城中村比邻近城区"脏、乱、差"，甚至被人视作城市"毒瘤"。

（3）城中村成为城市生活的"村落孤岛"。村里人出村入市，但回村又回归到"城市化"的乡村式生活中。不论从生活方式看，还是从社会经济形态的活动规律、管理方式和管理水平看，城中村与它所处的城市都有一种异样的隔膜。

（4）城中村成为城市低价生活区。躲避严格的城市管理，村民自建房成廉租房。松懈的管理降低了村中各种活动的交易成本，各种经济活动进入门槛较低，城中村俨然成了各类市场的自然生成基地。低房租、低交易成本、低生活成本使城中村成为城市中的低价生活区。

（5）城中村改造已成为城市和谐发展的重要条件。随着城市现代化的发展，城中村成了城市中的"化外之地"。"脏、乱、差"和"黄、赌、毒"猖獗成了城中村最大的现实问题。城市现代发展需要每一部分协调并进，城中村不可能长期处于同城市"排异的隔膜"状态。

**二　城中村的改造困境**

一个国家的城市化进程与其经济发展和工业化进程一般是同步的，但我国一直存在城市化滞后情况。[2]造成以上现象的直接起因在于：经济转型过程持续存在的城乡二元社会经济生产生活方式及其管理体制。其中，最核心的就是二元土地制度和二元户籍制度。

**（一）二元土地制度安排：层级控制的集体土地产权制度**

根据《宪法》和《土地管理法》，城市土地国有，农村和城市郊区土地除由法律规定属于国有以外属于集体所有（包括宅基地和自留地、自留山），国有土地所有权由国务院（或各级政府）代表国家行使，农村集体土地由村集体经济组织或村民委员会代为经营、管理。即便在城中村形成以后，村中土地仍由"村集体经济组织或者村民委员会"代行集体所有权。国有土地由各级政府代行国有产权，其产权收益归国家财政。但是，集体土地产权的具体所有者身份复杂，产权行使主体分散，形成实际上的层级控制的产权制度。

（1）各产权行使主体分割集体土地产权，三级分享。由人民公社体制继承下来的"三级所有，队为基础"，这已成为农村基本土地产权形式。由乡、村、组三级分割行使集体土地所有权，村民实际行使占有权、使用权。

（2）集体土地产权行使主体相互影响，影响力自上而下不对等。乡镇政府是国家的基层行政机构，村委会（代表全体村民）是自治组织，村民小组只是村委会下的内部治理分支集体，对外不具有明确的法律地位。村庄集体土地产权存在村委会与村民小组之间共同分享态势，分享程度由村委会权威大小而定。乡镇政府对村集体有行政管理指导权，不仅对自身掌握的集体土地行使产权，对村、组集体土地权利行使也有较强的影响力。

在城中村改造实践中，土地产权的处置通常采取由地方政府将集体土地统一国有化后再招标、拍卖或挂牌甚至协议出让的方法。由于集体土地产权主体复杂，各主体关注的权利实现形式和内容不同，利益诉求不一致，在土地权属变更中，就容易产生激烈的权利冲突。

（二）二元户籍制度安排：范围稳定的利益分配制度

城中村改造还受来自与集体土地紧密联系的其他制度安排的限制。主要是附加了许多社会管理职能的城乡二元户籍制度。

（1）二元户籍制度是其他许多制度功能得以实现的重要载体。在为追求赶超战略的特定条件下，一个落后农业国加快工业化进程必须进行大规模的资金积累；同时为适应命令式的计划经济体制，国家建立二元户籍制度完成城乡分割，并以户籍制度为依托就城乡附加不同的财政税收、文教卫生、就业退休、社会保障、行政管理等一系列制度安排。[3]国家对市民逐渐建立起由此类制度进行的全面保障，而农民实际只获得集体土地占有权、使用权，可以说，村民的一切社会保障、经济保障、生活保障全由自己从土地中获取。

在这一历史大背景下进行城中村改造，户籍上的村民变市民的转换本质在于：村民如何获取集体土地产权利益，如何建立起保障社会经济生活的一系列制度安排。若仅仅是户籍转换，这种改变就形成新形势下的再次不公平剥夺，是社会不安定的导因。并且，这种前期城中村改造的示范效应可能加大后续改造的障碍。

（2）户籍制度划定了集体土地利益分享的范围。村民不顾安全大肆营造多层"握手楼"、"贴面楼"，获取许多房租收入。一般农村并无多少益处的村籍户口，在城中村里都会带来直观的显性收益，村民通过城中村户籍分享集体土地上的利益。城中村户籍此时变为集体土地利益的分享凭证，并借此可换回与市民类似（尽管水平不同）的社会保障。如果在改造时打破了这种利益分享机制，又不能同时建立替代机制，城中村改造就难以顺利成功。

### 三 新环境下二元制度安排带来冲突的根源——权力与利益的对等诉求

同样的二元制度安排，同样在政府管理、指导与推动下进行社会经济活动，为什么在计划经济体制下和改革开放之后较长时期内，都没有出现这么多明显的矛盾与冲突？为什么政府推动的城中村改造会产生这么多棘手的问题与冲突？这应从国家权力与经济利益的关系以及对应的产权制度变迁来分析。总之，行为主体的权力与利益应是对等的，如果出现大的偏差失衡，就会带来不稳定，矛盾与冲突就不可避免。

（一）如何看权力、产权与经济利益

"权力就是以资源占用为基础，以合法强制为凭借的社会支配能力"，而"权力资源是权力主体影响权力客体行为的资本或手段"。[4]权力资源"可以分为两类：配置性资源和权威性资源。配置性资源指对物质工具的支配，这包括物质产品以及在其生产过程中可予以利用的自然力；而权威性资源则指对人类自身的活动行使支配的手段"。[5]实际上，配置性资源就是经济资源；权威性资源就是政治资源，主要包括监控、组织、制裁、意识形态等治理的手段。[5]权力主体会运用自身掌控的经济和政治两类资源影响社会经济制度安排及其运行，国家（或政府）是其中规模最大、能力最强的权力主体。

"产权是一个社会所强制实施的选择一种经济品使用的权利"，[6]"在任何社会里，资源的个人使用权（即产权）都能得到解释，即它们得到了社会风俗习惯、约束机制以及以国家暴力或惩罚为后盾的行使法律的支持"；[7]个人对资产的产权由消费这些资产、从这些资产中取得收入和让渡这些资产的权利或权力构成。一个人对自己产权的强度依赖于他对自己产权的保护努力程度、他人企图夺取和政府予以保护的程度。[8]产权经济学家在对产权进行含义阐释时从未忘记产权界定、实施所受到的来自社会经济背景的约束，而这种约束或保证主要由国家（或政府）来提供。

国家作为社会最大的权力主体不仅自身掌控经济资源，且有独一无二的政治资源来保障和监控社会各种制度安排的实际运行。人们就难以分清国家是为整个社会福利最大化而行动还是为政府掌控的经济利益最大化而行动。但是，一个国家的"宪法决定了基本的产权，国家既提供仲裁与执行规则的框架，又颁布行为规则，依此降低政治结构中的服从费用和经济部门中的交易费用"，"这样，构成经济组织的契约关系形式主要是由国家决定"。[9]因此，国家权力对产权制度安排的影响是基础性的。

许多经济学家有以下共识：国家或政府对于经济利益与政治权力之间关系的掌控协调存在一种替代关系。[10][11][12]笔者认为，在一个社会的稳定宪法秩序下，这种替代关系是以保证国家或政府足以掌控整个社会为基准，不仅仅是经济利益与政治权力之间的二选一。并且，行为人（指国家、组织或个人）获得的经济利益与其所拥有的政治权力最终是相统一的。否则，要么是行为人不能实现权力对应的经济利益而受到损害（如弱化或失去权力）；要么是行为人会为获取经济利益而对制度安排进行变通、扭曲甚至于对其进行变革。

以私人产权利益获取为例，说明权力对产权利益实现的影响程度，可见表 1 - 1。

表 1 - 1　　　　私人产权获取方式及其利益分享与权力影响

| | 分权 | 部分集权 | 集权 |
|---|---|---|---|
| 产权获取方式 | 自由市场下的交易 | 权力约束限制下的交易 | 权力全面控制下的分配 |
| 产权主体 | 个人 | 个人或个人联合的集体 | 国家 |
| 核心主体（控制主体） | 自由的个人 | （受约束的或集体中的）个人 | 国家（集体）代表全体个人 |
| 核心主体的产权利益 | 个人获取所有产权权束的利益 | （约束下的）绝大部分产权权束利益 | 国家获取绝大部分产权权利束利益 |
| 利益获取方式 | 交易或持有 | 约束下的交易或持有 | 国家权力控制直接获取 |

（二）计划经济体制下二元制度安排的权力与利益

根据上述观点，如果是一个高度集权的政府，那么，国家权力就会无时无处不在地决定或干预产权利益的分配。

在原有计划经济体制下，第一，国家对几乎全部社会资源拥有产权，并根据国家需要划分每一种生产要素的流动方式与范围。社会资源都由政府指令性计划进行调拨，这种配置方式本身就是权力运作的结果，所带来的经济利益必定由对应的权力主体（即国家）获取与分配，国家权力与国有产权是合一的。第二，在集体所有制下，各种资源（包括劳动力、土地等生产要素）被划定在各个范围内为"集体所有"，其产权属于集体，由此产生的利益在集体范围内由集体权力分配；国家权力通过集体组织体现为集体权力，与集体产权是合一的。

（三）　国家权力推动下的城市化：政府与城中村村民的权力

我国城市化进程是伴随着改革开放的深化和整体经济发展水平的提高而加速。处在经济体制转型过程中的政府权力仍然主导整体国民经济发展方向和速度，城市化的主要外在力量来自（地方）政府。

（1）政府推动城市化的力度决定了城中村的形成速度。政府推动下的大规模城市扩张迫使邻近乡村被包围到城区之中。除了集体土地急速被政府征收而减少之外，村落的其他一切似乎变化不大。待到村庄周围城市街道变得繁华、村庄被挤压到村民宅基地边沿的时候，被挤压着的乡村村落就成了城中村。

（2）政府推动的城市化进程强化了城市体系主导社会经济发展的格局。原有的城乡二元制度安排中的农村社会经济本就处于弱势地位；政府在经济转型中仍持续实行"城市偏向"政策，城市的强势地位得到强化，城市体系的一切被置于乡村社会经济体系之上，原有乡村村落自然生长发展状态也被打乱。从这一方面说，城中村就是在政府推动下的城市体制进一步强化对社会经济的主导作用的结果。

（3）自上而下的权力体系使村民只能接受变革现实。中国转型经济的重要特征是平滑式的转型，基本的宪法性秩序的改变是连续平滑的。[13]与原有资源配置方式相伴随的权力影响仍然存在，渗透于逐渐形成的市场体系之中，并继续影响集体产权的实施过程。虽然村委会是经村民直选建立的自治组织，但是，村党支部的权威性和乡镇政府对村集体的行政管理指导，加上城市管理体系的外在约束，在快速城市化的强大冲击面前，城中村村民始终处于弱势一方，只能被动接受变革事实。权力部门站在城市利益一方，成为"城市的政府"。

（四）城中村中的权力与利益的互动变化

随着市场经济的发展，独立的产权主体不断形成，各生产要素经过产权明晰逐渐脱离和弱化了行政权力的影响。集体土地产权却仍处于权力影响之下，没有如其他产权那样得到清晰的界定和实施。三级主体分享产权收益的格局并没有改变，国家权力的影响也不可能从村党支部或乡镇政府消失，这样，集体土地产权从来就不会与行政权力体系明确割裂。尽管宪法等都规定农民集体是集体土地的实际所有者，但这种"集体"对集体土地产权没有明确的实施机制，为各级权力部门干预或分享集体土地产权提供了机会。保障产权实施的国家司法机构也因集体土地权利主体模糊而较难排除权力干预，出现保障的不确定性。最应当享受集体土地利益的村民变为缺乏权力保障、后续的利益分享者。

因此，所谓侵害村民集体土地利益的事情实际是与村民实施产权缺乏权力保障相对应的。一旦村民群体申诉或上访、集体暴力事件发生，村民利用这种激烈冲突形式显示自身权力时，行政权力部门才可能减少或消除干预，村民或可保护或增加集体土地产权利益。然而，一旦冲突发生，已有法律规范就使这种冲突方式转换了村民权力显示与土地权利索取性质，集体土地利益的最终获取就可能变得得不偿失。

总之，城中村集体土地产权利益虽随着城市化进程增加了，但受到的权力影响并未被削弱。村庄集体土地上的原有权力与利益分配格局在受到经济环境变化的冲击时，权力与利益的不平衡互动就可能带来冲突。

## 第二节 城中村改造的实质：产权博弈与权力关系重构

随着社会主义市场经济体制的建立健全，城乡二元制度安排及其利益分配格局在新环境下应当改变，但这是一个政治权力与经济利益相互协调、重新安排的过程。城中村改造中附加在集体土地上的权力与利益就是如此。

### 一 城中村改造的核心是集体土地产权交易

对城中村改造总体而论，一方面原有乡村社会变为市民社会，是一个社会改造过程；另一方面是深植于乡村社会内部的经济权利关系的变动。

村集体土地一直承担着全体村民的社会保障和基础的社会经济活动。如果集体土地产权发生转换或消失，而相对应的承接机制不能很好地建立起来，那么，试图建立的市民社会就失去了稳定的基础，原有乡村社会也会陷入混乱，从而增加新的城市问题。集体土地产权的实施与转换决定着乡村社会改造的成败。

因此，集体土地产权实施与交易处于城中村改造的核心地位。

## 二 集体土地的产权博弈

对政府与城中村村民关于集体土地产权交易及其效率结果可用博弈论分析。政府是否利用权力来分享集体土地产权交易利益可有策略"分取"和"不分取"；村民对此有两种行为选择即"抗争"和"不抗争"。如果我们假设集体土地产权交易带来效用收益为100，政府采取"分取"策略和村民集体采取"抗争"策略都会花费成本，即便有一方采取进攻性策略都会使集体土地产权利益损失，从而使社会利益总和小于100。若在政府不分取时，它仍可以以税收形式获取收益为20；此时村民可能以生活水平受到影响等原因抗争，政府和村民也都会付出成本。这样，双方关于集体土地产权博弈可如表1-2所示。

最终的纳什均衡为（35，45），即政府采取"分取"策略，村民集体采取"抗争"策略，双方都消耗了社会资源，为获取集体土地产权交易收益而付出了成本，使总体利益降为80。实际上造成了集体土地产权交易中的效率损失。

表1-2 　　　　　　　　　　集体土地产权收益分享博弈

| | | 政府 | |
|---|---|---|---|
| | | 不分取 | 分取 |
| 村民集体 | 不抗争 | （80，20） | （20，70） |
| | 抗争 | （75，15） | （35，45） |

当然，表1-2只是一个简化的完全信息静态博弈分析。但是，当我们考虑到在制度分析中引进特定的"知识传统"的时候，即便是在不完全信息动态博弈分析下存在"众多的可能的混合策略纳什均衡"，其中某一个特定的均衡就具有现实性。这即是"制度的特定历史分析"，它要求制度分析首先从特定社会的历史开始，而特定历史分析方法意味着每一个

所观察的制度，必定是从一个特定的历史中演变出来的，从而其产权安排必定不同于其他社会的产权安排。[14] 关于集体土地产权的"知识传统"主要是由计划经济体制延续而来，国家掌控全社会资源并决定其利益分配，国家权力使得"城市的政府"主导二元制度安排。因此，集体土地产权的收益受到国家权力的掠取是不可避免的，村民获得集体土地产权的收益的多少就在于村民集体保护与抗争的强度和能力。

### 三 权力关系重构与利益分享

现代市场经济是一种分散决策机制并崇尚权利主体的平等交易。在一个以平滑模式转型的国家里，原计划经济体制下的宪法性秩序是一种行政秩序，市场经济体制下的宪法性秩序是法律和信用秩序，包括经济体制在内的宪法性秩序的变化是一个连续和平滑的过程。[13] 因此，原有资源配置机制中的权力也逐渐让位于市场中平等交易的经济权利，即将资源配置的权力从行政部门转移到市场中独立分散决策的各个经济行为主体。在这一转型过程中，权力关系在不断重构，配置经济资源的权力不断由新产生的市场主体来分享成为经济权利。最终，国家（政府）从社会资源的全面配置者，转变为宪法性秩序下的市场监管者和公共物品的主要提供者，原来的个人或组织变为独立的市场利益获取者或分享者。

在城中村中，原有层级控制的集体土地产权仍由三级主体分享其产权利益，甚至存在某一上级行政部门完全操纵土地产权转换的现象。因此，城中村改造各主体（村、乡镇、市政府）对于集体土地产权利益的分享也是与其权力分享相对应的。随着市场经济的发展，原有附加在集体土地产权上的行政权力都会逐步削减，转化为利益主体之间平等的权利交易关系，尽管在这一过程中有可能出现权力"寻租"现象。如果权力部门仍死守原有权力—利益分配格局，利益增长和社会转型总会激发矛盾冲突。

因此，城中村改造的实质就是附加在集体土地产权上的各种权力主体进行权力重构和产权博弈，在平滑的重构转换中分享产权利益，改变利益分配格局。总体趋势是，决定集体土地产权利益的权力向村民集体转移，同时对应的土地利益也向村民集体转移。

若以实线表示强权力关系和土地利益获取量多，以虚线表示弱权力关系和较少的土地利益获取量，如图1-1所示，从（a）向（b）的过渡示意了城中村改造中集体土地产权利益分享态势变化。

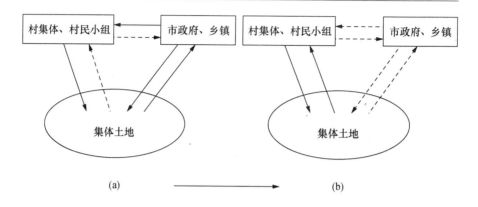

图1-1　城中村改造中集体土地产权利益分享态势变化

# 第三节　小结

　　城中村问题的根源是原有城乡二元经济下的二元制度安排，其中集体土地产权的实施在改造中居于核心地位。但是，城中村集体土地上原有的权力影响不可能立即消失，同整个国家社会经济转型一样，也是一个平滑渐变过程，是在国家权力下的产权博弈过程。处理好附加在集体土地上的权力结构变化与利益分享的平衡对等非常重要。然而，试图解决二元制度安排就解决了二元经济结构所带来的所有问题吗？"半城市化现象"也使人看到其他分析思路。[15]因此，城中村改造与加快城市化进程也许有更多的备选方案。

**参考文献**

[1] 李培林：《村落的终结——羊城村的故事》，商务印书馆2004年版，第27页。

[2] Zhang Li, *China's Limited Urbanization under Socialism and Beyond*, New York：Nova Science Publisher, Inc., 2004, pp. 13 - 21.

[3] 林毅夫、蔡昉、李周：《中国的奇迹：发展战略与经济改革》，上海人民出版社1994年版，第18—54页。

[4] 郭正林：《中国农村权力结构》，中国社会科学出版社2005年版，第21页。

[5] ［英］安东尼·吉登斯：《社会的构成：结构化理论大纲》，李康等译，生活·读书·新知三联书店1998年版，第8—9、14—17页。

[6] ［美］A. A. 阿尔钦：《产权：一个经典注释》，载 R. 科斯等《财产权利与制度

变迁——产权学派与新制度学派译文集》，刘守英等译，上海三联书店1994年版，第166页。

[7]［美］阿曼·阿尔奇安：《产权经济学》，载盛洪《现代制度经济学》（上册），北京大学出版社2003年版，第69页。

[8]［美］Y.巴泽尔：《产权的经济分析》，费方域、段毅才译，上海三联书店1997年版，第2页。

[9]［美］道格拉斯·C.诺斯：《经济史中的结构与变迁》，陈郁等译，上海三联书店1994年版，第230页。

[10] Mancur Olson, "Dictatorship, Democracy, and Development", *The American Political Science Review*, Vol. 87, No. 3, 1993, pp. 567 – 576.

[11]［美］M.奥尔森：《权力与繁荣》，苏长和译，上海人民出版社2005年版，第1—19页。

[12] Y. Barzel, "Property Rights and the Evolution of the State", *Economics of Governance*, No. 1, 2000, pp. 25 – 51.

[13] 周冰：《经济体制转型的平滑模式与突变模式》，《财经论丛》2005年第1期，第1—5页。

[14] 汪丁丁：《产权博弈》，《经济研究》1996年第10期，第70—80页。

[15] 郑艳婷、刘盛和、陈田：《试论半城市化现象及其特征——以广东省东莞市为例》，《地理研究》2003年第6期，第760—769页。

# 第二章 制度效率、群体共识与农地制度创新[*]

## 第一节 引言

随着我国社会经济的快速转型，市场经济机制逐步渗透和深化于各个经济领域，但作为农业生产最重要和最基础的要素——农村土地的市场化进程并不如其他市场一样迅速而完善。这不仅因为要解决中国这样一个历史悠久的传统农业大国、人口大国一直起着社会繁荣稳定"晴雨表"作用的土地问题需要谨慎推进，也不仅因为新时期农地问题的更新、复杂化，更是因为在当今社会经济转型大背景下，农地制度变革或创新必须摆脱旧框架、寻求新思路。

制度效率说明，传统经济学中成本—收益核算的经济效率是在一定具体制度结构下的效率；离开具体的制度结构，简单地以某种产出或收益来评价或比较经济效率高低进而判断社会福利是否进步是不合适的。自由市场"正常的讨价还价（或交易）并不必然导致社会福利最大化，这需要社会福利函数与权利结构紧密一致"，[1]实际上，这一条件很难达到。本章在有关文献对传统经济学的效率、制度和制度结构关系分析基础上，结合我国社会经济转型实践和理论研究成果，从制度效率角度剖析农地制度分析的已有框架，得出以下结论：必须注意到群体共识对权利结构的重要影响，通过引导群体共识建立健全自主治理推进农地权利交易机制构建，进而推动农村社会乃至全社会福利增进。

---

* 本章内容曾发表于《农业经济问题》2010年第10期，第18—26页。

# 第二节 制度效率差异与群体共识决定的土地权利实施

## 一 土地制度的效率比较之惑

在对土地制度分析尤其是对农地制度分析中，许多文献惯于先验地设定一个理想的土地产权结构，从而给现有土地产权制度贴上"残缺的"标签，这也暗含着或推出"现有土地制度低效而有害（或落后）"的论断。这类认识在讨论推进当今农地制度创新问题上（如讨论土地流转上），特别强调土地私有化或国有化等类似主张。但是，我们借用 Bromley[1] 的评论进行模型分析，可以发现，"有效率的产权"分析思路难以自洽。

### （一）不同制度结构下效率的判断

在我国快速推进城市化和农村劳动力转移过程中，尽管农村土地承包经营制度框架没有太大变化，但是，农地实际利用状态和利用主体都在演变，出现土地撂荒、流转不畅、低效利用等情况。加之近些年国际粮价波动和人们对粮食安全问题的关心，农地利用状况及其制度变革日益受到重视。在现有农地制度框架下，基于农地利用现状，我们的分析可从将农村居民划分为两类人开始：收入主要来源于农地利用收益因而希望流转入土地的 H 与收入主要来源于非农经济活动的 N。①

在图 2-1 的埃奇沃思方框中，横轴表示农地利用收益，纵轴表示非农经济活动收益。表明两类人土地权利交易均衡位置的契约曲线上两点 L、L'是在两种土地产权制度安排下：L 点农地可以自由流转，L'点农地不允许自由流转。② 在 L 点，H 相对于不能自由流转处于较高的无差异曲线上；对应地，在 L'点上，H 就不满意。因此，L 和 L'点表明了在两种权利结构下的商品或财富组合，不同的权利结构决定了农地能否自由流转。但是，在每一种权利结构下，我们都可以得出两类人土地权利交易的效率结果。

---

① 这里的 N 类农民可能自己还在耕种所承包的部分土地，但其收入主要来源于非农经济活动，如外出打工、进城做生意、挖沙、开矿、办工厂等。由于他们不大注意将精力放在土地利用上以获取收益，所以出现低效使用土地，甚至撂荒土地也不轻易流转出土地等现象。

② 基于现有《土地管理法》、《农村土地承包法》和现实土地流转实践，这里所讲的土地自由流转主要指能否与非本村集体村民之间流转。

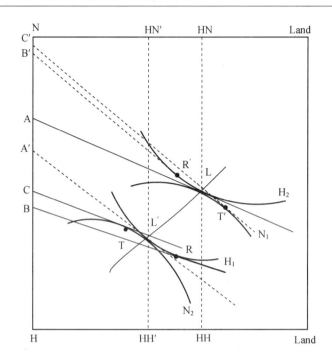

图 2 - 1　农地制度效率比较

（1）农地可以自由流转（L 点）。这就有了可以自由流转的制度结构（L 制度），H 与 N 的土地利用收益分别为 HH 和 HN，他们的非经济活动收益在 H 点与 N 点之间分配。在这种制度结构下，对于 N 而言，他为了维护自己的集体成员权①从而长期保障或巩固土地承包经营权，或者将长期土地承包经营权当作一种财富，倾向于通过讨价还价促使不允许自由流转土地②，即促使 L 点移动到 L′点。但是，这种移动不是经过双方的典型交易沿着契约曲线上的直接移动。假定这种讨价还价是通过拉拢或贿赂甚至生命威胁达成的，显然其结果影响到农村两类人的财富组合状况。N 倾向于 L′制度，他愿意支付一定利益给 H 使 L 点移动到 L′点，在图 2 - 1 中

①　周其仁：《湄潭：一个传统农区的土地制度变迁》，载文贯中《中国当代土地制度论文集》，湖南科学技术出版社 1994 年版，第 37—104 页。

②　允许与非集体成员进行土地流转在集体土地逻辑上就动摇了"成员权"的土地权利内涵，从而可能失去现实和未来的集体土地利益。因此，N 一般不会同意土地与非集体成员间自由流转。"成员权是一种建立在共同体成员身份和关系基础上的共享权利，表明的是产权嵌入于社会关系网络的状态"。[16]

表现为 AC。但是，对这一提议，H 至少应接受 AB 的收益才会同意。显然 AC 与 AB 之间存在差额 BC。这样，有人就会说，L 制度是最优的，因为在 L 点，不通过减少 H 的效用就不可能增进 N 的效用。

（2）农地不允许自由流转（L′点）。若我们将分析起点设为另一种制度结构即 L′制度，那么，若要实行土地制度变革，即变为 L 制度（L′点移动到 L 点），H 就应承担与 N 讨价还价的交易费用（或交易成本，如果有的话）。为此，H 所愿意提供的最大利益是 A′B′，而 N 从制度结构变革中的利益损失是 A′C′。同样，制度变革的损失超过了愿意支付的量，N 不会支持。因此，N 是 L′制度的受益者而 H 又不能支付制度变革的所有损失。这时，有人同样会说，在 L′点，L′制度是最优的。

从上述分析可看出，当讨价还价无成本或近似无成本时，制度变革之初的制度安排或权利结构就是最重要的。在一种初始状况下，L 制度是最优的；在另一种初始状况下，L′制度是最优的。在 L 制度下，N 承担向 L′制度变革的成本；在 L′制度下，H 承担向 L 制度变革的成本。

显然，上述分析都是在"零交易"费用下的，所以，通常讲的效率结果是权利配置状态和收益水平的函数。

（二）效率分析必须与具体社会福利水平紧密结合

在现实中，农民之间的土地流转或交易有可能因各种原因存在看起来利益不对等现象，即一方通过流转或交易攫取通常本属于对方的利益（或称为"敲诈"、"强取"赚了便宜）。

加入"强取"后进行分析。在图 2－1 中的 L 制度下，当交易费用为零时，N 为了获得 L′制度，他愿意支付一定利益 AC 给 H，甚至 AB（假定 H 有办法阻止 L′制度，在 N 愿意支付 AB 时，H 变得更有利可图了）。当交易费用为正时，这种"强取"式交易会受到较大影响，在 N 支付 AC 达成交易的情况下，BC 就成为"交易剩余"并为交易费用设置了最大上限，即如果交易费用超过了 BC，双方都不会愿意进行这种制度交易。同样，在 L′制度下，H 也不会在交易费用大于 B′C′下再愿意进行倾向于 L 制度的交易。因此，即便是加入"强取"式的交易，在现实中交易费用如果大到超过 BC 或 B′C′，这种"强取"式的交易也很难发生。

那么，如考虑到农地流转对社会福利水平的影响，农村土地权利交易后的效率与"强取"式交易存在什么差异呢？我们可利用从图 2－1 延续而来的图 2－2 分四种情况进行分析。在图 2－2 中，EF 是由图 2－1 中的交易

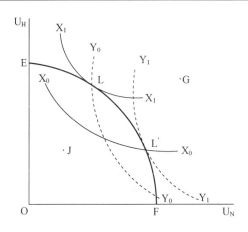

图 2 - 2　土地制度福利影响

契约曲线得到的社会效用可能性边界，$X_i$、$Y_i$ 分别是对 H 有利和对 N 有利的两类社会福利函数下的无差异曲线族。

（1）L 制度和 $X_i$ 无差异曲线。联系上述分析，图 2 - 2 中的 L 点即为社会福利最大化点。如果考虑到 N 有"强取"行为存在：当交易费用为 0 时，我们可以将 L 制度转换到 L'制度而移向 L'点，即由 $X_1$ 移向 $X_0$，此时社会福利水平降低但仍有土地流转；如果交易费用为正但小于 BC，L 制度移向 L'制度而接近 L'点但仍有土地流转。只要交易费用小于 BC 就有可能移向 L'点。只有交易费用大于 BC 不会存在"强取"行为，此时无差异曲线仍保持在 L 点而土地流转存在的社会福利最大的水平上。

（2）L 制度和 $Y_i$ 无差异曲线。如前所述，最初的制度维持在图 2 - 1 和图 2 - 2 中的 L 点，但有社会无差异曲线为 $Y_i$，社会总福利与前述相比降低了。这样，即便有相同的制度和交易，但由于不同的社会福利函数而带来不同的社会福利水平。若 N 有"强取"行为存在：当交易费用为 0 时，将 L 制度转换到 L'制度而移向 L'点时，即 $Y_0$ 移向 $Y_1$，社会福利水平提高了但仍有土地流转；若交易费用为正但小于 BC，L 制度移向 L'制度而接近 L'点而得到同样结果。当交易费用大于 BC 时，不会存在"强取"行为，仍保持在 L 点而土地流转存在，但社会福利水平为 $Y_0$。

（3）L'制度和 $Y_i$ 无差异曲线。如前所述，正常交易使制度保持在图 2 - 2 的 L'点，社会福利水平为 $Y_1$，此时社会福利水平也得到最大化。若 H 有"强取"行为存在：当交易费用为 0 时，L'制度向 L 制度移动，无差异曲

线由 $Y_1$ 移向 $Y_0$，社会福利水平降低但仍无土地流转；当交易费用为正但小于 $B'C'$ 时，$L'$ 制度也会移向 $L$ 制度并无土地流转，无差异曲线 $Y_1$ 移向 $Y_0$ 而社会福利水平降低；当交易费用大于 $B'C'$ 时，仍维持在 $L'$ 制度而无土地流转的社会福利最大的水平上。

（4）$L'$ 制度和 $X_i$ 无差异曲线。如前所述，开始在 $L'$ 制度和无差异曲线为 $X_0$ 的状态，正常交易较难改变这种情况而社会福利水平较低。当存在"强取"行为而交易费用又为 0 时，制度移向 $L$ 点而无土地流转，$X_0$ 移向 $X_1$ 提高了社会福利水平；当交易费用为正但小于 $B'C'$ 时，也会移向 $L$ 点而提高社会福利水平；当交易费用大于 $B'C'$ 时，仍维持在 $L'$ 制度而无土地流转的社会福利较低的水平上。

从上面的分析可以得出：第一，效率分析的制度环境起点至关重要，即建立在一定社会经济基础之上的土地制度结构决定了所分析问题的效率高低。正是权利结构决定了交易过程的特性从而决定了"最优"结果。[2] 第二，交易费用的大小对农地制度变迁具有极为重要的影响，直接影响变迁的方向和进程。第三，泛泛地讲土地产权制度的"效率"是不能与社会福利水平变化相一致的，必须与具体的社会经济环境相结合。

**二 群体共识影响和制约农村土地权利实施**

我国当前的宪法建立了农地产权制度框架下所有经济活动的宪法性秩序，① 《土地管理法》、《农村土地承包法》等相关法律法规提供了较具体的正式性约束，但是，许多现实的土地经济活动还要受非正式约束影响，"非正规约束来自何方？它们来源于社会所流传下来的信息以及我们称为文化的部分遗产"。[3:50] 其实，自 20 世纪 80 年代我国宪法就明确了"土地的使用权可以依照法律的规定转让"，《土地管理法》等更有具体规定。因此，从正式约束上讲，农村土地流转或农村土地承包经营权交易早就合法。但是，从总体上看，全国农地流转率至今仍较低，农村土地流转率大多不超过 10%，有的仅为 4%—5%，[4] 这固然有社会转型时期正式约束需要不断完善的原因，但更重要的是许多非正式约束的限制：根植于计划经济体制下的社会经济管理文化、社会意识、信念认识、行为方式等都在影

---

① "由体制自身决定的，反映着体制本质特征的，基本的、原则的、普遍而又抽象的社会秩序，称为该体制的宪法性秩序。这里的宪法性秩序，并不是法学意义上的宪法，而是指包括宪法在内的整个社会制度结构所决定的根本性的秩序，它决定着人们基本的行为方式。"周冰：《经济体制转型的平滑模式与突变模式》，《财经论丛》2005 年第 1 期，第 1—5 页。

响着农地流转。"人们持有的信念决定了他们所做出的选择，然后，这些选择建构了人类行为的变化"。[5:22]笔者认为，就诸多非正式约束而言，影响当今农地流转的因素中最重要的是"群体共识"。

"群体共识"指具有相同或相似社会文化生活背景的人群共同具有的集体性的知识、信念或认识。因此，"群体共识"具有如下特点：（1）集体性。它不是一个人或几个人意志的反映，而是许多人的共同认识。（2）同质性。由于具有相同或相似社会文化生活背景，人们的意识、认识或思想就有较多相同或相近性之处，较少或没有本质性差异。（3）长期稳定性。社会认识或思想意识的变化需要相对较长的过程。因此，这种共识一旦形成，就具有一定的稳定性，在短时间内较难全面打破或消除。（4）地域差异性。社会文化背景相同的人并不一定都在一个地方，但如果区域越集中或邻近，这种共识就越容易形成。所以，这个"群体"通常在相同的空间区域内，而不同地方或区域的"群体共识"可能不同。因此，不同地域的"群体共识"也有差异。

基于群体共识的知识或信念为一定区域内的农民在土地利用和土地权利实施上提供了行为基础。由于农地的集体所有制性质，不论何地的农地权利实施都不可能离开范围不同的集体及其决策机制的影响和制约。按照《村民委员会组织法》，村民实行自治，村民委员会代表村民集体实行自我管理、自我教育、自我服务，凡涉及村民利益的重大事项都必须提请村民会议讨论决定。农地权利实施是目前我国农村大部分地区的首要问题，因此，在农村集体内少数服从多数的决策机制下，群体共识就起到决定性作用。例如，据严金泉和刘介模[6]对福建 10 个村的调研了解到，当地农民对集体农地在尊重不同集体之间的人均土地资源和赋税的差异、认同集体组织成员的资格与户籍联系、认同一定程度行政干预等方面都有产权共识。在农地调整规模和频率的研究上，陈柏峰[7]调研认为，农民的地方性规范与农地违法调整密切相关，不同地域的共识会产生不同的选择结果：湖北荆门与河南汝南就因为地域不同，达成共识不同，土地调整的过程与结果也不同。同样道理，由于不同地域形成了不同的群体共识，对土地流转的认识与具体实施就有不同。例如，曾有研究表明，农地流转率在黑龙江为 11.4%，安徽为 5.5%，河北为 4%，河南为 2.34%，贵州为 2.94%，云南为 2.2%[4]，重庆市在 2007 年达到 19%。[8]

当然，农地流转只是当前农地权利交易实施中的可行和常见情况。实际上，随着我国整体社会经济转型的发展，农村土地权利会不断出现新的内涵，群体共识不仅影响到本集体内的土地权利实施，也会通过示范效应和扩散效应影响到邻近一定范围内不同乡、村集体的农地权利实施。

# 第三节　不同群体共识下的农地制度创新路径

在农地制度创新过程中，许多因素发挥作用，外在因素推动下的强制性制度变迁可能发生。但是，在一直力图保持稳定并坚持或遵循渐进性转型的中国，冲击绝大多数农民现有利益均衡态势的强制性土地制度变迁发生的可能性极小。这样，探讨农地制度创新就从影响其渐变的因素说起。

## 一　农地制度创新的不同路径

现有农地制度是经过了新中国成立后的土地改革、农村集体化运动、人民公社运动以及改革开放后家庭联产承包责任制的一系列演化过程形成的。在这个演化过程中，政治、经济、社会、文化等各种因素在相互交错扭结、激变转换中发挥作用。理论研究与实践活动都在不断探索符合中国现实的农地制度，尤其是改革开放之后，这种探索呈百花齐放态势，成果斐然。总体而言，正是关注到不同的土地制度效率差异性，各类文献提出对集体农地制度改革或创新路径有如下方向：

（1）农地国有化。诸如"国有私营"、"国管私用"、"国有私用"、"国有永佃制"等提法本质上都是进行集体土地国有化，即将农地最终处置权收归国家所有。但集体土地国有化存有较大政治风险和较高的实际管理成本或交易成本。

（2）农地私有化。此种思路认为农地私有化不仅可提高农地产权的长期稳定性和流动性、促进劳动力有效配置、为农民提供有效的社会保障等，也可促进社会稳定、政府财政增加、土地产权人格化等。但是，这没有深入考察小地块集体土地私有化后的城市化成本增加问题、小块土地买卖能否满足农民进城费用、是否会产生大量城市贫民窟等社会性问题。

（3）农地股份化。该思路认为，设立土地股份公司改社区所有制为股份所有制，或开设土地发展银行作为土地经营交易中介解决农村人口、技术、资金流动渠道和风险问题。土地股份制已经在诸如广东省南海市、北京部分郊区等地区有了具体实践。

（4）农地复合产权或混合产权。该观点认为土地产权结构的确定就是土地产权要素——使用权、收益权与处置权在国家、集体与农民三种财产主体之间分配的过程（其比例关系的选择过程）。国家主体第一性、农民产权主体第二性，将土地最终处置权和宏观配置权转归国家，把土地的微观使用决策权、收益权及转让权划归农民，取消土地集体所有权。[9:78-91]但是，这种观点建议以土地国家所有为主、农民个人所有为辅的土地所有权主体配置结构有农地国有化的倾向。

（5）完善农地集体产权。这种观点强调我国土地产权制度渐进性变迁性质，促进农地使用权完全流转，规范政府行为，重塑农村土地产权主体，确认农地所有者权益，赋予农民更多农地权利，通过土地使用权商品化实现土地优化配置。这种观点突破现有农地制度框架的创新有待推进。

农地制度改革或创新是一种特殊的制度变迁。我们必须强调：首先，农地制度改革或创新离不开我国社会经济转型现实及这种转型所引起的社会经济利益结构的变革。因为"制度变迁及相对价格的根本变化是该变迁的重要源泉"，而相对价格变化包括"要素价格比率的变化（如土地与劳动、劳动与资本或资本与土地的比率的变化），信息成本的变化，技术的变化（包括十分显著的同时也是十分重要的军事技术）"。[3:112]我国社会经济的快速转型加速促进着相对价格的变化。其次，农地制度同样作为一种"制度决定了哪些经济实体必须考虑哪些成本。……它们说明了哪些人必须支付哪些成本，以及谁能将特定的成本转移给他人"。[10:74]因此，不论农地制度创新选择哪一种路径，必须明确创新环境的作用以及创新带来的利益结构变化或成本负担在相关经济主体之间的分配，尤其是农民所获利益与所承担成本的内容与变化。

**二　群体共识通过交易费用影响农地制度渐进性创新路径**

由上述分析可以认识到，我国农村的群体共识深刻影响着农地制度变迁，而这种影响是通过改变交易费用的大小来实现的。

（1）群体共识影响变迁主体（农民）推进变迁的成本。从上一节图 2 - 1 和图 2 - 2 分析可知，不论有没有"强取"交易存在，H 或 N 所力图推进的制度变迁是否发生都会因为交易成本大小而存在差异。群体共识恰恰增加或降低这种成本，并且这种共识越统一其影响也就越大。例如，如果一个地区"土地情结"浓重、非农经济活动较少、乡土群体意识强烈等，那么，谁在利用土地、拥有什么样的土地就非常重要，若有主体推进诸如有利于土地流转等的农地制度变迁就可能遇到较大阻力，这种变迁的成本就非常高；如果一个地区由于历史原因或现代社会经济影响而崇尚商业活动，那么群体意识里就不会对谁在利用土地有较大抵触，若有主体推进诸如有利于土地流转等的农地制度变迁就不会遇到较大阻力，这种变迁的成本就较低。但是，由于农民"安土重迁"的历史传统、农耕文明中的土地情结、非农经济不发达等原因，广大农村地区的群体共识往往加大了农地制度变迁的成本，因为"在真实世界里，根深蒂固的信念和偏见常常导致高不可攀的交易成本"。[5:140]

（2）群体共识强化了制度差异，影响着变迁路径选择。制度的有效性就在于相关主体的群体性遵守与实施，对于非正式约束而言尤其如此。制度变迁存在路径依赖，而群体共识通过共同行动或选择使这种依赖具有一定的方向性。群体共识或习俗、传统、行为规范等"这些文化制约不仅将过去与现在和未来连接起来，而且为我们提供了一个解释历史变迁路径的线索"。[3:8]由此可见，不同的群体共识使相同或相似的制度因制度变迁扩大了制度差异性。由于有路径依赖的作用，我国目前的农地制度经过一系列历史变迁过程而形成，已有的群体共识影响当前农地制度变迁路径选择，不断演化的群体共识也必将对未来农地制度的实施产生影响。因此，群体共识通过影响变迁路径选择使制度交易中的成本发生改变。

（3）其他经济主体可能利用群体共识影响农地制度变迁。实际上，农民历来的保守、软弱、怕事、短视或狭隘等行为意识的根源在于其经济实力和社会经济权利的长期匮乏。这些群体意识又会产生和强化奥尔森所讲的"集体行动的逻辑"，因此，尽管农民群体人数庞大，但有些相关经济主体可能利用这种逻辑攫取农地利益，增加有利于农民的农地制度变迁的交易成本，或尽力降低不利于农民而有利于自身获益的农地制度变迁的交易成本。例如，在实践中出现的各方强权势力（某些企业、某些地方政府部门、某些集体组织领导等）利用各种正式或非正式规则对农民土地权益的剥夺和侵害等。因此，某些群体共识在这种状况下成了农民土地利益损失的诱导因素，影响着农地制度变迁。

总之，实践中的各种因素影响和决定着农地制度创新的路径选择，但群体共识通过交易费用确实迫使制度（如上述 L 制度与 L′制度）之间转换、变迁是否具有可能，并会影响着变迁后制度的实施效果。

## 第四节 基于自主治理的农地权利交易机制

不论农地制度变迁的路径如何选择，其核心应在于保障农民的农地权利实施并获得对应利益。农地制度变迁是渐进性、不断变化着的，权利结构也在不断演变。因此，农民的土地权利实施应当得到动态性的保障，并且，农民应在动态的权利交易中公平地获取农地利益。

### 一 农地权利的动态性变化

（1）农地权利的内涵。根据我国《物权法》，农地承包经营权属于用益物权，农民对农地"依法享有占有、使用和收益的权利"。根据农地的集体所有权性质，每一个农民都是集体内平等的一员而具有成员权，从而拥有一份不可分割的集体土地所有权。从法律规定而言，农民所拥有的农地权利是比较完整的，农民拥有集体土地的所有、占有、收益与交易的权利。但是，由于存在成员权的相互制约、集体产权的治理结构缺陷、社会经济环境影响、文化传统制约等原因，农民较难完整实施农地权利并获得对应的农地收益。因此，从某种程度而言，集体土地产权在内涵维、强度维和时间维这三个维度上不能保障农民获取与国有土地相同的收益。[11:30-40]

（2）重构群体共识，在动态性变化中维护农民自身的农地权利。产权不是指人与物的关系，而是由于物品的存在与使用所引起的人们之间相互认可的行为关系，"它是一系列用来确定每个人相对于稀缺资源使用时的地位的经济和社会关系"。[12:204] 因此，农地权利的动态性变化是指：在社会经济转型、发展过程中，农民集体的同质性发生分化，农民之间的社会经济关系发生变革，最终促使农民的农地产权结构关系发生改变。

在农地权利的动态性变化中，农民的群体共识也会发生变化。随着社会的进步，人们的认识、知识、信念和意识呈现多样化趋势。因此，为了保护共同的农地权益，一方面重新凝聚有利于保障农地权利的共识，如相互认同的土地权利意识、互利合作的共同行动等；另一方面弱化不利于保障农地权利的意识，如因共同利益的分化、从事经济活动的多样化、未来计划的制定等造成的意识、认识的异化等。总之，在社会经济变动中重构群体意识，保障农民自身的农地权益。

## 二　培育农民的自主治理以保障农地权益

（1）自主治理的基础。"自主治理"理论是 2009 年诺贝尔经济学奖获得者埃莉诺·奥斯特罗姆提出的重要理论，该理论认为，要解决个人的理性行动导致的集体非理性结果的集体行动难题，不能付诸要么私有化（市场手段）、要么交与外部强权（如政府）的监督与控制，而应注重促使"一群相互依赖的委托人如何才能把自己组织起来，进行自主治理，从而能够在所有人都面对'搭便车'、规避责任或其他机会主义行为形态的情况下，取得持久的共同收益"。[13:51] 根据《中华人民共和国宪法》（2004）和《中华人民共和国村民委员会组织法》（1998），农民实行村民自治，"村民委员会是村民自我管理、自我教育、自我服务的基层群众性自治组织"、"村民委员会依照法律规定，管理本村属于村农民集体所有的土地和其他财产"，农村各种形式的合作经济是集体所有制经济。因此，我国农民在创造、获取集体经济利益时实行自主治理是完全具有法律依据的，实现农民的自主治理也符合我国平滑、渐进式制度变迁的社会转型大趋势。

但是，宏观社会政治环境对农民自主治理效果有巨大影响。例如，《村民委员会组织法》规定：中国共产党在农村的基层组织，按照中国共产党章程进行工作，发挥领导核心作用；乡、民族乡、镇的人民政府对村民委员会的工作给予指导、支持和帮助等。各种实际环境因素直接或间接影响村民的自主治理过程。"在非偏远地区，政治统治制度的导向对地方占用者能否为他们自己提供制度，或能否不依赖外部政府、独立解决他们的问题，具有实质性的影响"。[13:311－312] 因此，我们必须注意到村民自主治理的环境制约。

（2）自主治理与群体共识的农地效益。自主治理必须解决增加自主组织的初始可能性、自主组织的能力、没有外部协助时自主解决共有资源问题的能力等。奥斯特罗姆认为，在复杂不确定环境下影响个人策略选择的内部变量有预期收益、预期成本、内在规范和贴现率，而个人所具有的内在规范的类型受处于特定环境中其他人的共有规范的影响。自主治理是基于一群有着强烈个人主体意识和自治愿望的理性人通过自主合作治理的制度安排实现了集体利益的优化，但我国传统文化始终渗透着一种整体思想特征，公民意识、主体意识有待增强，遇事总希望借助于外界力量的干预，传统的基于宗法血缘关系的自治也不是真正的自主治理。[14] 因此，

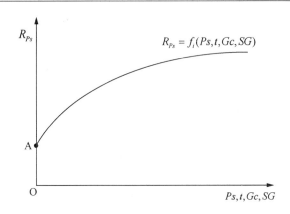

**图 2 – 3　农地权利收益函数**

在现代社会经济环境下的村民自主治理，更应当培育、增强具有主体意识、公民意识的群体共识，更有效地完善自主治理，有力地保障和增进群体权益。

在动态变动中，农民获取农地权利收益的多少与有利于维护农地权益的群体共识强度、自主治理效果优劣等密切相关，群体共识同质性越强、自主治理效果越明显，越有利于保护和增进农地权利收益。若以 $R_{Ps}$ 表示农地权利收益、$Ps$ 表示农地权利内涵、$t$ 表示时间、$Gc$ 表示群体共识强度、$SG$ 表示自主治理优势，那么，它们之间的函数关系可表示为：

$$R_{Ps} = f(Ps,\ t,\ Gc,\ SG) \qquad\qquad (2-1)$$

如果我们将农地权利收益获取过程也看作一种生产过程的话，那么，式（2 – 1）就可看作一种生产函数。并且，在集体土地产权下，无论农民的自主治理状况如何，农民都可以获得一定的农地收益 A，因此，随着时间变化和土地资源稀缺性的增强，农地权利收益函数具有与社会生产函数相近的性质（其中边际生产力递减规律表现不仅包括生产成本加速增加，也包括交易成本加速增加），即：

$$MR_i = F_i = \frac{\partial F}{\partial i} > 0\ ,\ \frac{\partial MR_i}{\partial i} = \frac{\partial^2 F}{\partial i^2} < 0 \qquad\qquad (2-2)$$

其中，$i$ 表示 $Ps$、$t$、$Gc$、$SG$ 中的任一变量。

因此，根据式（2 – 1）、式（2 – 2），农地权利收益可示意为图2 – 3。

**三　农地权利交易机制构建**

基于上述分析，笔者主张在总体上稳定和完善集体土地产权，鼓励特定地区探索各种有利于农民获取土地利益的农地制度创新。但是，在这一过程中，如何在现有宪法性秩序下促进农民的农地权利顺利交易并获得公平、合理的土地收益是最核心的内容。因此，构建完善的农地权利动态交易机制就是当前最紧要的事情。

（1）创造条件发挥自主治理优势。解决自主治理的可信承诺和相互监督问题需要保证在没有外部强制情况下激励自己（或他们的代理人）去监督人们的活动、实施制裁，以保持自主治理在遵守有关规则情况下可持续地顺利实施。根据奥斯特罗姆提出的八项原则，① 为保证农民的长期存续的自主组织或自主治理有效运行，利用群体共识的凝练、再造，逐项形成或创造对应条件。对于目前我国农民的农地权利的自主治理，清晰界定边界、监督、低成本的冲突解决机制和对组织权的最低限度的认可四项原则或条件最为急迫。这也是保障农民实施农地权利，体现其主体意识、公民意识、权利意识的核心原则。

（2）在动态变化中构建公平互动的农地权利交易机制。随着我国社会经济转型的全面、深入，随着社会主义市场经济体制的不断完善，动态变化的农地权利内涵不断丰富、结构不断变换，各种相关交易主体也会随交易成本的变化寻求不同的交易机会而获取土地利益。已有研究也说明，交易形式越多，农地与其他要素如劳动力动态结合越顺利，资源配置就越优化，土地就越会流向最有效率的劳动力手中。[15]因此，通过比较制度效率，重构和培育群体共识，实现农民的自主治理，不仅会促使农民公平地获取农地权益，也能够促进或创立其他集体自主组织，避免或规避集体行动中的"搭便车"、规避责任或其他机会主义行为，最终实现共同利益而不是浪费、耗损或低效使用资源。

结合前述内容我们可得到，政府对农民自主组织进行自主治理的"组织权的最低限度的认可"和支持是至关重要的。所以，要在动态变化中构建公平互动的农地权利交易机制，至少必须实现：第一，强化法治和公民意识，真正实现具有强烈个人主体意识和自治愿望的村民自治；第二，实现所有土地权利平等，统一土地市场；第三，实现各要素市场平等

---

①　所谓八项"设计原则"（指实质性要素或条件）是：（1）清晰界定边界；（2）使占用和供应规则与当地条件保持一致；（3）集体选择的安排；（4）监督；（5）分级制裁；（6）低成本的冲突解决机制；（7）对组织权的最低限度的认可；（8）分权制企业。[13:143-144]

开放，所有要素所有者公平获取对应要素收益，稳步推进农地资本化。

因此，根据上述内容，我们可以构建农地权利交易机制框架如图 2 - 4 所示。

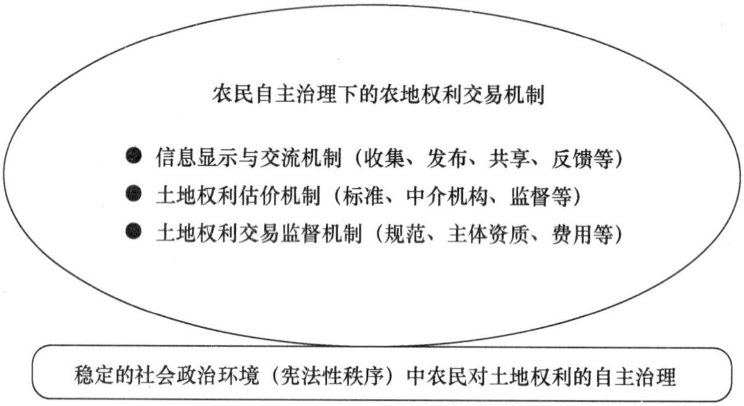

图 2 - 4 农地权利交易机制框架

图 2 - 4 反映了农民在稳定的宪法性秩序基础上实现自主治理，并从信息显示与交流机制、土地权利估价机制和交易监督机制三个支机制构建农地权利交易机制。通过明确每一部分的规范、功能和相互关系，降低交易费用、推动交易机制良性发展。

当然，基于群体共识差异，各地区形成不同的自主治理机制，各地区的农地权利交易机制的运行可能有些不同。但是，核心目的都在于通过实现农地制度的边际创新，保障农民的土地权益。

# 第五节　小结

制度效率差异反映了配置效率是在不同环境下传统福利经济学的效率比较，制度分析一定与特定制度环境密切联系。我国农地制度创新路径应符合平滑转型的宏观趋势，并特别注重社会群体共识在非正式性约束（制度）中的巨大作用。动态性的农地权利交易机制构建是当前农地制度创新中应解决的核心问题，通过权利交易保障和实现农民的农地权益。但是，有利于保障农民土地权益的群体共识和自主治理机制需要宪法性秩序的支持和保护，这是一个长期演变的进程。

**参考文献**

[1] Daniel W. Bromley, "Externalities, Extortion, and Efficiency: Comment", *The American Economic Review*, Vol. 68, No. 4, 1978, pp. 730 – 735.

[2] Daniel W. Bromley, "Property Rules, Liability Rules, and Environmental Economics", *Journal of Economic Issues*, Vol. XII, No. 1, 1978, pp. 43 – 60.

[3] [美] 道格拉斯·C. 诺斯：《制度、制度变迁与经济绩效》，杭行译，上海三联书店1994年版。

[4] 叶兴庆：《工业化中期建设现代农业必须科学处理的几个关系》，《农业经济问题》2008年第1期。

[5] [美] 道格拉斯·C. 诺斯：《理解经济变迁过程》，钟正生、刑华等译，中国人民大学出版社2008年版。

[6] 严金泉、刘介模：《村、组集体土地所有权的产权共识——以福建省10个村为例》，《中国土地科学》1999年第7期。

[7] 陈柏峰：《地方性规范与农地违法调整》，《古今农业》2008年第3期。

[8] 李景耀：《重庆统筹城乡发展的路径选择》，《中国城市经济》2008年第11期。

[9] 曲福田：《中国农村土地制度的理论探索》，江苏人民出版社1991年版。

[10] [美] 丹尼尔·W. 布罗姆利：《充分理由》，简练、杨希、钟宁桦译，上海人民出版社2008年版。

[11] 万举：《转型经济城市化中的二元土地产权》，博士学位论文，南开大学，2007年。

[12] [美] E. G. 菲吕博滕、S. 配杰威齐：《产权与经济理论：近期文献的一个综述》，载R. 科斯等《财产权利与制度变迁——产权学派与新制度学派译文集》，刘守英等译，上海三联书店1994年版，第201—248页。

[13] [美] 埃莉诺·奥斯特罗姆：《公共事物的治理之道：集体行动制度的演进》，余逊达、陈旭东译，上海三联书店2000年版。

[14] 张鑫：《奥斯特罗姆自主治理理论的评述》，《改革与战略》2008年第10期。

[15] 龙登高：《地权交易与生产要素组合：1650—1950》，《经济研究》2009年第2期。

[16] 折晓叶、陈婴婴：《产权怎样界定——一份集体产权私化的社会文本》，《社会学研究》2005年第4期。

# 第三章　城中村集体土地产权权能及其实施<sup>*</sup>

## 第一节　引言

　　我国转型经济中的"城中村"现象是在 20 世纪 90 年代以来我国自东部向中西部加速扩散的城市化进程中产生的，城乡二元体制问题在城中村得以集中体现，尤其是城中村的集体土地产权作为我国农村集体土地产权的特殊表现形式，以一种集约化的方式反映了在社会主义市场经济发展过程中的权能要求和产权价值。现有的集体土地产权制度是在人民公社制度解体后农村普遍实行家庭承包责任制基础上发展而来的。有关农村集体土地产权问题的已有研究论著大体可以分为以下几类：（1）与其他历史时期土地制度一同考察；[1][2][3][4]（2）以对集体土地的国家征用征收及其补偿问题为核心的考察；[5][6][7]（3）对集体土地产权的某一权能较深入的考察，[8][9][10][11][12][13][14][15] 这一角度的论著较多，一般主要关注其使用权；（4）作为城中村改造问题或农村经济问题的一部分而进行的考察分析；[16][17][18][19][20]（5）作为城中村乡村社会转型中的经济问题的一部分的考察，[21][22] 大多为社会学家的研究分析；（6）专门就当今农村集体土地产权的考察。[23][24][25] 有关论文较多，不再一一列出。本章通过对城中村集体土地产权权能结构及其实施的分析认为，城中村问题的产生与发展同我国转型经济为加速推进城市化进程而降低城市化成本的行为选择密切相关，其核心在于我国城乡二元制度安排下的集体土地产权的存在，因此，对城中村的集体土地产权问题的研究是揭示我国转型经济城市化途径和农村集体土地产权研究的较好突破口。

---

＊　本章内容曾发表于《天府新论》2007 年第 1 期，第 38—43 页。

本章内容安排如下：第二节分析城中村的村民成员权；第三节分析城中村集体土地产权的含义及其权能构成；第四节分析城中村集体土地产权的实施与消散；第五节是小结。

## 第二节　城中村的村民成员权

产权既然不是指人与物的关系，而是由于物品的存在与使用所引起的人们之间相互认可的行为关系，"它是一系列用来确定每个人相对于稀缺资源使用时的地位的经济和社会关系"，[26:204]那么，考察城中村的集体土地产权就应当从村民在村庄集体中相互之间的关系开始，其突出体现是城中村村民的成员权。

### 一　成员权的含义

成员权是一个人具有的与其他城中村集体成员相同的平等权利或权力，它是一个集体成员参与集体活动身份资格的体现。这些活动包括经济活动（如集体资产处置、利益分配、债务分担等）和社会政治活动（如村委会选举、村集体组织的形成与解散等）。"成员权是一种建立在共同体成员身份和关系基础上的共享权利，表明的是产权嵌入于社会关系网络的状态"。[27]实际上，成员权成为界定集体产权的基本准则。[28]

### 二　成员权的获取

一般而言，成员身份资格的获取主要有两种方式：（1）村庄原居民家庭新出生的人员。这是基于血缘关系的延续与继承。（2）外来人员迁入，主要是结婚配偶的迁入。有些村庄对结婚配偶迁入有严格规定，如在某时间前认可而之后不再认可享有与原有村民同等的利益分享权利，等等。

### 三　成员权的消失

一般主要有如下几种方式：（1）自然死亡；（2）国家政策规定迁出人员，如升学、移民等；（3）自愿退出集体组织；（4）与村外异性结婚迁出，主要是女性外嫁；（5）被判刑入狱人员。城中村一般对于成员权的消失也有具体规定，其中主要是基于经济利益的继承或分配所作的规定。

一般而言，由于计划经济历史上形成的城乡二元制度安排和对城市居民人口的限制，国家或地方明确规定较多的是城市户口如何具体获取，对于农村村民成员权并没有具体的明确规定。但是，各个行政村实际的传统延续和村集体的成文规定都决定着集体成员权具体如何获取或消失，显然，其中的非正式制度安排起重要作用。

## 第三节　集体土地产权的含义及其权能构成

集体土地产权是集体产权在土地上的体现，由于土地资源的特殊性，它是一种特殊的集体产权。我国各种现行法律法规是集体土地产权权能构成的基础，然而，实际的权能强度①及其不确定性与具体的社会经济环境密切相关。

### 一　集体土地产权的含义

按概念的内在逻辑讲，集体土地产权来自集体产权，而"'集体产权'（collective property rights）或'集体所有制'这样的概念在主流经济学那里几乎是看不到的"，[29] "集体产权（collective property rights）不是一个主流经济学的产权概念，它只在中国才有财产和法律上的双重意义"。[30] 因此，集体产权不同于主流产权经济学所称的"公共（或共有、共同）产权"（common property rights or communal property rights）。李胜兰认为，"集体产权指一个集体内部所有成员共同拥有的权利，每个人的权利都是平等和相同的，不经全体同意，单个人无法决定财产的使用和转让。不具备所有权利益的匿名可转让性是它与私有产权最大的不同"。[18:27] 笔者认为，集体产权（collective property rights）是指由集体（或社区，community）所有成员共同拥有和行使，并对非集体（或非社区）成员具有关于某种稀缺资源的排他性的权利束，它与私人产权和国有产权一起共同构成转型经济中的基本产权形式。但是，尽管存在多种集体产权形式，人们在论述中所讲的集体产权往往多数时候是指集体土地产权。

一般来讲，土地产权内容包括三要素：土地产权主体（主要指土地

---

①　巴泽尔（Barzel）认为，一个人对自己产权的强度依赖于他对自己产权的保护努力程度、他人企图夺取和政府予以保护的程度。[31:2]

拥有者）、土地产权客体（即具体的土地产权对象物——土地）、土地产权束（即土地产权各权能构成）。① 在对集体土地产权进行定义时应当考虑要素内容。在已有的绝大多数有关农村集体土地产权的论述中，其定义似乎不言自明，一般就直接分析其缺陷、提出改革建议。贾生华[32]虽没有对农村集体土地产权给出一个定义，但他重点对土地所有权和使用权及其之间的关系进行了考察，并总结列出有关两权结构关系表，同时提供了整体改革框架，这提供了一种细化的分析思路。

单胜道等对农村集体土地产权提出这样的定义："农村集体土地产权是指以农村集体土地所有权为基础、以农村集体土地使用权为核心、以农村集体土地他项权利为补充的一切关于农村集体土地财产的权利的总和。"[33:8]这一定义强调了我国农村集体土地产权的现实权能构成，比较具有合理性。但是，笔者认为，在定义集体土地产权时，应当突出强调产权主体以避免主体不清晰的缺陷，同时注重现实法律的界定，尽管可能是原则性的。

因此，笔者认为，集体土地产权就是指，在我国农村，由于历史形成的特定集体范围内的全体村民共同享有、来自集体土地的现实法定财产权利束中的所有权利总和。这一定义强调：（1）基于历史形成的集体范围，一般以行政村为单位，具有法律地位；（2）全体村民平等共享权利及其利益；（3）集体土地产权是一个权利束，不仅仅强调使用权；（4）凸显现行宪法、民法等法律规定约束；（5）基于（1）、（2）两点可以明确，由于村委会是村民自治组织，代表全体村民，因此可以代替全体村民作为具体的权利行使主体，实践中也是如此。

城中村集体土地产权当然包括在集体土地产权的定义之内。但是，由于城中村的状态不同，其集体土地的具体构成不同。② 通常讨论较多的是

---

① 此处的土地产权三要素划分受周诚[34:162]土地产权三要素划分的影响，但周文认为"（2）土地产权客体——土地财产关系客体，即土地产权本身，包括所有权、使用权等。（3）土地产权束——土地产权的整体组成以及不同产权主体所拥有的产权客体的具体组成"。笔者认为周文的划分在土地产权客体与土地产权束之间是容易混淆的，更主要的是，周文的划分没有体现出产权是"由于物品的存在与使用所引起的人们之间相互认可的行为关系"，[26]即土地产权客体应当是土地产权主体对应的稀缺资源——土地，由此才能产生土地产权束来反映各相关经济行为主体之间关于产权客体的经济社会权利关系。

② 主要根据在城市中的位置不同，理论研究者们将城中村分别划分为成熟型、扩展型和形成型三种，[35]或者典型城中村、转型城中村和边缘城中村三种，[36]或者与前两种分类基本相对应地分为 A 类、B 类和 C 类三种。[37]

成熟型城中村，其集体土地构成已变为宅基地、村公共用地和乡镇企业等集体经济组织用地。城中村由于其集体土地相对于一般农业用地的价值大大攀升，对于成熟型城中村而言尤其如此。因此，城中村集体土地产权的各权能价值构成发生了变化。这也是城中村集体土地产权不同于一般农村集体土地产权的主要特征。

**二 与城中村集体土地相关法律的一般规定**

有关的现行法律规定决定和影响着城中村集体土地产权的权属、权能结构及其变更。

（1）《宪法》。第十条规定"农村和城市郊区的土地，除由法律规定属于国家所有的以外，属于集体所有；宅基地和自留地、自留山，也属于集体所有"，"国家为了公共利益的需要，可以依照法律规定对土地实行征收或者征用并给予补偿"。

（2）《民法通则》。第七十四条规定"集体所有的土地依照法律属于村农民集体所有，由村农业生产合作社等农业集体经济组织或者村民委员会经营、管理。已经属于乡（镇）农民集体经济组织所有的，可以属于乡（镇）农民集体所有"。

（3）《土地管理法》。第八条规定"农村和城市郊区的土地，除由法律规定属于国家所有的以外，属于农民集体所有；宅基地和自留地、自留山，属于农民集体所有"，承接了《宪法》第十条的精神。第十条规定"农民集体所有的土地依法属于村农民集体所有的，由村集体经济组织或者村民委员会经营、管理；已经分别属于村内两个以上农村集体经济组织的农民集体所有的，由村内各该农村集体经济组织或者村民小组经营、管理；已经属于乡（镇）农民集体所有的，由乡（镇）农村集体经济组织经营、管理"。这承接了《民法通则》第七十四条规定的精神。

（4）《确定土地所有权和使用权的若干规定》。第十九条规定"土地改革时分给农民并颁发了土地所有证的土地，属于农民集体所有；实施《六十条》时确定为集体所有的土地，属农民集体所有。依照第二章规定属于国家所有的除外"。第二十条规定"村农民集体所有的土地，按目前该村农民集体实际使用的本集体土地所有权界线确定所有权。根据《六十条》确定的农民集体土地所有权，由于下列原因发生变更的，按变更后的现状确定集体土地所有权。由于村、队、社、场合并或分割等管理体制的变化引起土地所有权变更的；由于土地开发、国家征地、集体兴办企事业或者自然灾害等原因进行过土地调整的；由于农田基本建设和行政区划变动等原因重新划定土地所有权界线的。行政区划变动未涉及土地权属变更的，原土地权属不变"。

（5）《城市房地产管理法》。第八条规定"城市规划区内的集体所有的土地，经依法征用转为国有土地后，该幅国有土地的使用权方可有偿出让"。

**三 影响城中村集体土地产权的其他因素**

（1）当地制定的国家法律实施细则及有关法规政策。在坚持国家法律原则的基础上，各地为了法律的可操作性，一般针对本地的实际情况制定实施细则，从而细化、丰富和具体解释了国家法律内容，使一些较原则性的表述针对本地情况明晰化、可操作化。如河南省自1999年12月1日起施行的《河南省实施〈土地管理法〉办法》第六条较详细规定："下列土地属于农民集体所有：（一）农村和城市郊区的土地，除法律规定属于国家所有的以外；（二）1961年开始，农村实行固定土地所有权时，确认属农民集体所有而未经国家依法征用的土地；（三）法律和国家有关规定属于农民集体所有的荒山、荒地、林地、牧地、水域、滩地等；（四）农村居民使用的宅基地、自留地、自留山、自留塘、饲料地等；（五）乡镇企业，乡（镇）、村公共设施、公益事业建设使用的集体所有土地；（六）经县级以上人民政府批准，调换给农民集体所有的原国有土地；（七）其他依法属于农民集体所有的土地。"这就比国家的《土地管理法》内容具体细化。

（2）当地城市规划和管理的政策法规。当地的城市规划和具体政策法规为城中村集体土地产权的实施设定了具体的框架。最重要的是当地市政府有关城中村改造的规定，其中有关内容直接影响着城中村集体土地产权的权能实施或消散。例如《深圳市城中村（旧村）改造暂行规定》有关集体土地规定，"鼓励宝安、龙岗两区和盐田区部分有条件的区域城中村内居民通过土地置换，以村为单位异地重建住宅区，实施整体性搬迁"；"市政府土地管理部门收取的城中村改造建设项目地价全部返拨所在地区政府，作为城中村改造市政基础设施建设费用"等。《郑州市城中村改造规定（试行）》第四章专论"土地管理"，其中规定："城中村集体土地转为国有土地，土地的合法使用人、土地用途不变。原集体经济组织兴办的企业用地，土地使用权作价入股后确认给该企业；宅基地使用人可继续使用原宅基地，城中村按照规划改造完成后，根据相关规定核发国有土地使用权证；其他土地使用权确认给转制后组建的股份制企业。城中村集体土地转为国有土地后，原农用地承包人可继续承包经营。但因实施规划需要使用该土地的，应当服从城市规划的需要。"

（3）村落权力结构。第一，城中村的二元（指村党支部和村委会）权力结构有可能使代表村民集体民意的主体不统一，从而造成在集体土地产权权能价值实现时有可能不一样。党支部更多地代表自上而下的权力导向，倾向于受政府的影响；村委会是村民自治组织，更多地立足于基层利益，力图从集体土地产权中为集体获取最大的经济利益。当然，村党支书、村长"一肩挑"，就主要看"一把手"的利益取向，从而影响着集体土地产权的具体实施。第二，家族势力和乡村精英的影响，较多地考虑本村村民利益（有可能是一部分村民的利益），但若因此使村民在集体土地产权利益中有不同安排是另一回事。

### 四　集体土地产权的权能结构

对于集体土地产权的权能结构的考察首先基于如何看待一般产权权能构成，由于考察角度不同，划分也不同。

根据《民法通则》第七十一条规定："财产所有权是指所有人依法对自己的财产享有占有、使用、收益和处分的权利。"这种定义将财产所有权与产权视同一致，由此得出集体土地产权的权能，包括占有权、使用权、收益权和处分权，即通常流行的"四权能说"。我国经济学界一直以"四权能说"占主导地位。

主流经济学家们在产权分析中大多采用张五常（Cheung，1969，2000）的定义式的权能划分，即产权应分为使用权（或决定使用权）、自由转让权、不受干预的收入享用权。并认为只要有了这三种权利，所有权（ownership right）是不重要的。这种观点被许多产权理论家所接受，即通常讲的使用权、收益权和转让权。但是，这种分析有暗含的理论前提：国家权力中立地保护私人产权而不干预产权实施。

在我国二元土地产权制度下，国家拥有国有土地产权，村民集体拥有集体土地产权。实际上，集体土地产权始终处于从属地位，因为《土地管理法》第四条规定："国家实行土地用途管制制度。严格限制农用地转为建设用地，控制建设用地总量，对耕地实行特殊保护。"第四十三条规定："任何单位和个人进行建设，需要使用土地的，必须依法申请使用国有土地；但是，兴办乡镇企业和村民建设住宅经依法批准使用本集体经济组织农民集体所有的土地的，或者乡（镇）村公共设施和公益事业建设经依法批准使用农民集体所有的土地的除外。"这就是说，集体土地首先应用于农业生产；其次，若从综合经济利益考虑试图将集体土地用于非农用途时，也只能由本集体人员或组织使用，没有自由转让权。因为《城市房地产管理法》第八条又规定："城市规划区内的集体所有的土地，经依法征用转为国有土地后，该幅国有土地的使用权方可有偿出让。"但是，由于中间存在政府土地管理部门具体运作国有土地来面对市场，这种征用使村集体所获取的土地收益相对于村集体直接通过市场自由转让获得的收益其差额不确定。总之，只有国有土地才具有土地产权的所有权能，集体土地产权通过国有土地产权才能最终实现其权能价值，集体土地产权不可能直接获取市场价值。实质是集体土地产权的权益受到国有土地产权的侵占，这正是集体土地产权广受诟病之处。

这样，在讨论集体土地产权权能时，才会出现如单胜道等[33:8]对农村集体土地产权从注重其权能实际构成角度来进行的定义。在观察到国有土地产权的强势或国家对集体土地产权的种种限制时，他们不得不"把它们分别界定为土地所有者权利束、土地使用者权利束和国家管理者权利束"。[33:10]这是一种承认国家权力对产权干预和国有土地产权优势地位现实的做法。但是，由此全体村民作为所有者拥有的集体土地产权到底有哪些内容还是不太明确，尤其是对各权能的价值实现程度而言不确定。

周诚[34:167-170]将土地产权权能分层次划分，从总土地产权束依次具体化为不同层次权能，但这是从国有土地产权束角度来划分的。由前述可知，国有土地产权与集体土地产权的权能结构是不对等的。因此，根据以上分析，从城中村集体土地结构的实际考虑，其产权权能结构可以如表3-1所示。

表3-1　　　　　　　城中村集体土地产权权能结构表

| 行为主体 | 集体土地产权权能 | | | | |
|---|---|---|---|---|---|
| | 所有权 | 使用权 | 收益权 | 处分权(1) | 他项权利(2) |
| 国家或政府 | 法规影响限制非农化 | 可以拥有 | 通过国家税费获取 | 法规影响限制非农化 | 拥有部分(3) |
| 本村村民集体（村委会） | 被村民授权拥有 | 直接拥有 | 直接获取 | 拥有基于农业的大部分 | 拥有大部分 |

| 行为主体 | 集体土地产权权能 | | | | |
| --- | --- | --- | --- | --- | --- |
| | 所有权 | 使用权 | 收益权 | 处分权[(1)] | 他项权利[(2)] |
| 本村村民个体 | 最终拥有 | 主要拥有者 | 直接获取 | 拥有基于农业用途的部分 | 拥有部分 |
| 其他组织或个人 | 无 | 协议拥有 | 通过协议使用获取 | 协议拥有部分 | 协议拥有 |

注：（1）周诚[34:168]认为，中国国有土地的处分权包括出让权、出租权、回收权、转让权、转租权、担保权、入股权、赠予权等。笔者认为，与主流产权经济学的使用权、收益权和自由转让（交易）权"三权能"相比较，"四权能"中的处分权最终更多地对应于转让（交易）权，即表现为能否就某一细化的权能进行交易，也就是体现为是否有转让（交易）权。

（2）国家土地管理局于1989年制定的《土地登记规则》里规定土地他项权利具体内容包括：抵押权、租赁权、地役权、耕作权、借用权、空中权、地下权等。[38:15]而在1995年发布，于1996年2月1日生效的《土地登记规则》里称"土地他项权利，是指土地使用权和土地所有权以外的土地权利，包括抵押权、承租权以及法律、行政法规规定需要登记的其他土地权利"，但在该规则第三章和第四章规定土地使用权、所有权和土地他项权利设定登记和变更登记时，只有抵押权和出租权。[39]周诚[34:203]认为，土地他项权利完全包括在完整的土地权利束之中，只是土地所有权和使用权的具体化，只因它们内容特殊才单列以具体反映、保障和监督土地权利的正常运行。笔者持同样观点。

（3）表中所表达"拥有部分"的含义指进一步细化的权能中，产权主体根据法律规定没能全部拥有。

由表3-1可知，城中村集体土地产权由村民集体拥有，但是又受到国家法律法规的制约，使集体土地产权的权能不能如国有土地产权那样直接完全实现。如根据《宪法》和《土地管理法》规定，集体土地产权不能转让权属，即必须被国家征收变为国有土地后才能实现土地权能交易。

## 第四节　城中村集体土地产权的实施与消散

产权的实施就是通过产权权能的实现而对应的产权主体最终获取相应的收益。全部产权束整体实施最突出的体现是通过产权交易而使产权主体发生变更。原有产权主体由于对应产权客体的不存在而其对应产权束消散，相应获取收益。城中村集体土地产权的实施可以分为城中村改造前、改造中、改造后三个阶段进行考察。

## 一 城中村改造前

在城中村改造前，由于城中村有一个发展过程，例如由形成型经扩展型向成熟型转化的过程，最后才形成典型的城中村。随着城市化进程中城区扩张，虽然原有乡村被划为城区规划范围之内，但原有农村土地是一部分一部分地被国家征为国有土地的。因此，到成为成熟型或典型城中村时，国家已经绕过建立在以村民宅基地为主要土地内容的乡村村落，以较低的费用①将村民耕地转化为国有土地——最后变为真正的城区。这种政府主导的城市化进程，由法律作保障，大大降低了其城市化的成本。但是，不论过程如何，现实的存在是典型城中村失去了所有集体耕地，只剩下村民宅基地和较少的集体公共用地。

对于村民宅基地，村民实际拥有无限期的使用权。除去自己住房使用外，在城区内房租上升情况下，村民为增加收入而将自有房屋出租。并且为了最大化租金收益，常常拆旧建新、增加租房面积。

对于公共用地，村集体通常自建或合资建立企业进行经营，或者集体建房出租，或直接出租土地使用权。由此获取集体利益，集体成员按照成员权分享利益。

因此，在城中村改造前，其集体土地产权的实施以村民自用或集体获

---

① 根据《土地管理法》第四十七条规定，"征收耕地的补偿费用包括土地补偿费、安置补助费以及地上附着物和青苗的补偿费。征收耕地的土地补偿费，为该耕地被征收前三年平均年产值的六至十倍。征收耕地的安置补助费，按照需要安置的农业人口数计算。需要安置的农业人口数，按照被征收的耕地数量除以征收前被征收单位平均每人占有耕地的数量计算。每一个需要安置的农业人口的安置补助费标准，为该耕地被征收前三年平均年产值的四至六倍。但是，每公顷被征收耕地的安置补助费，最高不得超过被征收前三年平均年产值的十五倍"，"依照本条第二款的规定支付土地补偿费和安置补助费，尚不能使需要安置的农民保持原有生活水平的，经省、自治区、直辖市人民政府批准，可以增加安置补助费。但是，土地补偿费和安置补助费的总和不得超过土地被征收前三年平均年产值的三十倍"。这种以农业生产平均收益进行补偿将集体土地变为国有土地，然后政府按照市场价格出让国有土地的做法，实际就是政府通过征地剥夺了集体土地产权收益而政府获取巨额差价收入。更主要的是，农民有时连低额的补偿费也不能及时、满额获取。由于有国家法律提供保障，因此这种做法成为普遍现象，不胜枚举。如湖南长沙市经济开发区（属于国家级经济技术开发区）1992—2002年"化整为零"征地总投入的费用为14596.34万元，拆迁征地面积13632.25亩，征地每亩平均只花费1.07万元，而在卖给投资商时即使以每亩8万元的最低价卖出，政府也可从中至少获利9.44亿元（根据2003年5月27日长沙市审计局出具的《关于长沙经济技术开发区1992年至2002年征地补偿的审计调查报告》）。事实上，1995年以后，政府储备的土地卖出的价格要远远高于每亩8万元。[40]

取由使用权和部分处分权衍生的收益（如建房出租、土地出租收入）。这种集体土地产权实施基本按照市场经济规律获取经济利益。较少发生集体土地产权的权属变更，即所有者仍是原村民集体。

## 二 城中村改造中

绝大多数城市的城中村改造规定都是直接规定集体土地产权全部转为国有土地产权，但具体转化过程中如何实现集体土地产权却没有详细规定，具体实践中各有不同。如《广州市关于"城中村"改制工作的若干意见》规定对于城中村剩余集体土地，应按照《土地管理法实施条例》一次性转为国有土地，原合法土地使用权人和用地功能性质不变。对于这种规定，实际上以规定中的就业培训、推荐就业和享受城市居民同样的社会保障为交换，换取集体土地转换为国有土地中的收益。尤其是对于原使用者不是村集体成员或本集体经济组织仍继续使用土地的，这种交易的成分更重。

但是，许多城中村村民由于追逐高房租收入都存在拥有大于改造基准建筑面积的房屋面积，例如《郑州市城中村改造规定（试行）》规定"城中村农民住宅拆迁补偿、安置以基准建筑面积为依据。基准建筑面积根据河南省宅基地面积标准结合本城市住宅小区容积率控制标准，确定为每户228平方米"，"拆除住宅房屋，被拆迁人选择货币补偿的，货币补偿的金额根据被拆迁房屋的面积、区位、用途等因素确定。未超出基准建筑面积的，按市场价格补偿；超出基准建筑面积的，超出面积按重置建安价结合成新给予补偿"，产权调换的面积计算也如此。这样，许多在40—60平方米宅基地上建起五六层楼甚至更高（不论合不合城建规定）的村民就会嫌补偿标准面积太低而有较大抵触，甚至酿成矛盾冲突。

因此，在城中村改造中，由于《土地管理法》的存在，虽然集体土地产权转为国有土地产权时村民集体可能没有获取相对于国有土地出让中市场价的产权收益，但是，村民的"违法违章"建筑事实上一定时期获取了收益，并在改造中成为获取集体土地产权收益的讨价还价筹码。政府的让步在一定程度上归还了部分集体土地产权的利益。政府与村民之间实际上存在利益博弈，村委会成员本身是村庄成员，自己家中可能就存在较多超标准违章违规建筑面积，因此村委会成员在村民与市政府的博弈中地位微妙。

### 三　城中村改造后

在城中村改造后，由于实行了城中村转制的办法，即"城中村由村民自治管理体制转变为城市居民自治的管理体制"，转制后，"城中村的集体土地依法全部转为国有土地，村民由农业户口转为居民户口"。[41] 或集体土地一次性转为国有土地。因此，城中村改造后，一般不存在集体土地，对应的集体土地产权消散、终止。

## 第五节　小结

城中村问题的产生与我国转型经济中政府主导城市化过程而力图减少城市化成本密切相关，城中村集体土地产权问题是这种城市化进程中我国农村集体土地产权权益被挤压的最突出的表现形式，反映了城中村村民土地利益的变化。总体而言，政府推进城市化进程、促进经济增长应当与城中村村民的集体土地产权权益实现进行综合平衡，不应使农民利益受损，从而为构筑和谐社会创造有利的经济环境。

**参考文献**

[1] 钱忠好：《中国农村土地制度变迁和创新研究》（续），社会科学文献出版社2005年版。

[2] 张红宇：《中国农村的土地制度变迁》，中国农业出版社2002年版。

[3] 唐忠：《农村土地制度比较研究》，中国农业科技出版社1999年版。

[4] 王琢、许浜：《中国农村土地产权制度论》，经济管理出版社1996年版。

[5] 张汝立：《农转工：失地农民的劳动与生活》，社会科学文献出版社2006年版。

[6] 张慧芳：《土地征用问题研究：基于效率与公平框架下的解释与制度设计》，经济科学出版社2005年版。

[7] 廖小军：《中国失地农民研究》，社会科学文献出版社2005年版。

[8] 郑景骥：《中国农村土地使用权流转的理论基础与实践方略研究》，西南财经大学出版社2006年版。

[9] 樊静：《我国沿海土地使用制度研究》，人民法院出版社2004年版。

[10] 徐汉明：《中国农民土地持有产权制度研究》，社会科学文献出版社2004年版。

[11] 陈健：《中国土地使用权制度》，机械工业出版社2003年版。

[12] 迟福林：《中国农民的期盼：长期而有保障的土地使用权》，外文出版社1999年版。

［13］杨重光、吴次芳：《中国土地使用制度改革十年》，中国大地出版社 1996 年版。

［14］陈志安、冯继康：《农村土地经营制度比较研究》，中国经济出版社 1994 年版。

［15］王先进：《中国土地使用制度改革：理论与实践》，中国审计出版社 1991 年版。

［16］谢志岿：《村落向城市社区的转型》，中国社会科学出版社 2005 年版。

［17］刘凤芹：《农地制度与农业经济组织》，中国社会科学出版社 2005 年版。

［18］李胜兰：《我国农村产权制度改革与农村城镇化发展》，中山大学出版社 2004 年版。

［19］温铁军：《中国农村基本经济制度研究》，中国经济出版社 2000 年版。

［20］毛科军：《中国农村产权制度研究》，山西经济出版社 1993 年版。

［21］蓝宇蕴：《都市里的村庄：一个"新村社共同体"的实地研究》，生活·读书·新知三联书店 2005 年版。

［22］李培林：《村落的终结——羊城村的故事》，商务印书馆 2004 年版。

［23］陈明：《农地产权制度创新与农民土地财产权利保护》，湖北人民出版社 2006 年版。

［24］朱冬亮：《社会变迁中的村级土地制度——闽西北将乐县安仁乡个案研究》，厦门大学出版社 2003 年版。

［25］林善浪：《中国农村土地制度与效率研究》，经济科学出版社 1999 年版。

［26］［美］E. G. 菲吕博滕、S. 配杰威齐：《产权与经济理论：近期文献的一个综述》，载 R. 科斯等《财产权利与制度变迁——产权学派与新制度学派译文集》，刘守英等译，上海三联书店 1994 年版，第 201—248 页。

［27］折晓叶、陈婴婴：《产权怎样界定——一份集体产权私化的社会文本》，《社会学研究》2005 年第 4 期。

［28］申静、王汉生：《集体产权在中国乡村生活中的实践逻辑：社会学视角下的产权建构过程》，《社会学研究》2005 年第 1 期。

［29］党国英：《论农村集体产权》，《中国农村观察》1998 年第 4 期。

［30］刘金海：《从农村合作化运动看国家构造中的集体及集体产权》，《当代中国史研究》2003 年第 6 期。

［31］［美］Y. 巴泽尔：《产权的经济分析》，费方域、段毅才译，上海三联书店 1997 年版。

［32］贾生华：《论我国农村集体土地产权制度的整体配套改革》，《经济研究》1996 年第 12 期。

［33］单胜道、陈强、尤建新：《农村集体土地产权及其制度创新》，中国建筑工业出版社 2005 年版。

［34］周诚：《土地经济学原理》，商务印书馆 2003 年版。

［35］古日新、邹东：《城中村改造中的社会成本问题》，《建筑管理与经济》2002 年

第 3 期。

[36] 吴智刚、周素红：《城中村改造：政府、城市与村民利益的统一———以广州市文冲城中村为例》，《城市发展研究》2005 年第 2 期。

[37] 刘红萍、杨钢桥：《农村城市化中的城中村形成机制与思考》，《农业现代化研究》2004 年第 4 期。

[38] 向洪宜：《中国土地登记手册》，改革出版社 1994 年版。

[39] 国家土地管理局：《土地登记规则》，国土资源部门户网站（http：// www. mlr. gov. cn/zwgk/flfg/tdglflfg/200411/t20041125 _ 612297. htm），2003 年 4 月。

[40] 吕婷、朱海宏：《对农村集体土地征用现状的反思》，中国农经信息网（http：//www. caein. com/index. asp？xAction = xReadNews&NewsID = 8656），2005 年 6 月。

[41] 郑州市人民政府：《郑州市人民政府关于印发〈郑州市城中村改造规定（试行）〉的通知》，郑州市门户网站（http：//old. zhengzhou. gov. cn/sitegroup/root/html/402882b747185dbf014733dda6320651/20140719121896091. html），2003 年 9 月。

# 第四章　中国农地流转自主治理制度创新研究[*]

## 第一节　引言

目前，农地流转或农地权利交易已成为农地制度变迁理论研究和实践探索活动中的中心问题，农地权利交易[①]的研究可分为以下几点：（1）经济合约的角度，如张五常[1]从分成租佃合约的角度分析中国近代土地资源配置效率问题。（2）地权分配的角度，如赵冈[2]认为地权交易有土地所有权交易和土地使用权交易，而影响地权分配的因素有租税结构、商业利润向农村转移和人口增加等。（3）农地产权残缺或模糊的角度，如钱忠好[3]认为不完全的农地承包经营权降低了农户农地经营收益和农地交易价格，提升了农地交易成本；何·皮特[4]认为中央政府对农地产权制度"有意的制度模糊"可能有利于化解集体矛盾和维护社会稳定，但不利于农地交易。（4）农地权利交易机制或体系的角度，如马晓河和崔红志[5]认为土地流转制度的缺乏制约着农业生产规模化经营，万举[6]认为当前不能健康、有序、平稳地进行农地流转的原因主要是没有建立完善的农地权利交易体系。（5）委托—代理分析的角度，如陈剑波[7]认为既有现实选择的土地集体所有使集体所有治理结构中的委托—代理关系随着农户经济结构的转型正成为农村改革与发展面临的新问题，李怀和高磊[8]认为目前农地流转中的制度失衡的根源是多重委托—代理出现了问题。（6）

---

[*]　本章内容曾发表于《中原工学院学报》2013年第3期，第11—16页。

　　[①]　从具体内涵讲，农地流转与农地权利交易是有差异的，但在不涉及所有权转移情况下本章将二者视为等同。

多种环境条件影响的角度，如张红宇[9]认为土地调整不同于土地流转，政府干预、土地租赁市场发育、农民自由原则的确立等方面都有影响，等等。从诸多关于农地流转的文献看，强调农地流转背后的社会文化影响及其如何决定农地权利交易成本的研究还较少。

　　农地流转是当今中国社会经济转型大背景下农地制度变革过程中的实践探索，在观察和分析这种经济实践发展的过程中还应尊重具体社会事实，强调群体共识的影响正是本章关注具体约束条件，努力为促进农地流转进而推进农地制度创新探寻现实经济关系的一种尝试。本章共分五节：第二节分析不同群体共识决定的农地流转差异，同时说明群体共识的含义；第三节分析不同群体共识影响农地创新路径，决定农地流转成本；第四节分析如何探索中国式自主治理，从而以农地流转推进农地制度创新；第五节是小结。

# 第二节　不同群体共识决定的农地流转差异

## 一　农地流转现实与法律规定的差距

　　《中华人民共和国宪法》建立了我国农地产权制度框架下所有经济活动的宪法性秩序，《宪法》（2004）第十条规定有"土地的使用权可以依照法律的规定转让"。因此，宪法为农地流转已经提供了原则性依据。实际上，自20世纪80年代我国宪法就明确了"土地的使用权可以依照法律的规定转让"（1988年宪法修正案），《土地管理法》（1986，1988）更早有具体规定，所以，从正式约束上讲，农村土地流转或农村土地承包经营权交易早就合法了。但是，从总体上看，全国农地流转率至今仍较低，农村土地流转率大多不超过10%，有的仅为4%—5%，[10]甚至同时存在一些地方较多的农地抛荒现象。这固然有社会转型时期正式约束需要不断完善的原因，然而，应注重的是，《土地管理法》、《农村土地承包法》（2002）等相关法律法规虽然提供了正式性约束，现实中的许多土地经济活动还受非正式约束的强烈影响。"非正规约束来自何方？它们来源于社会所流传下来的信息以及我们称之为文化的部分遗产"。[11:50]许多非正式约束的限制诸如根植于计划经济体制下的社会经济管理文化、社会意识、信念认识、行为方式等都在影响着农地流转。"人们持有的信念决定了他们所做出的选择，然后，这些选择建构了人类行为的变化"[12:22]。在诸多影响当今农地流转的非正式约束中，最重要的是"群体共识"。

**二 什么是群体共识**

群体共识[13]指具有相同或相似社会文化生活背景的人群共同具有的、集体性的知识、信念或认识。它具有如下特点：

（1）集体性。它不是一个人或几个人意志的反映，而是许多人的相同知识、共同认识。

（2）同质性。由于具有相同或相似社会文化生活背景，人们拥有的认识或思想就有较多相同或相近性之处，较少或没有本质性差异。

（3）长期稳定性。社会认识或思想意识的变化需要相对较长的过程，因此，这种共识一旦形成，就具有一定的稳定性。在短时间内较难全面打破或消除。

（4）地域差异性。社会文化背景相同的人并不一定都在一个地方，但是，如果区域越一致、集中或邻近，这种共识就越容易形成。所以，这个"群体"通常在相同的空间区域内，而不同地方或区域的群体共识可能不同。因此，不同地域的群体共识也有差异。

需要强调的是，群体共识可能成为一定群体中的个体之间产生社会经济协作关系的推动力，可能是化解这一群体内成员之间利益矛盾的"润滑剂"，也可能增强具有不同群体共识的经济主体之间利益协作的障碍或成本。

**三 群体共识与农地流转的现实差异**

传统的"乡土中国"虽经不断变革，但到今天其"乡土社会"的影响根基依然牢固，"乡土社会是'礼治'的社会……礼是社会公认合式的行为规范……礼和法不相同的地方是维护规范的力量……维护礼这种规范的是传统"[14:50]。群体共识不完全等同于传统，但与传统紧密相连。传统为群体共识提供了宏观文化背景，群体共识是依赖传统而形成的具体认识和行为方式。在土地集体所有制下，农地具备生产要素职能、财产职能和社会保障职能三重职能[7]，所以，实践中的农地流转就不仅仅是为了经济利益的考虑而进行的，实际的农地流转牵涉到许多因素。

由于农地的集体所有制性质，不论何地的农地权利实施都不可能离开覆盖不同范围的集体决策机制的影响和制约。按照《村民委员会组织法》（1998，2010），村民委员会是村民自我管理、自我教育、自我服务的基层群众性自治组织，实行民主选举、民主决策、民主管理、民主监督。凡涉及村民利益的重大事项都必须提请村民会议讨论决定。农地权利实施是目前农村大部分地区的首要问题，在少数服从多数的民主决策机制下，群体共识就起到决定性作用。尽管基于群体共识的知识或信念为一定区域内的农民在土地利用和土地权利实施上提供了行为基础，但群体共识的差异决定了农地流转的差异。例如，据严金泉和刘介模[15]对福建10个村的调研了解到，当地农民对集体农地在尊重不同集体之间的人均土地资源和赋税的差异、认同集体组织成员的资格与户籍联系、认同一定程度行政干预等方面都有产权共识。在农地调整频率和规模的研究上，陈柏峰[16]的调研认为，农民的地方性规范与农地违法调整密切相关，不同地域的共识会产生不同的选择结果：湖北荆门与河南汝南就因为地域不同，达成共识不同，土地调整的过程与结果也不同。同样道理，由于不同地域形成了不同的群体共识，对土地流转的认识与具体实施就有不同，农地流转的实际情况也不同。例如，曾有研究表明，农地流转率在黑龙江为11.4%，安徽为5.5%，河北为4%，河南为2.34%，贵州为2.94%，云南为2.2%，[10]重庆市在2007年达到19%。[17]

必须注意到，农地流转只是当前农地权利交易实施中的可行和常见情况。实际上，随着我国整体社会经济转型的发展，农村土地权利会不断出现新的内涵，群体共识不仅影响到本集体内的土地权利实施，也会通过示范效应和扩散效应影响到邻近一定范围内不同乡、村集体的其他农地权利的实施。

## 第三节 不同群体共识影响农地制度创新路径，决定农地流转成本

在农地制度创新过程中，许多因素发挥作用，外在因素推动下的强制性制度变迁可能发生。但是，由于我们一直力图保持社会稳定并坚持或遵循渐进性转型，如果强制性土地制度变迁冲击了绝大多数农民现有利益均衡态势带来了社会不稳定，那么，推动这种变迁发生的可能性极小。这样，渐进式的创新路径就与各地域的群体共识密切相关，而在不同农地制度渐进创新路径下的农地流转成本不同。

## 一 农地制度创新的不同路径与农地流转

现有农地制度是经过了新中国成立后的土地改革、农村集体化运动、人民公社运动以及改革开放后家庭联产承包责任制的一系列演化过程形成的。在这个演化过程中，政治、经济、社会、文化等各种因素在相互交错扭结、激化转换中发挥作用。理论研究与实践活动提出了以下集体农地制度改革或创新路径：（1）农地国有化。但有较大政治风险和实际管理与交易成本。（2）农地私有化。但没有深入考察小地块集体土地私有化后的城市化成本增加问题、小块土地买卖能否满足农民进城费用、是否产生大量城市贫民窟等社会性问题。（3）农地股份化。已在诸如广东省南海市、北京部分郊区等地有了具体实践。（4）农地复合产权或混合产权。但这种观点建议以土地国家所有为主、农民个人所有为辅的土地所有权主体配置结构有土地国有化的倾向。（5）完善农地集体产权。突破现有农地制度框架的该类创新有待推进。

农地所具有的生产要素职能、财产职能和社会保障职能等多种职能说明，每种创新路径的实践选择都是各种复杂因素综合作用的结果。同时，应当强调：

（1）农地制度改革或创新离不开我国社会经济转型现实及这种转型所引起的社会经济利益结构的变革。因为"制度变迁及相对价格的根本变化是该变迁的重要源泉"，而相对价格变化包括"要素价格比率的变化（如土地与劳动、劳动与资本或资本与土地的比率的变化），信息成本的变化，技术的变化（包括十分显著的同时也是十分重要的军事技术）"。[11:112]我国社会经济的快速转型加速促进着相对价格的变化，引起农地制度创新路径不同，农地流转方式也就不同。

（2）农地制度同样作为一种"制度决定了哪些经济实体必须考虑哪些成本。……它们说明了哪些人必须支付哪些成本，以及谁能将特定的成本转移给他人"。[18:74]因此，不论选择哪种创新路径，必须明确创新环境的作用以及创新带来的利益结构变化或成本负担在相关经济主体之间分配，尤其是农民所获利益与所承担成本的内容与变化。同样地，不同制度创新下明确了农民承担的农地流转成本差异，才能确定农地流转方式。

## 二 受群体共识影响的农地权利交易成本

在不同的农地制度变迁过程中，农地权利交易或农地流转也在不停地在探索中进行着，群体共识的影响始终贯穿于所有过程，这种影响是通过改变交易成本大小来体现的。

（一）群体共识通过多种方式影响农地流转成本

（1）提高流转成本。如果某一地区农民的土地情结浓重、非农经济活动较少、乡土群体意识强烈等，那么，谁在利用土地、拥有什么样的土地就非常重要。农民"安土重迁"的历史传统、农耕文明中的土地情结、非农经济不发达等原因，包含这些意识的群体共识往往加大了农地流转成本，因为"在真实世界里，根深蒂固的信念和偏见常常导致高不可攀的交易成本"。[12;140]

（2）降低流转成本。如果某一地区由于历史原因或现代社会经济影响而崇尚商业活动，例如江浙一带具有重商活动传统的地区，那么，具有这类群体意识的人们在农地权利交易对象寻找、进行交易谈判、信息搜集等方面就优势明显，也不会太在乎谁在利用原有土地，这时进行农地流转成本就会大大降低。

（二）群体共识差异影响着农地流转方式选择

一定社会经济活动方式是有一定传统延续的，不同的群体共识决定了该区域农地流转的方式与内容，实际上也决定着该区域农地权利实施的内容。群体共识或习俗、传统、行为规范等"这些文化制约不仅将过去与现在和未来连接起来，而且为我们提供了一个解释历史变迁路径的线索"。[11;8]

由于不同群体共识的影响，每一个区域可能会有不同具体内容的农地权利及其实施方式，也会有不同的农地流转方式，例如采取转包、出租、互换、转让、股份合作等形式流转土地承包经营权。已有的群体共识影响当前农地流转方式选择，不断演化的群体共识也必将对未来农地流转内容和方式产生影响。

（三）不同经济主体主动利用群体共识改变农地流转成本

（1）提高流转成本。实际上，农民历来的保守、软弱、怕事、短视或狭隘等行为意识的根源在于其经济实力和社会经济权利的长期匮乏。这些群体意识又会产生和强化奥尔森所讲的"集体行动的逻辑"，尽管农民群体人数庞大，但有些相关经济主体可能利用这种逻辑攫取农地利益，增加有利于农民的农地流转成本，或尽力降低不利于农民而有利于自身获益的农地流转成本。例如，在实践中出现的各方强势势力（某些企业、某些地方政府、某些集体组织领导等）利用各种正式或非正式规则对农民土地权益的剥夺和侵害等。因此，某些群体共识在这种状况下成了农民土地利益损失的诱导因素。

（2）降低流转成本。历史上就具有崇尚经商的家庭或个人积极转出土地（可能具有其他非农高收入来源，或者仅仅因为城市生活不愿务农等），或者有人利用农地流转从事相关中介服务获利等，这类经济主体利用本区域群体共识通过自身努力推动农地流转。这类经济主体的活动就大大降低了农地流动成本，并可能创造出更多的农地流转机会。

## 第四节　探索中国式自主治理，以农地流转推进农地制度创新

农地流转或农地制度创新，其核心应在于保障农民的农地权利实施并获得对应利益。符合中国农村社会经济发展现状和提高农民福利水平的有益探索都应当尝试。

### 一　重构共识，共同维护农民的土地权利

产权不是指人与物的关系，而是由于物品的存在与使用所引起的人们之间相互认可的行为关系，"它是一系列用来确定每个人相对于稀缺资源使用时的地位的经济和社会关系"，[19:204]因此，在社会经济转型、发展过程中，农民集体的同质性发生分化，农民之间的社会经济关系发生变革，最终促使农民的农地产权结构关系发生改变。

随着社会的发展进步，人们的认识、知识、信念和意识呈现多样化趋势。因此，为了保护共同的农地权益，一方面重新凝聚有利于保障农地权利的共识，如相互认同的土地意识、互利合作的共同行动等；另一方面弱化或减少不利于保障农地权利的意识，如因共同利益的分化、从事经济活动的多样化、未来计划的制定等造成的意识、认识的异化等。尽管有这些异化，但随着现代经济生产生活方式影响，有利于保护和增值农民土地利益的现代管理组织模式和保护措施应在新共识下及时引入。总之，在社会经济变动中重构群体意识，保障农民自身的农地权益。

### 二　探索中国式农民自主治理以保障农地权益

自主治理理论（Self - Governance Theory）是 2009 年诺贝尔经济学奖获得者埃莉诺·奥斯特罗姆（Elinor Ostrom）提出的重要理论，该理论认

为，要解决个人的理性行动导致的集体非理性结果的集体行动难题，不能付诸要么私有化（市场手段）、要么交与外部强权（如政府）的监督与控制，而应注重促使"一群相互依赖的委托人如何才能把自己组织起来，进行自主治理，从而能够在所有人都面对'搭便车'、规避责任或其他机会主义行为形态的情况下，取得持久的共同收益"。[20:51]

（一）中国式农民的自主治理的基础

根据《中华人民共和国宪法》（2004）和《中华人民共和国村民委员会组织法》（2010），农民实行村民自治，"村民委员会是村民自我管理、自我教育、自我服务的基层群众性自治组织"、"村民委员会依照法律规定，管理本村属于村农民集体所有的土地和其他财产"，农村各种形式的合作经济是集体所有制经济。加之，现在我国在试行不断扩大基层民主，促进公民经济合作，例如，及时出台了《中华人民共和国农民专业合作社法》（2006）等。因此，我国农民在创造、获取集体经济利益时实行自主治理是完全具有法律依据的，实现农民自主治理符合我国平滑、渐进式制度变迁的社会转型大趋势。

（二）怎样的中国式农民自主治理？

自主治理理论要解决的核心问题是某一群体共有的利益的增值与分配。为此，奥斯特罗姆提出八项"设计原则"（指实质性要素或条件）：①清晰界定边界；②使占用和供应规则与当地条件保持一致；③集体选择的安排；④监督；⑤分级制裁；⑥低成本的冲突解决机制；⑦对组织权的最低限度的认可；⑧分权制企业。[20:143-144] 根据奥斯特罗姆的观点，要进行自主治理，必须增强自主组织的初始可能性、自主组织的能力、没有外部协助时自主解决共有资源问题的能力等。在复杂不确定环境下影响个人策略选择的内部变量有预期收益、预期成本、内在规范和贴现率，而个人所具有的内在规范的类型受处于特定环境中其他人的共有规范的影响。

由于农地制度改革或创新的复杂性和我国农村社会的特殊性，在现有宪法性秩序下，建立中国式的农民的自主治理不仅仅要接近或符合八项"设计原则"，尤其应注重：

（1）强调宏观社会政治环境对农民自主治理效果有巨大影响。例如，根据宪法，我国是社会主义国家；同时，《村民委员会组织法》规定：中国共产党在农村的基层组织，按照中国共产党章程进行工作，发挥领导核心作用，领导和支持村民委员会行使职权；乡、民族乡、镇的人民政府对村民委员会的工作给予指导、支持和帮助等。各种实际环境因素直接或间接影响村民的自主治理过程。"在非偏远地区，政治统治制度的导向对地方占用者能否为他们自己提供制度，或能否不依赖外部政府、独立解决他们的问题，具有实质性的影响。"[20:311-312] 因此，我们必须注意村民自主治理的政治环境约束。同时，必须注意，中国式的农民的自主治理不仅仅是为了类似于公共资源的经济利益而进行的自主治理，还包括维护社会秩序、保障农村公民社会权益的自主治理。

（2）增强农民的主体意识、公民意识。自主治理是基于一群有着强烈个人主体意识和自治愿望的理性人通过自主合作治理的制度安排实现了集体利益的优化，但我国传统文化始终渗透着一种整体思想特征，公民意识、主体意识有待增强，遇事总希望借助于外界力量的干预，传统的基于宗法血缘关系的自治也不是真正的自主治理。[21] 因此，在现代社会经济环境下的村民自主治理，重构群体共识时，更应当培育、增强具有主体意识、公民意识的群体共识，才能更有效地建立中国式的自主治理，有力保障和增进农民群体权益。

（3）保证自主治理成员在动态变动中不断获取利益。随着我国社会转型和城市化进程的加快，农村社会经济结构不断变化，成员结构重组，利益生成和分配的方式、结构都应及时调整，应当利用群体共识的凝练、再造适应这些变革，逐项形成或创造条件构造新的自主治理。目前，要进行集体经济利益（如农地权利利益）的中国式自主治理，坚持和做好清晰界定边界、监督、低成本的冲突解决机制和对组织权的最低限度地认可四项原则或条件最为急迫。这也是保障农民实施农地权利体现其主体意识、公民意识、权利意识的核心原则。

（4）排除行政部门等强权部门的恣意干预或扰乱。政府转换职能、依法行政和民主监督是保障农民自主治理的基础。政府对农民自主组织起来进行自主治理的"组织权的最低限度的认可"和支持至关重要，同时应强化法治和鼓励村民自治。2010年10月已修订过的《村民委员会组织法》更多地注意到村民的民主和自主治理问题。针对农地权利交易，应彻底实现所有土地权利平等，统一土地市场；实现各要素市场平等开放，稳步推进农地资本化。

因此，建立中国式自主治理，促进农民获取农地权益等集体利益，应重构或再造有利于维护农地权益的群体共识（增强主体意识、公民意识、权利意识），提高自主治理效果。这样的群体共识同质性越强，自主治理效果越明显，就越有利于保护和增进农地权利收益。

### 三　一种理论逻辑

关于农地制度创新，笔者主张在总体上稳定和完善集体土地产权，鼓励特定地区探索各种有利于农民获取土地利益的各类农地制度创新路径。在现有宪法性秩序下，从理论研究上如何梳理创新逻辑呢？结合已有历史实践，存在如图4-1所示的逻辑关系。

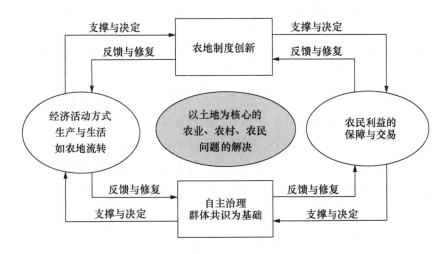

**图4-1　农地制度创新与农民自主治理逻辑**

图4-1中构成了两种循环影响关系：

顺时针方向表明箭头前内容对箭头后内容的依存关系，或表明箭头后方对箭头前方的支撑，或箭头后方对箭头前方创新内容的决定影响。这说明箭头前方新内容的形成是由后方新内容的变革引起的。

逆时针方向表明箭头后内容对箭头前内容的反馈关系，或表明箭头前方对箭头后方有应激反应和修复功能。这说明新内容与变革基础应激自我修复和旧内容的反作用。

随着时间的推移和社会经济转型的深化，"支撑与决定"和"反馈与修复"双重循环会进入良性轨道。中国式的农民自主治理不仅仅解决集体经济利益的问题，也可能有利于探索出中国农村发展的新道路。

### 四　农地流转的具体形式决定

在新的群体共识酝酿、再造过程中，现有环境条件下进行农民自主治理应当与具体的集体经济活动密切联系，例如，如何进行农地权益的自主治理？如何进行获取农地流转机会和确定农地流转方式？等等。

目前，应解决自主治理的可信承诺和相互监督问题，创造条件发挥自主治理优势。这需要保证在没有外部强制情况下激励自己（或他们的代理人）去监督人们的活动、实施制裁，以保持自主治理在遵守有关规则情况下可持续地顺利实施。

已有研究说明，交易形式越多，农地与其他要素如劳动力动态结合越顺利，资源配置就越优化，土地就越会流向最有效率的劳动力手中。[22]因此，通过重构和培育群体共识，实现农民的自主治理，不仅保障农民公平地获取农地权益，及时抓住农地流转机会，也可以促使农民自由选择适合本地、本集体、本人的农地流转方式。通过自主治理创立其他集体自主组织，避免或规避集体行动中的"搭便车"、规避责任或其他机会主义行为形态，最终实现共同利益而不是浪费、耗损或低效使用资源。

显然，基于群体共识差异，各地区形成不同的自主治理机制，各地区的农地权利交易机制的运行可能有些不同。但是，核心目的都在于通过实现农地制度的边际创新，保障农民的土地权益。

# 第五节　小结

我国农地制度创新路径最终取决于转型社会的具体环境，农地权利交易的具体方向和方式不断变化，无时不受群体共识的影响，但不同地区的群体共识等非正式性约束（制度）的作用往往不受人们重视。当然，这并不是说农地价值变化和农民的非农收入与务农收入的比较优势变化的影响不重要；相反，它们可能直接发挥决定作用。本章的目的在于揭示发挥直接作用的诸方面背后的非正式约束和难以觉察但始终强烈影响着农民社会经济决策的因素，关注这些因素不仅仅是为了推进农地流转，而且可能为探索中国农村发展新模式提供良好的思考材料。

## 参考文献

［1］张五常：《佃农理论》，商务印书馆 2004 年版。

［2］赵冈：《中国传统农村的地权分配》，新星出版社 2006 年版。

［3］钱忠好：《农村土地承包经营权产权残缺与市场流转困境：理论与政策分析》，

《管理世界》2002 年第 6 期，第 35—45 页。

[4] ［荷］何·皮特：《谁是中国土地的拥有者？——制度变迁、产权和社会冲突》，林韵然译，社会科学文献出版社 2008 年版。

[5] 马晓河、崔红志：《建立土地流转制度，促进区域农业生产规模化经营》，《管理世界》2002 年第 11 期，第 63—77 页。

[6] 万举：《农地流转成本、交易体系及其权利完善》，《改革》2009 年第 2 期，第 94—100 页。

[7] 陈剑波：《农地制度：所有权问题还是委托—代理问题》，《经济研究》2006 年第 7 期，第 83—91 页。

[8] 李怀、高磊：《我国农地流转中的多重委托代理结构及其制度失衡解析》，《农业经济问题》2009 年第 11 期，第 71—77 页。

[9] 张红宇：《中国农地调整与使用权流转：几点评论》，《管理世界》2002 年第 5 期，第 76—87 页。

[10] 叶兴庆：《工业化中期建设现代农业必须科学处理的几个关系》，《农业经济问题》2008 年第 1 期，第 12—17、47 页。

[11] ［美］道格拉斯·C. 诺斯：《制度、制度变迁与经济绩效》，杭行译，上海三联书店 1994 年版。

[12] ［美］道格拉斯·C. 诺斯：《理解经济变迁过程》，钟正生、刑华等译，中国人民大学出版社 2008 年版。

[13] 万举：《制度效率、群体共识与农地制度创新》，《农业经济问题》2010 年第 10 期，第 18—26 页。

[14] 费孝通：《乡土中国》，生活·读书·新知三联书店 1985 年版。

[15] 严金泉、刘介模：《村、组集体土地所有权的产权共识》，《中国土地科学》1999 年第 7 期，第 13—17 页。

[16] 陈柏峰：《地方性规范与农地违法调整》，《古今农业》2008 年第 3 期，第 4—7 页。

[17] 李景耀：《重庆统筹城乡发展的路径选择》，《中国城市经济》2008 年第 11 期，第 26—27 页。

[18] ［美］丹尼尔·W. 布罗姆利：《充分理由：能动的实用主义和经济制度的含义》，简练、杨希、钟宁桦译，上海人民出版社 2008 年版。

[19] ［美］E. G. 菲吕博滕、S. 配杰威齐：《产权与经济理论：近期文献的一个综述》，载 R. 科斯等《财产权利与制度变迁——产权学派与新制度学派译文集》，刘守英等译，上海三联书店 1994 年版，第 201—248 页。

[20] ［美］埃莉诺·奥斯特罗姆：《公共事物的治理之道：集体行动制度的演进》，余逊达、陈旭东译，上海三联书店 2000 年版。

[21] 张鑫:《奥斯特罗姆自主治理理论的评述》,《改革与战略》2008 年第 10 期,第 212—215 页。

[22] 龙登高:《地权交易与生产要素组合:1650—1950》,《经济研究》2009 年第 2 期,第 146—156 页。

# 第五章　农地流转的首要任务是清晰界定土地权利*

自 2007 年下半年以来，世界食品和粮价急速上涨已经演变为世界性的粮食危机，尽管现在这种危机似乎对我国影响不大，但它使这样一个拥有 13 亿多人口的发展中大国比以前更加关注影响粮食安全的农地利用问题，其中农地流转已成为力图解决问题的重要现实选择途径。本章认为，清晰界定土地权利是解决农地流转问题的首要任务，但是，界定农地产权并不仅仅是确定土地所有权归属。

## 第一节　我国耕地利用现状亟须推进农地流转

我国"十一五"规划提出农地的约束性指标是：到 2010 年年末全国耕地保有量维持在 18 亿亩以上。2007 年《政府工作报告》强调"一定要守住全国耕地不少于 18 亿亩这条红线"，2008 年《政府工作报告》更强调"要坚持最严格的耕地保护制度，特别是加强基本农田保护"。据《中国国土资源公报》，2005 年年底全国保有耕地 18.31 亿亩，2006 年年底为 18.27 亿亩，2007 年年底已降至 18.26 亿亩，要完成"全国耕地不少于 18 亿亩这条红线"任务的形势非常严峻。同时，伴随着我国城市化进程的不断加快，越来越多的农民转向城市成为非农务工人员，农地大量抛荒现象在全国各地不同程度地存在，据中央党校周天勇教授估计，到 2007 年 10 月，全国抛荒耕地在 9000 万亩左右。[1]

解决农地抛荒和因耕地减少可能带来的粮食安全问题，应提高土地利用效率，在目前最现实的选择是利用好每一块耕地，提高每一块耕地的生

---

* 本章内容曾发表于《北方经济》2008 年第 16 期，第 3—5 页。

产效能。因此，农地权利快速、有序地流转是极为紧迫的任务。农地流转不仅利于农地规模化经营，提高农业生产效能，避免农地抛荒，而且为国家粮食安全提供了保证。所以，面对快速城市化迫使农地非农化而农地不断减少和大量农地抛荒的严峻形势，应当千方百计地推进农地流转。

## 第二节　农地流转的主要障碍是土地权利界定不清

农地流转首先就是农地原承包人如何与其他人签订相关协议，实际就是要清晰界定该份土地权利及其归属。根据我国《宪法》、《土地管理法》和《农村土地承包法》，目前农村土地基本属于集体土地，其权利及其归属似乎毋庸置疑，但实际上许多是模糊不清的。

### 一　集体土地产权主体模糊

《土地管理法》（2004 年修正）规定："农民集体所有的土地依法属于村农民集体所有的，由村集体经济组织或者村民委员会经营、管理；已经分别属于村内两个以上农村集体经济组织的农民集体所有的，由村内各该农村集体经济组织或者村民小组经营、管理；已经属于乡（镇）农民集体所有的，由乡（镇）农村集体经济组织经营、管理。"因此，集体土地所有权存在乡（镇）、村、村民小组"三级所有"，即归不同范围内的"集体"成员所有，集体土地出现多种产权主体，并且实际都是"组织主体"，只是不同范围内单个农民集合的代理人。但是，集体土地产权的各种利益最终应归于集体内各成员，成员个体才是最终的集体土地所有者、最终的"原子式"产权主体，而实际的农地产权主体却是内容多变、概念模糊的"集体"。加之传统计划经济体制自上而下行政命令式管理模式使土地权利到如今都难以摆脱行政权力的影响，这更强化了农地产权主体的模糊性。

农地产权主体的模糊性主要由于农民集体"成员权"的存在。成员权[2][3][4]一般指一个人具有被集体认可的、与其他集体成员相同的平等权利或权力，它是一个集体成员参与集体活动身份资格的体现，这些活动包括经济活动和社会政治活动。"成员权是一种建立在共同体成员身份和关系基础上的共享权利，表明的是产权嵌入于社会关系网络的状态"[3]成员权的界定（或获取）常通过两种方式：集体新出生人口自然增加和外来人员迁入。无论何种方式，都需经集体合法正式认可。因此，人口数量（或劳动力数量）始终处于变动之中，造成"集体"内容和概念模糊不清，集体土地产权主体具体内容指向更难确定。

### 二　集体土地权利构成模糊

即农地权利束到底包括哪些内容？由于我国处于经济转型时期，加之物权法实施不久，农地资源配置管理从原来上下级关系的行政命令模式向经济权利平等的市场经济资源配置模式转变需要一个过程，土地权利束内容和结构尚处于建构阶段。因此，农地权利的具体内容和结构依然模糊，对应的法律法规依然处于建立与完善时期。例如，土地他项权利如抵押权、租赁权、地役权、耕作权、借用权、空中权、地下权等具体内容、范围和归属并不十分确定；再如，农地承包经营权与农地所有权、使用权的内容及其关系应当具体明确，但实践中都是根据各地情况有不同阐释和操作。

### 三　实施集体土地权利不规范

包括实施主体的不稳定和实施依据与程序不规范。所有权主体存在概念模糊的"集体""三级所有"和行政权力影响，造成在实施其他土地权利时应获取的土地权利利益不确定。土地权利实施的依据和程序不规范也造成相关土地权利所有人不能完全获取对应土地利益。例如，农地承包经营权的实施，承包权对应具体地块的稳定或调整在全国各地各异，实际并没有绝对遵守《农村土地承包法》"三十年不变"。

### 四　农地权利中交易权的缺失问题亟须解决

尽管我国法律规定集体土地产权中的使用权可以依法转让，但是，在实践中许多地方规定集体土地使用权不准转让或有限转让（比如只在集体内部成员之间）。转让交易权缺失从根本上指集体土地所有权不能转让（交易），这由宪法等所限定，如《宪法》规定"任何组织或者个人不得侵占、买卖或者以其他形式非法转让土地。土地的使用权可以依照法律的规定转让"。

总之，农地权利界定不清就使农地流转失去清晰稳定的前提，所以，要促进农地流转就应当保证这样一个前提：清晰界定农地的各项权利。

## 第三节　清晰界定农地权利不等于推行农地私有化

目前存在一种思维倾向：清晰界定农地产权就是农地私有化或国有化。但笔者认为，必须减弱这种"唯所有权论"影响，最需关注各种土地权利具体实施及其经济利益归属。这并非不要确定产权束中的所有权，而是更加强调在一定社会经济环境中最终产权利益归属，因为产权界定与实施的最终目的在于利益分配。

**一　清晰界定农地权利并非只是确定土地所有权归属**

产权不是指人与物的关系，而是由于物品的存在与使用所引起的人们之间相互认可的行为关系。"它是一系列用来确定每个人相对于稀缺资源使用时的地位的经济和社会关系"，"这一定义是与罗马法、普通法，卡尔·马克思的著作和新制度（产权）经济学相一致"，[5:204] 这有两方面的含义：一是产权与人权不能割裂，适用于所有个人相对于别人所拥有的权利；二是产权是个体之间的关系。产权具体规定了与经济物品有关的行为准则，是一种受法律约束的排他性权利。那么，清晰界定农地权利的目的就是要厘清我国农地权利的具体内容，每一个具体的农民拥有哪些关于农地的、受国家法律约束的排他性权利，从而获得对应收益。所以，农地所有权归属并不是清晰界定农地权利的最终目的。著名制度经济学家张五常甚至认为，产权分为使用权（或决定使用权）、自由转让权、不受干预的收入享用权，只要有了这三种权利，所有权是不重要的。

因此，清晰界定农地产权的核心目的在于：对应于具体的农地，要确定其权利结构、其权利收益的具体归属是否归于以及有多少归于农民。

**二　农地所有权私有化并不一定是解决农地权利界定问题的最佳选择**

任何产权制度的建立都需要一定成本。我国现有农村集体土地产权的形成与演化经历了从激烈的暴力革命打破封建土地制度到"农民的土地所有制"，经社会主义建设探索中的初级社和高级社以及崇尚"一大二公三拉平"的人民公社化阶段，再到经妥协退却的人民公社制度下的集体土地所有制，最后在改革开放中形成了"集体所有，家庭经营"双层经营体制下的农地制度，这是一个各种经济利益的博弈过程，在这一过程中，整个社会付出了巨大成本代价。无论农地私有化还是农地国有化都不可能平静地打破农地制度现状而实现，因为重建土地私有产权或国有土地产权都会比现有农地产权自然演化花费更加巨大的社会成本，甚至出现整个社会不能承受的混乱，危及社会稳定和经济快速高效发展。换言之，在一个正交易成本的现实世界里，私有产权的建立与实施在可能带来效率改善的同时，其本身也必定会由成本而引起资源耗费。正如许多经济学家认为公共产权能够演化和自主治理一样，我国现行的农地产权经历一个曲折演化过程，现有农地产权也许急需的是在完善自主治理基础上的产权创新。农地产权私有化观点还同样忽视了三方面重要问题：没有反映制度变迁的渐进性和制度自主转化的本质；在分析内部变量是如何影响规则的集体供给时，没有注意外部政治制度特征的重要性；没有包括信息成本和交易成本。[6;285]

### 三　农地产权制度创新不可能忽视农村社会公平和整体进步

尽管经人民公社制退却后的农地产权是为了打破绝对平均主义，利于提高经济效率，但在我国落后的农村生产力水平下和不完善的社会保障体制下，现有农地制度毕竟在一定程度上对农民构成一种生存保障，是一种较为稳定的土地产权安排。正基于此，现有农地不仅"是我们当前社会繁荣和目前生活方式的基本要素"，[7;16]而且"是一个由各项自然因素并综合了人类劳动成果的自然—经济综合体了"，[8;3]是农民生活的最后保障。因此，农地产权制度的任何创新不能忽视农村社会的公平，只有这样，才能稳步推进农村社会整体进步。

总之，清晰界定农地产权不仅仅是确定土地所有权归属，我国目前的农地可能急需的是做好自主治理问题。而"唯所有权论"的农地私有化或国有化的观点及其争论会模糊农地产权界定与实施的最终目的，不利于农地流转或农地权利交易。

## 第四节　促进农地交易权规范化，有序推进农地流转

在促进农地产权清晰界定后，目前更应改善农地权利之中交易权的规范实施，有序推进农地流转，杜绝农地抛荒现象蔓延，高效利用现有农村耕地。

## 一　明确农地流转的范围和条件

农地流转首先应符合国家的土地利用总体规划，符合土地用途管理原则；其次，应针对各地农地不同状况划分不同流转方式，以利于在用途管理原则基础上高效利用土地；再次，所有流转的农地应当符合相关法律要求，在保障原承包人利益基础上，创新流转形式和具体契约内容提高土地利用效率；最后，针对抛荒农地制定强制性流转的具体规定，保证土地有效利用。总之，凡符合这四个条件的农地都应当支持和鼓励其流转、保证其正常流转、消融其流转障碍。

## 二　在保障原有土地承包人利益基础上划定农地流转对象

由于存在农民的"成员权"问题，因此，农地流转对象应当有公平合理的次序。笔者认为，农地流转对象应坚持"先内后外，先近后远"原则："先内后外"指集体内部成员优先，集体外成员次之，有利于保障基于公平的"成员权"；"先近后远"指土地地理位置紧邻的对象优先，地理位置相隔较远的对象次之，有利于保障土地规模经营和农地耕作技术水平的提高。

## 三　灵活制定和管理农地流转程序和完善相关法律依据，规范农地流转

现在实践中存在政府或村干部行政干预农地流转、农地流转收益分配不均、缺乏具体的有关农地流转程序的法律法规等问题，农地流转变得规模小、手续不规范、收益计算与分配不公平，这都急需完善相关法律法规，规范农地流转。有关研究也表明，不仅地权不稳定对农地自然资源状况如表示农地肥力的土壤有机质含量有显著负向影响，农户之间非正式的土地流转还易造成农地土壤有机质的损耗。[9] 因此，政府必须对农地流转的有关程序和法律法规根据不同地区灵活制定与实施，有关部门应在做好上述一、二两点基础上规范农地流转，做到"流转合法，稳定有序"。

## 四　鼓励和支持农地权利交易中介组织建设，理顺农地信息渠道，降低农地流转成本

农村信息传播渠道缺乏、信息传递不畅，农地权利交易双方的搜寻成本和谈判成本就会很高，不利于农地流转市场的扩大和有效运作。因此，农地权利交易需求的激增在客观上要求尽快建立和完善有关中介组织。各种相关中介组织本身就是农地权利交易的重要主体承担者，它们的有效运转不仅促使农地流转加快进行，而且更有利于农地权利市场的深入发展，

进一步促进农村土地资本化、现代化进程，使农村各种要素尽快融入现代市场经济体系之中，为推动新农村建设探索有效道路。

**五　促进农村集体经济组织治理结构合理化，公平分配和保障农民的土地流转收益**

农民"成员权"的化解或替代需要在相当长的时期内的集体所有制的创新才能解决，这是基于社会经济发展基础上公平与效率的微妙平衡。但是，不论是农地权利清晰界定，还是在此基础上的农地流转，其目的都是持续保障公平，提高农地利用效率，最终提高农民收益。所以，当务之急是促使农村集体经济组织治理结构合理化，保障集体公共利益快速增长和在成员之间公平分配。这需要政府合理引导，鼓励农民充分发挥积极性，支持农村集体经济组织大胆创新。

**参考文献**

[1] 路修远：《国际市场粮价不断上涨是何缘故》，中国财经信息网，2008 年 4 月 9 日。

[2] 刘守英：《中国农地集体所有制的结构与变迁》，载迟福林主编《走入 21 世纪的中国农村土地制度改革》，中国经济出版社 2000 年版，第 106—124 页。

[3] 折晓叶、陈婴婴：《产权怎样界定——一份集体产权私化的社会文本》，《社会学研究》2005 年第 4 期，第 1—43 页。

[4] 周其仁：《产权与制度变迁：中国改革的经验研究》，社会科学文献出版社 2002 年版，第 1—10 页。

[5] [美] E.G. 菲吕博滕、S. 配杰威齐：《产权与经济理论：近期文献的一个综述》，载 R. 科斯等《财产权利与制度变迁——产权学派与新制度学派译文集》，刘守英等译，上海三联书店 1994 年版，第 201—248 页。

[6] [美] 埃莉诺·奥斯特罗姆：《公共事物的治理之道：集体行动制度的演进》，余逊达、陈旭东译，上海三联书店 2000 年版。

[7] [美] 伊利、莫尔豪斯：《土地经济学原理》，藤维藻译，商务印书馆 1982 年版。

[8] 毕宝德等：《土地经济学》，中国人民大学出版社 1998 年版。

[9] 俞海、黄季焜等：《中国东部地区耕地土壤肥力变化趋势研究》，《地理研究》2003 年第 3 期，第 380—388 页。

# 第二篇　粮食安全与农地利用

# 第六章 国家粮食安全的土地权利基础[*]

## 第一节 引 言

关于粮食安全的概念主要以联合国粮食及农业组织（FAO）的定义广为引用。自 1974 年 9 月在罗马召开"联合国世界粮食大会"，经 1996 年、2002 年的"世界粮食首脑会议"，都有粮食安全定义并强调"按照获得充足食物的权利和人人享有免于饥饿的基本权利，重申人人有权获得安全而富有营养的粮食"，[1] 到 2009 年《世界粮食安全首脑会议宣言》的定义："粮食安全系指所有人在任何时候都能通过物质、社会和经济手段获得充足、安全和营养食物，满足其过上积极、健康生活的膳食需要和饮食偏好。粮食安全的四个支柱是可供应量、获取渠道、充分利用和稳定供应。"[2] 进而强调粮食安全是多元维度的（细分为 30 个指标）。[3] 国内外对粮食安全也有其他多种定义，这说明，人们对粮食安全的认识越来越广、越深、越精细，粮食安全已成为综合性、复杂的社会经济问题。其中关于土地产权与粮食安全的关系及其影响，学术界历来有"有影响论"和"无影响论"两种观点，实际上，必须正视土地产权制度对耕地数量保护、质量保护进而对粮食安全的实质影响，应当改革土地产权制度并完善耕地保护制度，[4] 所谓"有利影响"与"不利影响"的根源在于土地权利现实状态。若仅仅关注农业生产率来保障粮食安全，恰恰是基于非正式甚至非法获取土地，[5] 将粮食安全问题简单归为粮食可供量（产量、进出口量）问题是基于马尔萨斯假定（Malthusian assumptions）或马尔萨斯分析

  [*] 本章内容源于万举主持完成的 2009 年教育部人文社会科学研究基金一般项目"国家粮食安全视野下的农村土地承包经营权交易体系构建"（立项号：09YJA790187，结项号：2014JXZ1334）。

（Malthus's analyses），是悲观主义的、简单化了的。[6]必须探讨长期粮食安全的基础性问题。

## 第二节　农地权利是国家粮食安全的基础

### 一　土地资源日益稀缺强化农地产权的基础地位

（一）产权是经济绩效的基础

现代产权经济学强调"产权意味着权利对所有者自己或他人有益或有害"，[7:81] "是一个社会所强制实施的选择一种经济品的使用的权利"，[8:166] "它是一系列用来确定每个人相对于稀缺资源使用时的地位的经济和社会关系"。更强调产权的经济功能，[9:234]即严重影响经济绩效。况且，产权本身是一种制度，而"制度在社会中起着更为根本性的作用，它们是决定长期经济绩效的基本因素"。[10:143]科斯的本意提倡"让我们研究正交易费用的世界"。[11:358]而现实经济实践始终是正交易费用的世界。因此，一个社会的具体产权状态对相关联的经济绩效起着基础性决定作用。

（二）土地资源日趋稀缺而严峻

中国拥有世界第三大的可耕地面积，然而人均可耕地面积低于世界平均值（0.22公顷/人）的50%，只有OECD（经合组织）国家平均值（0.35公顷/人）的1/4。[12:77]显然，在未来很难为粮食生产有可增加的耕地，因为，有其他多重用途的竞争压力迫使土地不能用于粮食耕种，如城市化、生物能源生产、沙漠化、荒漠化、盐碱化等，也存在环境原因限制耕地扩展。这些因素在世界范围内都将降低人均耕地数量，提高粮食总产量的压力因此落在已有耕地面积上。[13]

在中国快速城市化与社会经济转型过程中，城市化、产业扩张占用土地、环境等因素迫使耕地面积减少的压力有增无减，而新增耕地总量的可能性愈加降低。资源的稀缺程度加大了农地权利保护与实施的严峻性。

（三）在相当长时期，土地仍然是农村社会稳定的基本条件

中国的土地政策对于维护社会稳定至关重要。在城市化快速推进和农村人口快速向城市转移的背景下，农村土地依然会在经济困难时期发挥社会安全网的作用。此外，无论以何种形式存在，土地仍然是地方政府公共

收入的重要来源。[14]

## 二　国家粮食安全离不开农地权利问题

（一）农地产权制度对粮食生产效率的影响

农地产权对粮食生产效率的影响在国内外已有很多研究。例如，Lin[15]（1992）、Rozelle 等（2000）分析集体产权退出权、农地产权安全以及转让权、经营自主权等相关权能对农业生产率的影响；Guo 等（1998）考察农地产权对农民行为的影响；姚洋（1998）、Li 等[16]分析农地产权结构、权利构成等对农业生产的影响；马贤磊（2008）、赵德起（2008）创设模型框架分析农地产权制度对农业生产效率的基础影响；冀县卿和钱忠好[17]强调改革开放后农民获得越来越多的农地产权是中国农业持续增长的重要原因；黄季焜和冀县卿[18]认为，当前对土地确权不但是保护农民利益的需要，也是促进农业可持续发展的需要；党国英和罗万纯[19]对宅基地产权使用效率的研究，等等。

这些研究从不同角度都说明了农地产权的状况对粮食生产的确有不容忽视的影响，在改革开放以来的农地产权改革中，粮食生产效率是提高的。显然，一个人口与国土面积都被称为大国的国家粮食安全需要提高粮食生产效率保证粮食供给总量。但是，我们不能有如此假定：有了较高的粮食产出就能够保障每一个人获得"充足、安全和营养食物，满足其过上积极、健康生活的膳食需要和饮食偏好"。这类假定下的分析显然缺乏说服力，即粮食不安全或饥荒的发生仅仅归于粮食供给下降（FAD）的观点是令人质疑的。

（二）农地权利是国家粮食安全的基础性安排

阿马蒂亚·森以权利分析研究贫困与饥荒问题，其视域已不仅仅是经济分析了。森认为人们所公认的典型权利关系主要包括以贸易为基础的权利、以生产为基础的权利、自己劳动的权利、继承和转移权利四方面，[20:6-7]并且，这些或多或少都是直接的权利关系，而实际生活中还存在相互交织的许多其他更为复杂的权利关系。

显然，在研究一个社会保障粮食安全、避免饥荒时，森的权利分析不仅仅是考虑这个社会如何有效率生产粮食即生产效率，而且关注粮食的管理与分配问题。"在一个社会的不同阶层中，决定食物分配的因素到底是什么呢？权利方法将引导我们思考所有制形式问题。"[20:14]"能否消除饥饿和贫穷，并实现对资源和环境服务的可持续利用，在很大程度上取决于人民、社区和其他群体获取土地、渔业资源及森林的方式。""权属权利不足且缺乏保障，将增加脆弱性并加重饥饿和贫穷现象。"[21]这些文件展示了一种国际共识。有关研究也证明，世界上80%的饥饿取决于人们能否获得土地与其他自然资源作为保障他们生活的手段，包括居住与家庭消费。[22]

因此，在粮食生产效率基本稳定或生产技术尚未有较大突破的情况下，保障粮食安全、保障每个人"充足、安全和营养食物"的基础离不开农地权利。

（1）农地权利决定了粮食生产效率的长期趋势。农民掌握有保障的土地权利是粮食生产效率提高的基础，从长期生产看尤其如此。反之，无保障的农地权利导致农地利用的短期效应，土地退化、投资不足、撂荒等低效现象突出。森[20:83]认为灾难性的孟加拉大饥荒并不是由于粮食严重短缺造成的，市场和政治力量发挥作用并影响到了"粮食权利"问题，而市场和政治力量的作用恰恰反映了土地权利的稳定性与交易性。

（2）农地权利是绝大部分农村其他经济权利的基础。目前，虽然"三农"问题（农村、农业、农民问题）已经转为"新三农"问题（农民工、失地农民、农业村落终结问题），其核心问题从农村土地制度（重点关注土地长久利用）到农地非农化（重点关注土地利益分配）有不同之处。但是，总体而言，土地仍然是农村农民最重要的资源。不论农地权利的获得是基于正式的制度安排、习俗习惯为基础，还是其他非正式的方式，土地制度决定了一个人获得资源的权利，农地权利的获得不仅使一个人具有使用和控制资源的能力，同时具有能转让土地获得其他有益的机会。[23]土地是农户家庭获得粮食的最重要的基础资源与增强其他经济利益能力的基础。因此，土地权利始终是其他经济权利的依托，起着基础性支撑功能。

（3）农地权利决定了农村社会经济治理机制的基础，从而决定了粮食管理与分配的基础。前文已述，粮食安全具有多元维度，其中对粮食的获取渠道与方式、保障稳定供应等的关注与强调，研究已得到深化并拓展了人们的认识，即从单一提高粮食生产效率（保障粮食可供量）转向了粮食的社会管理与分配。在广大农村，农地权利结构及其运作机制决定着农村社会或农民经济的基本社会经济关系，从而决定了保障粮食安全的粮食获取渠道、稳定供应的基本治理机制。

（4）农地权利状况反映了社会各阶层、群体获得粮食供应的基础状态。从产权的基本含义来看，农地产权反映了农村各成员或群体、阶层的经济关系。粮食生产与分配自然属于其中内容。基于此，联合国粮农组织（FAO）关于食物权自愿准则中强调"各国应采取措施，通过保护土地权和其他产权包括继承权的立法，促进维护土地权保障，尤其涉及妇女、贫困和处境不利的社会阶层"。"建立法律和其他政策机制，促进土地改革，增加穷人和妇女的手段。此类机制还应促进土地的保护和可持续利用"。[24]

2014 年的世界粮食安全委员会（CFS）的行动议程准则仍强调"保障小规模粮食生产者和家庭农户对生产资料和自然资源的获得，推动土地权属和其他自然资源在长期危机发生前、中、后的稳定公平治理"。作为一种生计来源和自然资源，以及一种社区和身份意识，土地常常对人们具有深刻的政治、社会经济、情感和象征意义。有效的土地和自然资源管理能够推动和平建设（减缓退回到冲突和/或社会动荡的趋势），支持发展，并改善长期危机中的粮食安全状况。[25]

### 三　中国的粮食安全依托的农地权利体系需要丰富内涵

权利界定与实施是与具体（宏观的与微观的）制度环境紧密相关的，而具体的权利结构决定了直接相关利益的生成与分配。"理解制度结构的两个主要基石是国家理论和产权理论"，"因为是国家界定产权结构"，"最终是国家要对造成经济增长、停滞和衰退的产权结构的效率负责"。[26:17]因此，不同国家保障粮食安全的农地权利背景不同。对中国而言，保障国家粮食安全的农地权利体系的内涵更加丰富、关系更为复杂。

主要由两大方面所决定：

一方面，悠久的历史、文化传统，深化了农地权利内涵、丰富了农地权利结构。悠久的文化传统形成农地权利框架的具体人文社会背景，因为"公民、社区等如何获得土地、渔业及森林资源是由各社会通过权属体系进行界定和监管的"。[27]这种制度环境不仅决定了（正式或非正式）界定土地权利的成本与方式，同时也决定了土地权利保护、实施与可持续交易的具体内容、方式与费用。因此，不同区域的土地权利内涵与结构更丰富、更具有差异性，也会带来权利效益的差异性。

另一方面，转型中国的快速发展，促使农地权利结构不稳定，不断被新的经济环境打破，农地权利主体行为不稳定。产业结构的升级与转型、城市化进程的加快、社会治理方式的转型与创新、政治和法律互动机制的变革、社会阶层激变和组织创生等，都将带来包括农地权利的所有权利结构快速变换，增加了经济行为与权利关系的不确定性，改变着"不同阶层的人民对粮食的支配和控制能力，这种能力表现为社会中的权利关系，而权利关系又决定于法律、经济、政治等的社会特性"。[20:188]

农地权利体系的丰富变化，一方面增强了权利关系的复杂性，可能增加权利收益机会；另一方面并非一定就能增加权利主体的收益，并稳定相关利益关系。因此，在这种过程中，实际的社会经济环境将发挥重要作用。

## 第三节　农地权利现状中不利于粮食安全的潜在因素

### 一　改革开放后中国没有出现粮食不安全的原因

已有研究显示，1978—2003 年我国粮食安全程度在波动中提高，不存在高度风险，[28] 而自 2003 年到 2013 年粮食生产已实现了"十连增"，农民增收实现了"十连快"，[29] 国内粮食总产量从 1978 年的 3.05 亿吨，经 2003 年 4.31 亿吨增加到 2013 年的 6.02 亿吨。① 以联合国粮农组织的净农业生产指数衡量，1961—1978 年年均增长率平稳为 1.1%，但从 1978—2011 年，年均产出增长率超过 3.8%，作物产量年均增长率为 2.9%，起点较低的畜产品以年均 5.6% 高速增长（联合国粮食及农业组织，2013b）。另据《中国统计年鉴》数据计算，中国人均消费粮食由 1978 年的 323.8 公斤，经 2003 年的 320.5 公斤提升到 2013 年的 499.7 公斤（人均消费粮食量＝当年粮食消费总量÷当年人口总量，粮食消费总量＝国内粮食总产量＋粮食进口量－粮食出口量）。改革开放以来，随着经济的快速发展、国内粮食需求不断增长，没有出现严重的粮食不安全的原因何在？也许可列出许多因素，至少如下方面是首选的：

---

①　国家统计局：《中国统计年鉴 2013》，国家统计局门户网站（http：//www. stats. gov. cn/tjsj/ndsj/2013/indexch. htm），2013 年 6 月。本章数据如不特别注明，均源自国家统计局门户网站数据库对应网页。

（一）农业生产技术持续进步

（1）农业生产技术持续进步促使粮食总产量不断提高，符合技术进步大趋势，为粮食安全提供粮食供给总量保障。随着城市化进程快速推进与人口总量不断提高，耕地资源愈加稀缺，只有创新、推广、提高农业生产技术，才能从粮食供给本源上降低粮食安全风险。据研究，尽管我国农业当前仍属粗放型增长，但农业全要素生产率呈上升态势，技术效率的提高抵消了技术进步的下降。中国每公顷播种面积农产品产量（粮食）已从1978年的2527公斤增加到2012年的5302公斤。这说明，全面提升农业生产技术能够降低粮食安全风险。[30]

（2）农业技术进步也增强了农民的维权意识与维权力度。农业技术进步解放了大量农业劳动力，他们持续转移从事其他行业。但是，仍有相当一部分地区（尤其是中西部）的农民由于没有或较少具有其他机会从事收益相对较高的产业，但技术进步促进土地生产效率提升，加之国家对农业不断加大支持力度，特别是自2005年全面取消农业税、提供各种直接补贴后，这都相对增加了农民的土地经营收益，促使农民增强维权意识与维权力度，相当程度上保障了粮食生产。

（二）稳定的政治经济环境

稳定的政治经济环境，保证了包括农地权利的经济权益的稳定实施，削减了粮食生产与交易的不确定性，促使每一个人在自身需要时能够保证获得比较合适的食物。也就是说，政治经济环境的稳定，不仅保障了稳定的粮食生产供给，也降低了交易风险，促使食物顺利到达每一位需要者手中，降低了粮食不安全发生的概率。

更重要的是，社会经济的稳定保障了社会资本的稳定。在转型社会或发展中的现代市场经济中，稳定的社会资本恰恰可以弥补各种社会管理制度（包括市场机制）不完善、不健全，降低社会变革带来的社会经济风险，减少可能的粮食不安全状况，增加稳定交易、获得援助的机会，增强粮食安全保障程度。

（三）农地权利不断拓展及农业生产自主权不断增强

随着改革开放持续深化，市场经济体制的建立与完善，农地权利不断拓展及农业生产自主权不断增强，激发了提高农业生产效率的动力，夯实与强化了农业生产基础。前文已述，许多研究已证明，稳定、保障、增强与拓展农民的土地权利可以促进农业生产效率、农业投资稳定增长、农业技术进步等，这都对粮食安全具有正向作用。

作为影响全局的重大改革，土地管理制度改革将坚持保障经济社会发展、保护耕地资源、保障土地权益"三保"原则，促进工业化、信息化、城镇化和农业现代化同步发展。[31] 而这"三保"原则中，保障土地权益是需要持久与最根本的。2014 年 3 月，李克强总理的《政府工作报告》强调："坚持和完善农村基本经营制度，赋予农民更多财产权利。保持农村土地承包关系长久不变，抓紧土地承包经营权及农村集体建设用地使用权确权登记颁证工作，引导承包地经营权有序流转，慎重稳妥进行农村土地制度改革试点。"这指明了农村土地制度改革的基本路径，为保障国家粮食安全提供了农地权利制度创新的基本方针。

## 二 农地权利现状中有不利于长期国家粮食安全的因素

2014 年 1 月国务院发布《中国食物与营养发展纲要（2014—2020年）》明确了"实施以我为主、立足国内、确保产能、适度进口、科技支撑的国家粮食安全战略"。这说明，要实现国家粮食安全，必须基于国内，调动各种积极因素、创造各种条件促使国家粮食安全长期得到保障。从土地产权而言，尽管纵向比较已有许多进步并获得不俗成效，但是，农地权利现状中仍存在一些不利于国家粮食安全的因素。

（一）农地权利界定、实施与交易的相对价格有提升的压力

随着经济发展水平不断提高、市场化进程快速深化、经济转型不断推进，土地资源包括农地资源相对于资本、劳动力等其他资源的稀缺程度和交易频率逐步提升，总量有限的农地资源在农地权利界定、实施与交易的相对价格等方面存在提升的压力。

（1）经济发展水平的提高拓展了农地权利的交易规模与交易层次。随着中国经济快速发展，人口规模的扩张、经济总量激增，粮食需求潜力与土地需求潜力巨大，居民收入提升、资本投入增加都将相对提高土地需求，增强农地资源稀缺性。客观上拓展了农地权利的交易规模与交易层次。

（2）市场化进程快速深化提高了农地权利界定、实施的频率。城市化的快速进程加剧了土地需求，而新增土地需求绝大部分将通过占用农地资源来满足。因此，土地权利界定与实施的频率增加。另外，随着市场深化，土地资源与其他资源一样会增加更多增值、获利机会，交易频率也会增加，交易的前提需要农地权利界定，而交易本身就是农地权利的实施。

（3）经济社会转型提升了农地权利相对价格。经济社会转型带来经济资源相对价格变动。在土地资源稀缺性不断增强过程中，农地权利的相对价格必然不断提高。当然，从综合视角看粮食安全，粮食不安全更主要地由于与制度失败、文化因素等密不可分的政治上的失败，[32]所以，当代的粮食安全挑战就是社会制度变革。中国社会经济转型的核心是大规模的社会制度转型，转型与变革带来不确定性风险，这都扰动粮食市场供求、挑战国家粮食安全，农地权利的重要地位及其价值或相对价格必将日益提高。

（二）农地总面积存在不断减少的压力

（1）中国国土幅员辽阔，但是，人均耕地面积较低。据 FAO[33]，到 2009 年年底，世界土地面积共 130.03 亿公顷，农业土地占 37.6%，即 48.89 亿公顷；可耕地仅为 13.84 亿公顷，人均耕地 0.2 公顷；中国在总量为 10.49 亿公顷农业土地中，仅有 21% 为可耕地即 2.2 亿公顷，人均耕地约 0.1 公顷。实际上，在中国许多粮食生产大省，人均可耕地更低，如作为农业大省的河南省，人均可耕地仅约 0.08 公顷；① 人均耕地较多的省区粮食生产量在全国占比往往较低。所以，在技术水平没有较大的突破而人口规模在不断增大的情况下，不断降低的人均可耕地强化了粮食安全的压力。

（2）单从农业可持续发展角度看，农地总面积也存在减少趋势。若要从整体上实现农业可持续发展，乃至社会经济可持续发展，现有农业生产方式或农地利用方式急需治理与改变，因为许多地方的农地与环境已经被严重破坏。如重金属严重超标的土地、占用湿地开垦的农地、陡坡耕地的退耕还林、水源地保护、地下水严重超采的地方五类土地，必须有计划有步骤地休养生息，甚至退出生产。这意味着用于粮食生产的自然资源有减少的可能。[34]

（三）面临强势利益集团的挤压风险，农民的土地权利易受蚕食或削弱

进入 21 世纪以来，在中国加速城镇化过程中，城市规模从 2000 年的

---

① 根据《河南统计年鉴 2013》数据计算而得，资料来源：河南省统计局：《河南统计年鉴 2013》，河南省统计网（http://www.ha.stats.gov.cn/hntj/tjfw/tjcbw/tjnj/A06201401index_1.htm），2014 年 6 月。

城市建成区 22439.28 平方千米，增到 2012 年年底城市建成区为 45565.8 平方千米、城区面积 183039.42 平方千米、城市建设用地面积 45750.67 平方千米，城市建成区面积增加了 1 倍多。这增加的 2 万多平方千米城市建成区面积几乎都来源于征收农地。因为，根据中国土地管理制度，"任何单位和个人进行建设，需要使用土地的，必须依法申请使用国有土地"，而"依法申请使用的国有土地包括国家所有的土地和国家征收的原属于农民集体所有的土地"。自 2004 年以来，全国每年的征地面积都大于 1200 平方千米，在 2012 年更增为 2161.48 平方千米，而全社会建设施工面积达 1167238.4 万平方米（即约 1167.24 平方千米），竣工面积达 335503.6 万平方米（即约 335.5 平方千米）。

因此，新增建筑用地（尤其是在城市周边）绝大部分由农村集体土地即农地经政府征收转换而成。"当一个方向上的最大化支付超过现有制约下的投资支付时，具有充分谈判力量的组织就会利用政治来实现目标。但是，整个制度框架的渐进变迁，比经济组织将资源用于直接改变政治规则以增加他们的利润率时能得到更好的理解。"[10:107] 地方政府追求短期政绩与开发商快速追求高额利益的互动合谋，处于弱势地位的农民的农地权利屡屡受到蚕食与挤压，农民利益在被野蛮侵害时很难得到公平合理补偿。不断出现的农地权利激烈冲突正说明这种现状。正是因为农地常常轻易就被侵占，农地规模加快萎缩，在现有农业技术与农业生产效率下，强势利益集团挤压农地权利（绝大部分情况下造成农地"非农化"、"非粮化"利用）将直接影响粮食安全。

（四）相关法律政策等制度环境仍需不断创新与完善

在现代经济发展中，一方面农业存在弱质性，与其他非农产业相比存在比较利益劣势，客观上需要一定保护政策以保障农业可持续生产与长期粮食安全；另一方面，在相当长时期里，中国从事农业生产的人口仍将保持巨大规模，他们的利益理应得到保障，也有利于维护社会公平与稳定。实际上，在经济发展与社会经济转型中，利益受到损害的首先是那些弱势群体。而处于弱势地位的无地农民、小农户、农业雇佣工人等最容易成为粮食不安全的承受者或受害者，[35:42] 因为发展中国家的绝大多数粮食不安全人群都居住在农村，对很多人而言，粮食生产（可利用性）就是其购买能力（可获得性）。[32] 因此，面对现实困境与未来发展趋势，中国需要不断创新与完善法律政策等制度环境，有效支持农业发展与农业人口的相关利益，保护农地权利，从而保障长期粮食安全。

（1）突出公正明晰农地权利保护的基础。针对以保护耕地利用、保护农地权利来保障国家粮食安全，特别是针对实施"实行世界上最为严格的耕地保护制度"、"18 亿亩耕地红线"，一直存在质疑，例如认为我国不存在粮食安全问题，而耕地保护制度实效性低下导致如耕地撂荒，并阻碍了城市化进程，也导致房地产价格过高等，因此实施的是"失败的耕地保护制度"。[36] 不过，这些质疑主要基于经济利益视角。在社会经济快速转型的当今，农地与粮食安全问题的紧要基础不在于利用效率，而在于是否公正、公平农地权利，不以农民的财产权利为代价。保障在快速转型过程中每一经济主体公平、平等、公正获得和实施农地权利，这应当成为创新与完善相关法律政策等制度环境的清晰前提。目前，应当重点明确保障的是农民的农地权利。

（2）完善与优化制度环境，创新与细化制度体系。首先，完善并实施与粮食生产、流通、检测检验、消费、储备等各个环节密切相关的政策、法律、条例、规范等。完善《农业法》，制定实施《粮食安全法》或《粮食法》，严格实施《基本农田保护条例》、《水土保持法》、《植物新品种保护条例》、《农业转基因生物安全管理条例》、《农业科技开发工作管理办法》、《中央储备粮管理条例》、《中央储备粮代储资格认定办法》、《国家储备粮油补贴资金专户管理办法》等。推动各地因地制宜制定可操作性的地方法规、实施细则与办法，如《广东省粮食安全保障条例》、《贵州省粮食安全保障条例》，东北三省、湘、内蒙古、苏、浙、闽、甘、鄂、津等地出台的《耕地质量保护条例》、《耕地质量管理条例》、《耕地保养条例》或《耕地质量管理办法》、《开发耕地管理办法》、《耕地地力保养管理办法》、《深圳市粮食储备管理暂行办法》等。其次，完善并实施关于土地权利保护与实施的政策、法律等。重点在按程序严格实施已有法律法规，同时增补或优化相关法律法规，强化农地权利的可操作性，如《城乡规划法》、《土地管理法》、《土地管理法实施条例》、《农村土地承包法》、《农村土地承包经营权流转管理办法》等。最后，优化与改善相关政策、法律实施环境。各级政府应当首先成为严格执行与实施相关法律法规的典范，宣传与推动社会守法、守规；公检法等执法司法部门严格依法办案、追责、保权，完善并实施保障农地权利与粮食安全的法律法规，不折不扣地践行法治社会的保障者角色。

# 第四节　突出农民主体，创新农地权利，保障国家粮食安全

## 一　基于农地权利的国家粮食安全保障机制简图

粮食安全与土地的关系问题不仅是土地作为自然资源问题，也是文化问题，更是社会经济问题，即包括了文化、制度与经济维度。[32] 土地作为自然资源为粮食安全提供了一定数量的基本物质经济基础；制度为粮食安全提供获得粮食的原则与形式；文化为粮食安全提供解决问题的信念、价值、习惯、道德与社会组织等不同内容。因此，构架基于农地权利的国家粮食安全保障机制应当考虑到经济、文化与制度等多维度。

基于联合国粮农组织[12]确认的粮食安全的四个维度，笔者认为，与农地权利基础分析关联，应考虑四个方面来构建这一机制：

（一）安全层级

即从农地权利基础建设与持续完善上，保障粮食安全的区域范围与人口规模，包括全球层级、国家层级、地区或地方层级、家庭层级、个人层级等。

（二）安全时期

即从农地权利基础上持续保障在长期与短期、季节与年度、战略性的与即时性的粮食安全等。

（三）安全内容

适应安全内容伴随粮食安全的含义变化不断深化，涉及粮食安全、食品安全、营养安全、食物安全、食物权利等，维护农地权利基础上创新农地权利内涵与结构。

（四）安全协调

即在粮食安全战略、粮食安全预警与救助、粮食运输与分配协助、粮食储存与监督等方面，政府、企业与消费者保障有及时的互动协调，同时完善农地权利基础。相对而言，越高层级、越长期性、越基础性和原始含义的粮食安全，越需要具有战略性关注与保障。

考虑上述四个方面，经济、文化与制度等维度通过农地权利基础来影响粮食安全，形成基于农地权利的国家粮食安全保障机制。这种机制存在

双向互动作用：经济维度通过市场效率的提高更主要对地方层级以下粮食安全提供便利，对国家层级粮食安全起到辅助作用；文化传统维度对家庭与个人层级的粮食安全有重要影响，而对国家与地方粮食安全起到间接影响；制度环境维度对各个层级的粮食安全都有决定性影响，当然，这里主要指具体制度政策的影响，其中包括土地权利制度本身的现状与变革。简单示意这一机制如图6-1所示，其中连线形式的实线示意直接关系、主要（或重要）影响，虚线示意间接关系、辅助（影响）作用。

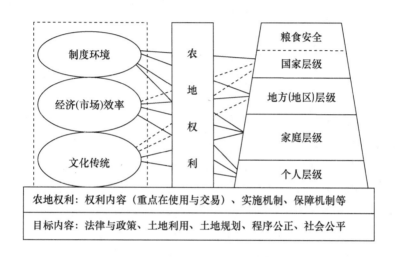

**图6-1　基于农地权利的国家粮食安全保障机制示意简图**

## 二　突出农民主体，塑造稳定保障可持续粮食安全的农地权利体系

（一）构建与完善保障粮食安全的农地权利体系，应突出农民主体

社会经济转型必然带来社会成员行为嬗变，农地权利的变革或农地制度创新的当然行为主体是农民。因此，塑造新的农地权利体系必须坚持农民主体放在首位，尊重与保障农民的选择权，激发农民的创新意识与创新精神，引导农民适应新型城镇化、工业化对农业生产与土地利用的影响，促进农民快速、顺利实现农业现代化，高效利用土地，保障国家粮食安全。

在这一过程中，应充分创造条件发挥农民自主治理优势。[37]对于目前农民的农地权利的自主治理，清晰界定边界、监督、低成本的冲突解决机制和对组织权的最低限度的认可四项原则或条件最为急迫。这也是保障农民实施农地权利，体现其主体意识、公民意识、权利意识的核心原则。在动态变化中，创新构建公平互动的农地权利体系。

（二）因地制宜，持续创新农地权利结构，保障国家粮食安全

制度创新随着社会经济变化呈现不规则状态，许多时候难以预测，依据当时的社会经济背景与社会成员行为而确定。农地权利的创新与变革自然也是如此。只关注土地所有权属的观点在市场机制变革、完善过程中被逐渐弱化，因为土地私有制度需要特定的制度环境，若没有诸如土地登记制度、土地信用市场与完善的法律制度等，土地私有化将带来高昂的社会成本。[16]

当前，现代市场经济深化发展，具体权利所带来的具体利益及其经济社会效应越来越受到重视。在持续创新农地权利结构过程中，应切实尊重农民主体地位，农民是农业生产经营过程中最核心、最具有能动性的主体，只有他们的创新精神被激发起来，才能从根本上稳定提高农业生产效率与土地利用效率，从而保障国家粮食安全。为此，一方面要注重宏观制度环境的创新，包括政府治理方式变革与法律制度完善等；另一方面也应注重微观制度安排的创新，尤其是农地权利制度变革，包括具体权能实施方式与途径的创新等。只有从农地权利基础上保障国家粮食安全，从农民主体地位上激发农民创新积极性，充分完善农地权利与主粮生产保障机制，才能从根本上稳定保障国家粮食安全。

## 第五节 小结

粮食安全是国家经济安全乃至国家整体安全与稳定的基础，对国家粮食安全起着基础性作用的是受地方性知识传统影响的农地权利体系，农地权利是国家粮食安全的基础。因此，在现代市场经济发展中，应"酌情加强国家主导的政策与行动开发、实施和监测多利益相关方平台及进程"，[38] 国家政府应承担起牵头与协调作用，但同时以遵守市场规律为核心，让市场发挥决定性作用，突出农民主体地位，积极创新宏观、微观制度安排，完善农地权利与主粮生产保障机制，保证土地数量与土地质量以持续保障国家粮食安全。

### 参考文献

[1] 联合国粮食及农业组织：《世界粮食安全罗马宣言1996》，联合国粮食及农业组织公用文献库（http：//www. fao. org/docrep/003/w3613c/w3613c00. htm），1996年11月。

[2] FAO，"Declaration of the World Summit on Food Security 2009"，FAO：Rome（ftp：//ftp. fao. org/docrep/fao/Meeting/018/k6050e. pdf），2009 – 11.

[3] 联合国粮食及农业组织：《世界粮食不安全状况2013：粮食安全的多元维度》，联合国粮食及农业组织门户网站（http：//www. fao. org/docrep/019/i3434c/i3434c. pdf），2013年9月。

[4] 刘成玉：《耕地保护视野的土地产权治理"困境"及至我国粮食安全》，《改革》2011年第12期，第46—51页。

[5] Daniel Maxwell，"Alternative Food Security Strategy：A Household Analysis of Urban Agriculture in Kampala"，*World Development*，Vol. 23，No. 10，1995，pp. 1669 – 1681.

[6] Patrick H. Mooney，Scott A. Hunt，"Food Security：The Elaboration of Contested Claims to a Consensus Frame"，*Rural Sociology*，Vol. 74，Issue 4，2009，pp. 469 – 497.

[7] [美] 哈罗德·德姆塞茨：《关于产权的理论》，载盛洪《现代制度经济学》（上册），北京大学出版社2003年版。

[8] [美] A. A. 阿尔钦：《产权：一个经典注释》，载R. 科斯等《财产权利与制度变迁——产权学派与新制度学派译文集》，刘守英等译，上海三联书店1994年版。

[9] 姚洋：《制度与效率：与诺斯对话》，四川人民出版社2002年版。

[10] [美] 道格拉斯·C. 诺斯：《制度、制度变迁与经济绩效》，杭行译，上海三联书店1994年版。

[11] [美] 罗纳德·哈里·科斯：《论生产的制度结构》，盛洪、陈郁译校，上海三联书店1994年版。

[12] 联合国粮食及农业组织：《经合组织—粮农组织：2013—2022年农业展望》，中国农业科学技术出版社2013年版。

[13] J. D. Leaver，"Global Food Supply：a Challenge for Sustainable Agriculture"，*British Nutrition Foundation Nutrition Bulletin*，No. 36，2011，pp. 416 – 421.

[14] 世界银行和国务院发展研究中心联合课题组：《2030年的中国：建设现代、和谐、有创造力的社会》，中国财政经济出版社2012年版。

[15] Justin Yifu Lin，"Rural Reforms and Agricultural Growth in China"，*The American Economic Review*，Vol. 82，No. 1，1992，pp. 34 – 51.

[16] G. Li，S. Rozelle and J. Huang，"Land Rights，Farmer Investment Incentives，and Agricultural Production in China"，Working Paper，No. 00 – 024，Department of Agri-

cultural and Resource Economics University of California, 2000.

[17] 冀县卿、钱忠好：《中国农业增长的源泉：基于农地产权结构视角的分析》，《管理世界》2010 年第 11 期，第 68—75 页。

[18] 黄季焜、冀县卿：《农地使用权确权与农户对农地的长期投资》，《管理世界》2012 年第 9 期，第 76—81、99 页。

[19] 党国英、罗万纯：《农村宅基地使用制度的平等与效率》，*Modern China Studies*，Vol. 20, No. 2, 2013, pp. 103 – 129.

[20] ［美］阿马蒂亚·森：《贫困与饥荒》，王宇、王文玉译，商务印书馆 2001 年版。

[21] 联合国粮食安全委员会：《全球粮食安全与营养战略框架》，联合国粮食及农业组织网站（http：//www. fao. org/fileadmin/user_ upload/bodies/CFS_ sessions/39th_ Session/39emerg/ME498C_ CFS_ 2012_ 39_ 5_ Add_ 1_ Rev_ 1_ 01. pdf），2012 年。

[22] Olivier de Schutter, "Land Access and Rural Development：New Challenges, New Opportunities", 9 *th Brussels Development Briefing*, 25*th* February 2009, Brussels.

[23] A. Herrera, M. Guglielma da Passano, "Land Tenure Alternative Conflict Management", FAO Land Tenure Manuals 2, Rome and FAO, 2006, p. 7（ftp：//ftp. fao. org/docrep/fao/009/a0557e/a0557e00. pdf）.

[24] 联合国粮食及农业组织：《支持在国家粮食安全范围内逐步实现充足食物权的自愿准则 2004》，联合国粮食及农业组织网站（ftp：//ftp. fao. org/docrep/fao/meeting/009/y9825c/y9825c. pdf），2005 年电子版。

[25] 世界粮食安全委员会（CFS）：《应对长期危机中粮食不安全问题行动议程（粮安委行动议程）草案初稿 2014 年》，联合国粮食及农业组织网站（http：//www. fao. org/fileadmin/templates/cfs/Docs1314/A4A/CFS_ A4A_ Zero_ Draft_ CH. pdf），2014 年 2 月。

[26] ［美］道格拉斯·C. 诺斯：《经济史中的结构与变迁》，陈郁等译，上海三联书店 1994 年版。

[27] 世界粮食安全委员会（CFS）：《国家粮食安全范围内土地、渔业及森林权属负责任治理自愿准则 2012》，联合国粮食及农业组织网站（http：//www. fao. org/fileadmin/user_ upload/nr/land_ tenure/pdf/VG_ Final_ March_ Ch. pdf），2014 年 2 月。

[28] 高帆：《中国粮食安全的测度：一个指标体系》，《经济理论与经济管理》2005 年第 12 期，第 5—10 页。

[29] 冯华：《粮食生产十连增，农民增收十连快》，《人民日报》2014 年 3 月 7 日第 12 版。

[30] 彭代彦、吴翔:《中国农业技术效率与全要素生产率研究》,《经济学家》2013 年第 9 期,第 68—76 页。

[31] 姜大明:《我国土地制度改革将坚持"三保"原则》,新华网(http://news. xinhuanet. com/politics/2013 - 06/24/c_ 116271330. htm),2013 年 6 月。

[32] Luther Tweeten, "The Economics of Global Food Security", *Review of Agricultural Economics*, No. 2, 1999, pp. 473 - 488.

[33] FAO, "FAO STATISTICAL YEARBOOK 2013: World Food and Agriculture", http://www. fao. org/economic/ess/ess - publications/ess - yearbook/en/#. U291MYiS05s.

[34] 陈锡文:《粮食安全面临三大挑战》,《中国经济报告》2014 年第 2 期,第 43—45 页。

[35] Solon Barraclough, *An End to Hunger*? London: Zed Books, 1991.

[36] 天则经济研究所:《粮食安全与耕地保护报告》,2008 年 11 月,第206—224页。

[37] 万举:《制度效率、群体共识与农地制度创新》,《农业经济问题》2010 年第 10 期,第 18—26 页。

[38] 世界粮食安全委员会(CFS):《应对长期危机中粮食不安全和营养不良问题行动框架》(《行动议程》),联合国粮食及农业组织网站(http://www. fao. org/fileadmin/templates/cfs/Docs1314/A4A/FirstDraft/CFS_ A4A_ First_ Draft_ CH. pdf),2014 年 6 月。

# 第七章 农地流转成本、交易体系及其权利完善 *

伴随着加速城市化进程，越来越多的农民成为城市非农务工人员，农地大量抛荒现象在全国各地不同程度存在，据估计，全国抛荒耕地到2007年10月有9000万亩左右。[1]

解决农地抛荒和因耕地减少可能带来的粮食安全问题，应当提高土地利用效率，目前最现实的选择是利用好每一块耕地，提高每一块耕地的生产效能。农地流转不仅有利于农地规模化经营、提高农业生产效能、避免农地抛荒、促进农业要素资源高效配置，更有利于保护农民权益、增加农民收入、加快城乡经济社会一体化发展，而且为国家粮食安全提供有力保障。从总体上看，全国农地流转率至今仍较低，地区差异也较大，目前全国农村土地流转率不会超过10%，[2]甚至为4%—5%。[3]发达地区农地流转率较高，如浙江省土地流转率为19.8%；[4]内陆欠发达地区的土地流转率较低，黑龙江为11.4%，安徽为5.5%，河北为4%，河南为2.34%，贵州为2.94%，云南为2.2%；[3]相比较起来在中西部只有重庆市的10.84%[5]稍高。因此，就农村土地承包经营权流转①问题进行探讨，具有现实意义。

## 第一节 文献综述

下面对"农村土地承包经营权"相关的研究进行回顾。

---

* 本章内容曾发表于《改革》2009年第2期，第94—100页。

① 下文将农村土地承包经营权流转简称为农地流转；将土地承包经营权转入和转出，分别称为农地转入和转出。

## 一 相关研究综述

"农村土地承包经营权"的使用及其实际含义都源于改革开放以来广大农村实行的家庭承包经营责任制，它基于实践和有关法律的规范演进。农村经济体制改革始于20世纪70年代末并在80年代初全面推广农村家庭联产承包责任制，但在1986年发布的《土地管理法》、1993年宪法修正案、2002年发布的《农村土地承包法》和农业部的《农村土地承包经营权流转管理办法》（2005）才先后对"集体所有的土地"、"农村中的家庭联产承包为主的责任制"、"农村集体经济组织实行家庭承包经营为基础、统分结合的双层经营体制"等有正式法律认可，并最后明确了土地承包经营权的相关内容。而土地承包经营权在理论研究中并不统一，如"农地国有化"、"农地私有化"、"农地股份化"、"农地复合产权"等，土地承包经营权在实践中被认为是来自农民的一种创新，但理论上又被认为不利于效率提高的农地产权制度安排。Chan[6]认为，大陆的"土地使用权"（Land – Use Rights，LUR）制度是基于香港地区的土地租赁权制度首先在深圳特区试验后逐步建立的，土地使用权的获取和转让存在低效和障碍。农地股份合作制创新可有效促进农村土地使用权流转；[7]实际上农民的土地承包经营权就是土地使用权。[8]土地承包经营权或土地使用权在债权或物权争论随着《物权法》（2007）的实施有了定论。因此，土地承包经营权根植于我国农村土地实践活动、更具有中国特色；土地使用权注重法学和经济学的产权意义上的考察，学理色彩浓重。

政府的行政干预和具体法律法规的制定、实施影响着农地流转。对调查数据研究表明，稳定的土地使用权有助于改善农地土壤长期肥力，而农户之间非正式土地流转会使农地土壤长期肥力而不是短期肥力造成衰退，并且农村劳动力机会成本提高并没有引起农地土壤肥力的损耗。[9]但我们也应看到，地权稳定性对农户租入农地可能性和面积还有负向作用，土地调整也会促进农村劳动力外流和农地使用权市场发育。[10]另外，我们也应当注意农地调整并不等于农地流转。[11]

从有关模型分析可知，市场化进程对土地权利交易有正向作用，[12][13]农地权利存在地权稳定性效应、资源配置效应以及社会保障效应等，而可流转的土地产权能产生边际产出拉平效应和交易收益效应。[14][15]城市化进程对农地流转意义非凡；改革现有土地征用制度的同时给予农民在土地和城镇社会保障之间的自由选择权可以建立起一种良性的城市化机制，实现户籍制度和农地制度改革的突破。[16]从城镇化对耕地的影响看，总体经济增长是主要影响因素，不同城镇化模式对耕地影响不同；在其他条件相同时，相对于农村住宅建设用地，城镇化对耕地减少起到一些缓解作用。[17]

农地承包经营权市场流转根本上取决于有效的农地需求和供给，总体上是求大于供不均衡态势，需要改善农地流转外部条件，促进农地有效供给。[18]农地租赁市场受制于意识形态或道德上对土地租赁的制约、合同实施方面的问题、不鼓励土地租赁的"要么耕作，要么撂荒"的规则和由于租赁会使国家定购任务更难完成而引起村干部抵制四种原因。[11]我国农地市场处于初级阶段，发育缓慢，具有显著的区域差异性。[8]

**二 问题再考察**

我国农地的集体土地产权制度有六个特征：（1）成员权使土地权利在成员之间平等共享；（2）集体成员土地狭义所有权不可分割；（3）土地转让（交易）权缺失；（4）土地权利享用的封闭性；（5）土地总体效率取决于集体组织治理水平；（6）土地产权受权力层级控制，被法定三级分享。因此，集体成员只具有集体土地的一部分土地权利[19]，农地所有权无法属于单个农民。

因此，农地流转问题的各种研究呈现两大特点：一是从不同视角入手，针对性较强；二是不论是案例分析还是观点验证，实证分析基于实践活动，逻辑性较强。但在两点上还应深化：（1）对中国特色宏观背景的影响考察不足；（2）系统性理论建构较少。

在新农村建设中，农地流转的实质是在完成清晰界定农民的土地权利[20]基础上，在东方发展中大国社会经济转型中顺利实现农村土地权利交易。

# 第二节 转型经济中的农地权利交易体系

"产权是一个社会所强制实施的选择一种经济品的使用的权利。"[21]农地不仅是农业最基本的生产资料，更重要的，它是农民生存和发展所需经济权利的最基本的对象物（产权客体），是农民所拥有的基本财产。

"在任何社会里，资源的个人使用权（即产权）都能得到解释，即它们得到了社会风俗习惯、约束机制以及以国家暴力或惩罚为后盾的行使法律的支持。"[22]并且"从法律观念看，财产就是一组权利。这些权利规定了一个人对于其拥有的所有资源可以做些什么，不可以做些什么"。[23]现在，我国农地承包经营权不论是在实际经济活动中还是在法律认可上都已经成为农民物权的重要部分，农民关于农地的有关权利束如何清晰认定、实施和保护，如何规范、保障和促进农地流转，保障农民在农地流转中的自主性和合法利益，这都需要准确总结社会实践，在紧紧把握我国社会经济转型的实践特征基础上进行系统化的理论分析。

**一　准确总结农地流转社会实践**

（1）农地流转形式的多样性、创新性。目前，我国农地流转中的基本形式除了《农村土地承包法》和《农村土地承包经营权流转管理办法》等相关法律法规中已提到的形式外，农民还因地制宜创造出许多其他形式。实践中出现了有关法律法规中提到的形式：转包、出租、互换、转让、入股以及招标、拍卖和公开协商等方式承包等。也出现了反租倒包、土地股份合作（或土地经营合作社等）、四荒地拍卖、信托经营、两田制等。同时并存着分散土地流转（出租、转让、抵押和拍卖等）和集体土地流转（两田制、经营权股份合作制、反租倒包和四荒地拍卖等）。

（2）流转主体呈现出多层次性。有乡村组织、农村经济合作组织、农民个人；也有普通农户、种粮大户以及各类工商企业参与等。

（3）流转期限的灵活性。根据《农村土地承包法》，"流转的期限不得超过承包期的剩余期限"。但是，通常以乡村组织为流转供给方时，流转期限通常为长期，达10年甚至30年；而单户转出方的期限通常较短，为数年的短期出租。

（4）地域分布的广泛性、差异性。地域广泛性反映在从沿海经济发达地区向内地扩张；区域之间的流转差异性表现在农地流转比例在发达地区较高而不发达地区相对较低。

（5）流转收益方式不同。根据实际情况，为了有利于土地高效利用，各地农地实际流转收益有有偿转让、无偿转让和倒贴转让并存。农户转包费的现金支付方式和农产品实物支付并存。

（6）流转规范性不同。农户自发流转与组织化、程序化的土地流转并存；合法流转和非法流转并存；流转规模不断扩大，速度加快。

## 二 稳健而快速的中国特色社会经济转型——认清宏观背景

任何社会经济中的产权都会影响激励与行为，并且，产权不是指人与物的关系，而是由于物品的存在与使用所引起的人们之间相互认可的行为关系，是人与人之间由于稀缺物品的存在而引起的、与其使用相关的关系。"产权的这一定义是与罗马法、普通法、卡尔·马克思的著作和新制度（产权）经济学相一致。"[24]因此，分析和观察有关产权的保护和实施不可能离开或忽视产权及其相关利益人所在的宏观社会经济环境，它不仅孕育着未来的发展趋势，更主要的是影响和决定了相关权利保护和实施的限制条件和宏观范围。

当前，我国农地承包经营权的宏观背景是稳健而快速的中国特色社会经济转型，其特征表现在文化传统习俗的激变、制度制约的渐进变革、城市化进程的加快、利益调整的转型阶段性转换等方面。

（1）激变的文化传统习俗。中国农村在小农经济长久发展历史中，"重农轻商"一直是儒家和政府的基本社会意识和施政取向，土地崇拜成了农业社会中的常态。但是，随着我国社会经济转型的深化，现代社会经济文化意识的渗透、激荡与融合，农民的恋土意识渐趋减弱。但是，这种文化传统习俗的激变既不是一朝一夕完成的，而且也会以不同新的形式呈现在现代经济行为之中，或隐或现地成为转型经济中迟缓而又稳定的经济活动界限，任何割裂农民与土地联系的尝试都会不同程度受到影响，而试图远离土地的行为都会受到潜意识的约束。

（2）渐进变革的制度制约。在农民实施土地权利和处置与土地的关系时，比文化传统习俗约束更强的是现存的各种制度安排。尽管我国在向现代市场经济体制和社会管理制度不断渐进转变，但是，二元的户籍制度、残缺的农村社会保障制度、政经合一的农村社会管理体制、落后的农村教育体制、与市场经济不相适应的法律法规体系等似乎依然存在突变前夜的稳固状态。这一方面让人们感觉到制度在逐步改善，但另一方面现实转变的程度和速度与人们的愿望距离尚远。当农民需要土地权利自由交易与合法实施时，渐变而又迟滞的各项制度就综合成为一整套强大的宏观制约。

（3）快速的城市化进程。我国在20世纪80年代之前的城市化进程是严重滞后的，[25]而进入20世纪90年代之后城市化进程逐步加快，城市化率从1978年的17.92%，经1992年的27.46%，到2007年年底的

44.9%。[26]这一方面是经济发展之后对原有计划经济体制下的人为地压低城市化的弥补，另一方面也是我国社会经济转型与发展的必然趋势的推进。但是，中国农民在这一过程中面对两种威胁：一是二元土地产权制度中农地权利的矮化而使农民利益受损；二是农业生产经营活动在较短期内就受到城市经济的挤压和冲击，由此使农业劳动力资源弱化和土地资源闲置或低效利用。总之，快速城市化给走出农村的农民带来机会，但又使得现存农民利益承受压力。

（4）利益调整的宏观转型。"'转型'强调的是这个变动过程的性质是属于制度结构和体制形态的改变，是从一种体制模式到另一种体制模式的转换。""经济转型，虽然与资源配置有关并且包含着资源配置方面的问题，但在本质上却不是一个资源配置问题，而是制度结构和体制形态的变化，是社会经济主体的权利和利益结构的调整问题。"[27]我国自20世纪90年代初明确了社会主义市场经济目标之后，社会经济转型加快推进，利益结构和各主体利益的变革必定加快，利益主体的冲突随之产生。这种变革是农民利益与其他社会群体利益的分配结构的动态变化过程。"人们对资产的权利（包括他们自己的和他人的）不是永久不变的，它们是他们自己直接努力加以保护、他人企图夺取和政府予以保护程度的函数。"[28]因此，在这一过程中，农民关于土地承包经营权的利益获取、保护和交易也会发生变化，与之相关的冲突及其解决冲突的方法在于国家和各主体对相关利益的平衡和保护，并且，不同转型阶段的利益结构变化和冲突形式也会不同。

总之，稳健而快速的中国特色社会经济转型宏观背景为我国农地承包经营权流转这一特定问题划定了环境约束，任何脱离或试图绕开这一约束的解决方案都难以获得成功。

### 三　农业经济发展阶段——探寻动力机制

农地是农业最重要的生产资料，农业劳动力数量与素质变化、农业生产技术的发展、城乡人均收入水平差异增长以及农业总产出在国民生产总值中份额的变化即产业结构变化都会影响农村土地的利用状况，从而形成农地利用和流转的内在动力。这一动力机制可以描述为：

（1）随着农业生产方式的变化，农业剩余劳动力增多，农民兼业增多，这为集约利用农地和流入农地提供机会和增加动力，拉动农地流转。据国务院研究室2006年《中国农民工调研报告》，目前农村有1.5亿剩余劳动力，而马晓河和马建蕾[29]认为当前中国农村劳动力大约剩余1.1亿。随着20世纪80年代生育高峰出生的人口进入劳动年龄，劳动力供给总量还会进一步增加。农业剩余劳动力的增多逼迫兼业农民人数增加，在兼业收入与从事农业收入差距逐渐拉大时，农业劳动力大量流出土地，其土地就会置于撂荒或低效利用状态。在其他条件不变情况下，当投入人力资源逐渐增加时，农地边际产出是递减的。这样，在农业剩余劳动力和兼业农民增多的情况下，农业内部农地流转动力不断加强：一方面，土地撂荒闲置或低效利用为农地流转提供了物质条件；另一方面，愿意继续从事农业生产经营活动的农村劳动力就会急需增加土地流转的拉力。

（2）劳动力在产业之间使用的比较优势差异强化，城乡人均收入差距加大拉动农村劳动力转移，产业结构变化降低农业收入增长的比较优势，有关生产要素加快流出农业生产经营活动，大量土地闲置或低效利用，这为农地转出创造外部条件，推动农地流转。

目前，我国三次产业比例已从1978年的28.2∶47.9∶23.9升级到2007年的11.3∶48.6∶40.1，三次产业对国民经济的贡献已由1990年的41.7∶41.0∶17.3变化为2006年的5.6∶55.6∶38.8，[26]我国已经进入工业化中期阶段。农业国家在进入工业化中期后，农业对国民经济增长的贡献和在国民经济中的比重都会不断下降，就会出现：一是贡献少收入少，这是收入分配的基本原则；二是产业增长慢收入增长就慢，这是不同产业间收入分配的原则；三是收入的增长率一般要低于经济的增长率，这是国民财富分配的一般性原则。因此，在进入工业化中期以后，农民与其他居民的收入差距不断拉大。不管是理论上还是实践中要消除这种差距都相当困难，因为没有可供超额分配的财富和资源。[30]据周兵和徐爱东[31]实证分析，我国城乡工资差距足够吸引积累的劳动力在第二、三产业就业，所以城乡之间的收入差距对产业结构的提升有积极作用。但是，这种现象的出现无疑又逼迫农业生产所需要素不断流出农业生产经营活动，我国自20世纪90年代以来的农业劳动力加速流出、资本离农现象和农村金融活动的萧条正是这一问题的表现。这就从农业外部强化了农地闲置或低效利用状态，而闲置经济要素需要市场机制重新配置资源，市场力量从农业外部要求或推动农地流转。

**四　市场化进程——疏通农地流转渠道与途径**

任何权利或利益的交易都需要一定的市场机制来完成，市场是要素流通交易的渠道和途径。农民的土地承包经营权流转就是要求多方努力促进农地权利市场化，建立完善的、运行顺畅的市场机制，通过畅通的市场渠道和路径完成农地流转。

美国著名农业经济学家 D. 盖尔·约翰逊一再强调市场机制对中国农民的重要性："我一直试图说明一点：农民的福利不仅取决于他们拥有多少资源（包括人力的、物质的和金融的），还取决于要素市场的运作状况（包括劳动、土地和资本市场）。确保农民充分分享经济增长成果的途径只有一个，那就是改善要素市场的运作。这点在中国尤其重要，因为每一种主要的生产要素的市场（劳动、土地和资本或信贷）在中国都依然受到很大的约束，存在很多缺陷。中国未来要素市场表现如何，将在很大程度上影响农业生产绩效和农民收入的提高。"[32]

但是，目前农地这种农业生产经营活动中最重要的生产要素市场化程度由于各种原因而受到抑制。其中有转型的渐进性和传统体制遗留下来的行政干预惯性作用，缺乏农地权利交易市场中介组织这一重要的实践活动基础。

### 五 农地权利交易体系——农地流转机制构建与交易成本

通过上述论述，我们急需建立农地权利交易体系，以利于推动农地流转机制的构建和顺利运行。

（一）一个交易动力机制

交易动力机制描述的目的是发现农地流转各重要环节的相互关系，促进农地权利交易体系建立。

图 7-1 中的实线表明各因素对农地权利交易（农地流转）的实际影响，其中单线箭头表明各方影响的方向关系，双线箭头表明农业内部动力的影响；虚线表明农地权利市场中交易成本的存在及各种因素对交易成本的影响。显然，农地权利交易供需双方完成交易可以通过市场中介组织，也可以直接自己搜寻交易者。

（二）土地权利交易与交易成本变化

基于图 7-1，农民的土地权利交易能否最后达成，供需交易双方都需要进行对交易后经营土地的收益（$TR$）与交易成本（$TC$）进行核算，尤其是供给方首先要进行核算，也就是流转方要求最大化交易完成后的收益$\pi$。即：

$$\text{Max } \pi = TR - TC \tag{7-1}$$

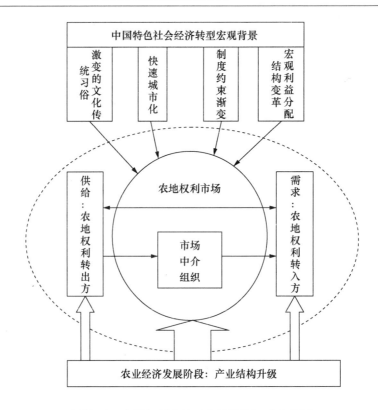

**图 7-1 农地权利交易（农地流转）动力机制**

在一定时期内，如果土地经营方式（Forms）一定，TR（从另一方面讲，也是需求方的交易出价或转入价，或者从事非农经济活动的机会成本）就变化不大。因此，交易成本（TC）的大小对于能否完成土地权利交易至关重要。即要求：

$$\text{Min}TC = TC(\text{Markets}, \text{Industry}, \text{Laws}) \tag{7-2}$$

式（7-1）也就可详写为：

$$\text{Max} \pi = TR(\text{Forms}) - TC[\text{Markets}, \text{式（7-2）Industry}, \text{Laws}] \tag{7-3}$$

在 TR（Forms）一定时，要实现式（7-2），在图 7-1 中我们看到，许多因素影响到交易成本的大小：（1）社会经济整体市场化程度和农地权利市场化程度（Markets）以及农地权利市场中介组织的完善程度决定交易的搜寻成本和谈判成本；（2）农业经济发展（Industry）的实际情况（更主要的是与其他产业发展和收益的比较）决定了市场交易动力来源大小，实际决定了交易启动成本的大小；（3）政府职能变革或行政干预（包括乡村管理体制的变革）和法律法规的完整执行（Laws）决定了交易履约成本。

**六　河南省的农地流转实践**①

（1）土地流转率整体偏低。河南省在 2007 年年底耕地面积为 7201.9 千公顷。[33]根据第二次全国农普调查结果推算，全国农户土地流转率为 16.0%，而 2007 年河南 4200 个样本农户土地流转率仅为 4.7%，远远低于这一水平。

（2）不同地形农户土地流转率差异较大。无论是总的土地流转率，还是具体的土地转入率和土地转出率，均呈现平原村—丘陵村—山区村阶梯上升态势。在当前政府不断加大农业投入、农业效益不断提高的情况下，农民尤其是农耕条件较好地区的农民"恋土"情结加重，土地转出意愿减弱，导致平原和丘陵地区土地流转率较低。

（3）土地流转发生区域相对集中。2007 年在河南省 42 个国家调查县（市、区）中，有 27 个县（市、区）发生土地流转，占调查县的 64.3%；仅长垣、方城、睢阳、新蔡和济源 5 个县的土地流转户就占全省土地流转户的 45.0%，土地流转户呈现出区域相对集中的特点。

（4）兼业农户倾向于土地流转。各种从业类型农户土地流转率呈现出中间高两头低的特点，即兼业户土地流转率高于其他两类农户。三类农户在转出土地方面没有明显差异，但在转入土地方面，呈现出和土地流转率一致的特点，即兼业户土地转入率远远高于纯农户和非农户。随着国家对农业支持力度的不断加大，种粮补贴不断增加，农业种植收益大幅度提升，农户从事农业生产的积极性得到提高，在没有其他较好非农就业门路的情况下，愿意经营更多土地，从而使纯农户和兼业农户转入土地的概率高于非农户。

（5）家庭综合文化程度与土地流转。从家庭综合文化程度②（见表

----

① 此部分源于简要总结国家统计局河南调查总队"关于中国农户土地承包经营权流转动因实证分析"的调查报告。

② 家庭综合文化程度得分：不识字或识字很少、小学、初中、高中中专、大专及以上分别赋值为 3、6、9、12、15，分别乘以具有相同文化程度的劳动力数量后除以劳动力总数的结果为家庭文化程度，按照得分定义 6 分以下、6—9 分、9—12 分及 12 分以上分别表示其文化程度为小学及以下、初中、高中中专、大专及以上。

7-1）看，大专及以上农户无论是其土地转出率还是土地转入率都明显高于其他农户。

表7-1　　　　　　　　不同文化程度农户土地流转率　　　　　单位:%

|  | 小学以下 | 初中 | 高中中专 | 大专及以上 |
|---|---|---|---|---|
| 土地流转 | 6.8 | 6.5 | 5.7 | 15.1 |
| 土地转入 | 5.4 | 4.9 | 4.2 | 12.1 |
| 土地转出 | 1.4 | 1.6 | 1.5 | 3.0 |

（6）养老保险与土地流转。是否参加以养老保险为主体的农村社会保障对土地流转率影响明显。参保农户土地流转率为13.5%，比未参保农户高7.5个百分点。就土地转入率和转出率而言，参保农户土地转出率为9.0%，比未参保农户高7.8个百分点；参保农户土地转入率为4.5%，略低于未参保农户。农村社会养老保险解除了农民的后顾之忧，在一定程度上意味着土地的社会保障功能得到替代，从而使农民转出土地的意愿增强。

表7-2　　　　　　　　　养老保险与土地流转率　　　　　　单位:%

|  | 参保农户 | 未参保农户 |
|---|---|---|
| 土地流转 | 13.5 | 6.0 |
| 土地转入 | 4.5 | 4.8 |
| 土地转出 | 9.0 | 1.2 |

（7）参加培训与土地流转。参加培训农户的土地流转率和土地转出率均高于未参加培训农户，但土地转入率明显低于未参加培训农户。因为目前职业培训主要侧重于对农村劳动力非农从业技能的培训，增加了其非农就业机会。农户非农就业能力越强，机会越多，从事和经营农业的意愿越低，对土地的需求量就越少。

（8）家庭纯收入与土地流转。调查表明，土地转出户、转入户户均家庭纯收入总额分别为16290.3元、18669.7元，均高于未流转农户的15816.0元。

（9）村庄方位与土地流转。以县城为中心，把距离县城在5千米以内定义为近郊村庄，距离县城5—10千米定义为远郊村庄，距县城10千米以上定义为偏远村庄。调查数据显示，近郊、远郊和偏远村庄农户土地流转率也呈现出中间高两头低的特点，近郊和偏远村庄农户土地流转率分别为6.6%和5.8%，明显低于远郊村农户9.2%的土地流转率。土地转入率也呈现出类似特点；而近郊和远郊村庄的农户土地转出率比较接近，均明显高于偏远村庄农户。一般来讲，距县城距离越近，非农产业就越发达，非农就业机会就相对较多，在目前非农行业比较收益率仍很高的情况下，近远郊农户会更倾向于从事非农行业。

## 第三节　农地流转的路径选择与政策建议

### 一　农地流转的路径选择：一般性结论

（1）培植动力之源。农户兼业对农地流转的显著影响说明，农业经济发展中劳动力素质和其他产业经营活动的比较优势才是增强农地流转的最重要动力之源。这不但促进土地经营方式（Forms）的提升，也增加了农民从事非农经济活动的机会，最终促进了式（7-3）中 TR 值的增长。

（2）多方式削减农地流转成本。地域区位差异和信息通畅与否对农地流转具有较大影响。但是，这一方面反映了土地权利市场交易成本的影响；另一方面说明较高的市场化程度和土地权利中介组织对农地流转的促进作用，建立和疏通了农地流转渠道。总之，可以利用多种方式降低式（7-3）中 TC 值。

（3）构建农地流转的坚实基础。农村社会保障体系和公共服务体系的建设建立起了农地流转和提高农民收入的坚实基础。上述分析说明，在农民逐渐摆脱生存伦理[34]逻辑之后，其经济理性逻辑才会逐渐占据其行为活动的主导地位，在这种情况下，式（7-3）中的利益最大化分析才会有实际意义，才能从实践意义上指导和推动农地流转。

（4）改善宏观环境。宏观社会经济环境（传统习俗、制度约束等）和法律法规执行力度是否迟滞或推动农地流转，这取决于不同地区社会经济转型的深度和广度，也取决于是否能够清晰界定和保障实施农民的土地权利这一前提条件的具体实现。因此，推动社会经济渐进平滑转型，从传统向现代稳步转换，从而加快市场化进程，是充分利用各种社会生产要素（包括农地）的长久之路，也有利于推动社会利益结构平滑、和谐调整。

当然，变革自然经济或小农经济传统习俗、消解城乡二元社会经济管理体制和转换二元经济发展格局是一个长期过程。但是，利用各种影响加快这一进程是政府和各种社会公共团体组织的责任。

促进农地流转的各种关系与路径选择如图7-2所示。

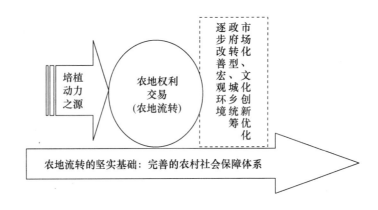

图7-2　农地流转的途径选择

**二　政策建议①**

（1）推动产业结构升级是增强土地流转、推进农业规模经营的根本途径。产业结构优化升级和农业经济发展是产生农地流转动力之源。距离城市越近，非农产业越发达，非农就业机会越多，从事农业生产的机会成本也就越高，农户转入土地的意愿就越弱，而转出土地的意愿就越强。因此，促进城市周边地区大力发展非农产业，尤其是发展壮大劳动密集型企业，创造更多就业机会，加速农村劳动力转移，为土地流转提供机会，促进农业规模经营。

（2）推进市场化进程，促进土地权利交易中介组织建立与完善。农地流转除了各地在法律允许的范围内对于流转形式的创新外，重要的是加快各类土地权利交易市场建设，鼓励建立和完善土地权利交易中介组织（土地流转中心或服务机构等）。政府还应激励对农地权利交易各类从业人员的培训，及时全面地公布、交流有关信息等，推动通过市场机制实现

---

①　部分参考引用了国家统计局河南调查总队"关于中国农户土地承包经营权流转动因实证分析"调查报告的内容。

农地权利利益，加快农地流转。

（3）加强农村教育培训、提升农民人力资本是加快土地流转的有效途径。由于综合文化素质较高的农户转入土地的意愿相对较强，而没有劳动力参加培训的农户转入土地的意愿较弱，充分说明文化教育和技能培训促使农户职业分化，促进土地规模经营，客观上增加土地转入的需求；同时，掌握非农就业技能的农户积极从事非农行业，客观上又增加了土地转出的供给。农民人力资本的提升，一方面使得继续从事农业生产经营活动的农民增强了转入农地的动力；另一方面使得不再从事农业生产经营活动而从事非农就业的人员加快了农业劳动力转移，增强了其转出农地的动力。因此，应进一步加大农村教育投入，提高义务教育水平，大力发展各类学历教育、职业教育和技能培训。

（4）因地制宜制定政策，保障农民土地权利界定和实施。不同地形村庄农户土地流转意愿存在较大差别，这启示我们：促进土地流转政策不能搞"一刀切"，应分类指导、因地制宜，深入研究不同地区土地流转的影响因素，制定符合当地实际的政策，以维护农民土地利益为中心充分界定和保障土地权利，这样才能促进土地流转和土地规模经营的健康发展。

（5）建立健全农村社会保障体系。养老保险对于农户转出土地具有显著正向影响，这表明，在目前条件下土地依然承担着较强的社会保障功能，客观上增强了农户的恋土情结，制约农户转出土地。加速土地流转，必须加快建立和完善以养老保险为主的农村社会保障体系，以替代土地保障作用。

（6）强化有关法律法规的具体执行力度，避免农民土地利益受损。转型经济中的制度渐进变革必然带来变化中的制度约束机制的变更，其中利益结构变化促使相关利益者争夺农民土地利益。因此，必须依法流转农地，严格执法力度，保障农民土地利益和有关合法权益。其中，尤其需要注重避免行政部门的干预和强迫，政府部门应当依法行政，真正做到转换政府职能。

**参考文献**

[1] 路修远：《国际市场粮价不断上涨是何缘故》，中国财经信息网，2008年4月9日。http://www.cngrain.com/Publish/market/200804/363924.shtml。

[2] 李成贵：《中国农村土地制度改革的三步曲》，学习时报网站（http://www.china.com.cn/xxsb/txt/2007-08/06/content_8637555.htm），2007年8月。

［3］叶兴庆：《工业化中期建设现代农业必须科学处理的几个关系》，《农业经济问题》2008 年第 1 期，第 12—17、47 页。

［4］浙江省农业厅经管处：《从土地流转到生产经营环节合作，推动农业集约发展——浙江省推进农业生产合作经营和专业化规模化服务的做法和成效》，中国农经信息网（http：//www. caein. com/index. asp？ xAction = xReadNews&NewsID = 27783），2007 年 9 月。

［5］郭立：《重庆农村土地流转面积占耕地总面积一成》，新华网，http：//www. cq. xinhuanet. com/news/2007 – 08/23/content_ 10940751. htm，2007 年 8 月。

［6］N. Chan, "Land – Use Rights in Mainland China：Problems and Recommendations for Improvement", *Journal of Real Estate Literature*, No. 7, 1999, pp. 53 – 63.

［7］黄祖辉：《农地股份合作制：土地使用权流转中的制度创新》，《浙江社会科学》2001 年第 5 期，第 41—43 页。

［8］叶剑平等：《中国农村土地流转市场的调查研究》，《中国农村观察》2006 年第 4 期，第 48—55 页。

［9］俞海、黄季焜等：《中国东部地区耕地土壤肥力变化趋势研究》，《地理研究》2003 年第 3 期，第 380—388 页。

［10］田传浩等：《农地制度、地权稳定性与农地使用权市场发育：理论与来自苏浙鲁的经验》，《经济研究》2004 年第 1 期，第 112—119 页。

［11］张红宇：《中国农地调整与使用权流转：几点评论》，《管理世界》2002 年第 5 期，第 76—87 页。

［12］Y. Yao, "Rural Industry and Labor Market Integration in Eastern China", *Journal of Development Economics*, No. 59, 1999, pp. 463 – 496.

［13］Y. Yao, "The Development of the Land Lease Market in Rural China", *Land Economics*, No. 76, 2000, pp. 252 – 266.

［14］姚洋：《农地制度与农业绩效的实证研究》，《中国农村观察》1998 年第 6 期，第 1—10 页。

［15］姚洋：《中国土地制度——一个分析框架》，《中国社会科学》2000 年第 2 期，第 54—65 页。

［16］陶然、徐志刚：《城市化、农地制度与迁移人口社会保障》，《经济研究》2005 年第 12 期，第 45—56 页。

［17］朱莉芬、黄季焜：《城镇化对耕地影响的研究》，《经济研究》2007 年第 2 期，第 137—145 页。

［18］钱忠好：《农地承包经营权市场流转：理论与实证分析——基于农户层面的经济分析》，《经济研究》2003 年第 2 期，第 83—91 页。

［19］万举：《转型经济城市化中的二元土地产权》，博士学位论文，南开大学，2007

年，第36—38页。

[20] 万举：《农地流转的首要任务是清晰界定土地权利》，《北方经济》2008年第16期，第3—5页。

[21] ［美］A. A. 阿尔钦：《产权：一个经典注释》，载R. 科斯等《财产权利与制度变迁》（新1版），刘守英等译，上海三联书店1994年版，第166页。

[22] ［美］阿曼·阿尔奇安：《产权经济学》，载盛洪《现代制度经济学》（上册），北京大学出版社2003年版，第69页。

[23] ［美］罗伯特·考特、托马斯·尤伦：《法与经济学》，史晋川等译，上海三联书店1996年版，第125页。

[24] ［美］E. G. 菲吕博滕、S. 配杰威齐：《产权与经济理论：近期文献的一个综述》，载R. 科斯等《财产权利与制度变迁》（新1版），刘守英等译，上海三联书店1994年版，第204页。

[25] Zhang Li, *China's limited Urbanization under Socialism and Beyond*, New York：Nova Science Publisher, Inc. , 2004.

[26] 国家统计局：《中国统计年鉴2008》，中国统计出版社2008年版。

[27] 周冰等：《过渡性制度安排与平滑转型》，社会科学文献出版社2007年版，第2页。

[28] ［美］Y. 巴泽尔：《产权的经济分析》（新1版），费方域、段毅才译，上海三联书店1997年版，第2页。

[29] 马晓河、马建蕾：《中国农村劳动力到底剩余多少》，《中国农村经济》2007年第12期，第4—9、34页。

[30] 邓大才：《必须构建农民增收的长效机制》，《调研世界》2004年第5期，第31—32、26页。

[31] 周兵、徐爱东：《产业结构与就业结构之间的机制构建》，《软科学》2008年第7期，第84—87页。

[32] ［美］D. 盖尔·约翰逊：《经济发展中的农业、农村、农民问题》，林毅夫、赵耀辉译，商务印书馆2004年版，第7—8页。

[33] 河南省统计局：《河南统计年鉴2008》，中国统计出版社2008年版。

[34] J. Scott, *The Moral Economy of the Peasant* , Yale University Press, 1976.

# 第三篇　社会经济转型与农地权利变革

# 第八章　公共产权、集体产权与中国转型经济<sup>*</sup>

我国的经济转型与发展是在一个有众多农村人口的发展中大国进行的，已获取的成就举世瞩目。其中的非公有制经济的产生与发展以及它对整体经济正向的激励作用是市场化改革以来的重大成就。由此可见，主张我国的集体产权以不同方式迈向私人产权的观点似乎理所当然地占据主导地位。但是，将我国普遍存在的集体产权等同于主流产权经济学中的公共产权进行分析有失偏颇，公共产权和集体产权的内涵并不相同，它们可能引发的问题也不同，不能无视现实一味地否定对集体产权的分析。<sup>①</sup> 因此，有关公共产权和集体产权的比较分析对于深入理解我国转型经济有重要的现实意义。

## 第一节　两个概念及其辨析

### 一　公共产权的含义

公共（或共同）产权（common property rights）或社区（或共有）产权（communal property rights）的概念来自英语文献中有关资源公共使用的一些概念。但对于"commons"、"common property resources"、"common‑pool resources"和"communal property"等名词含义的理解与辨析在英语世界的文献里并没有得到完全统一，更不要说中文翻译词语了。<sup>[1]</sup>一般相对应地译为"公地"、"公共（共有或共同）财产资源"、"公共池塘资源"、"社区财产"等，此处统一称为"公共资源"，对应产权安排称为"公共

＊ 本章内容曾发表于《财经问题研究》2007 年第 5 期，第 77—82 页。

① 有人认为"集体产权"是根本就不存在的，如果要讨论相对应的问题就只有讨论公共产权。笔者认为，这种看法无视历史事实和转型经济现实，不可取。

产权"（communal property rights）。在英文文献中对"公共资源"的许多叫法和释义不太统一：（1）既可以理解为公共使用不具有排他性的资源［通常被称为"公共产品"或"公共物品"（public goods）］；（2）也可理解为属于公共所有而为私人分别享用的资源（如公共住房或者河水）（使用具有排他性）；（3）也可理解为共同使用而分别付费的资源［通常被称为俱乐部物品（club goods）］。

但是，对于"公共产权"，往往强调拥有对应公共资源产权的享用的公共性，即在一个相对固定的社团或社区（community）中，其成员共同拥有的产权，而对社团之外的人员具有排他性。在具体的分析中，公共产权的含义稍有差异。德姆塞茨对共有权（communal ownership）进行了定义："共有权是指由社区所有者共同行使的权利，……共有权意味着社会否认国家或私人去干涉任何个人行使其权利。"[2:86]这一定义被主流产权经济分析普遍采用，① 虽然也带来相关批评（下文详述）。

## 二　集体产权的含义

"'集体产权'（collective property rights）或'集体所有制'这样的概念在主流经济学那里几乎是看不到的"，[3]因此，"集体产权（collective property rights）不是一个主流经济学的产权概念，它只在中国才有财产和法律上的双重意义"（刘金海，2003）。但不可否认，在现代产权经济学的文献中，公共产权（common property rights）或社区产权（communal property rights）是与集体产权相对应最接近的产权形式。

集体产权（collective property rights）指在转型经济中由集体（或社区，community）所有成员共同拥有和行使并对非集体（或非社区）成员具有排他性的产权。在转型经济中，它与私人产权和国有产权一起共同构成基本的产权形式。

集体产权强调集体成员的身份特征。由于我国的集体产权是在原有集体单位的基础上形成的，集体内人员原有依附于单位的性质在经济财产权利凸显时，就变成必有的权利诉求。"可以发现其中隐含着成员权是集体产权的基础这一命题，并且实践中的集体产权也正是按照这一命题来运作的。成员权是一种建立在共同体成员身份和关系基础上的共享权利，表明的是

---

① 这是一种将广义所有权（ownership）与产权（property rights）等同的观点。此处不讨论其区别和联系。

产权嵌入于社会关系网络的状态。"[4]实际上，成员权成为界定集体产权的基本准则。[5]因此，集体产权只是集体成员在集体中的成员身份具有的经济权利束的综合体现，集体产权对集体外人员的排他性和集体成员的成员权的稳定共享性是缺一不可的。也就是说，一个人要拥有某种集体产权就必须首先确定自己的集体成员身份特征，即成为该集体的一名正式成员。

基于历史事实，我们同意如下看法，即对集体产权可以从三个层面进行考察：第一，集体与国家关系，主要关注国家权力的影响；第二，排除国家权力之后，集体产权基于特定财产（如土地）的清晰的排他性特征；第三，集体内部成员间的权利分配。[5]因此，在考察集体产权结构变化时，必定不能不考察国家权力在集体产权变革的每一步的巨大影响，这成为一种不可或缺的制度环境约束。

### 三　集体产权、公共产权与经济自由

经济自由是指个人选择（personal choice）、自愿交易（voluntary exchange）、自由竞争（freedom to compete）、人身和财产的保护（protection of person and property）；有了经济自由，个人就可以决定生产什么和如何生产产品和服务、可以与他人相互寻求利益等，经济自由对于经济行为人而言，由于不同于政治自由与公民自由，因此它覆盖的范围主要在于有关行为人的经济权利方面。[6]并且，一个人总在寻求使由他人施加的对自己的福利的影响最小化，无论这种影响表现为直接的还是间接的。人们想要在各种可供选择的方案当中有"选择的自由"，而且他们不想因此受到其他人活动的限制，无论这些活动是个人性的还是集体性的。我们可以认为，这里存在一个从最极端的相互依赖性到最极端的独立性的变化幅度。[7:1-2]

对于具体的产权主体而言，在集体产权和公共产权情况下的经济自由是不同的。在从高度集中统一、命令式的计划经济体制向崇尚分散决策的社会主义市场经济体制转型过程中，其中的集体产权主体（即各个集体成员）由于诸多旧有的环境制约（如社保制度、就业制度、户籍制度、地方保护主义的封锁等）而具有较小的独立的经济自由，拥有较少个人财产的产权主体首先为了生存必将历史延续性地依附于集体，一旦脱离原有集体就更缺乏经济参与的自由。在市场经济占主导的环境中的公共产权下，对私有产权的保护以及配套的法律支持使各个产权主体即便脱离公共产权同样拥有平等参与经济活动的经济自由。因此，集体产权与公共产权从具体的产权主体拥有的经济自由而言，分别占据从相互依赖共享产权利

益到相互独立自由决策分享产权利益的两端。

### 四 集体产权与公共产权的初步比较

集体产权与公共产权的比较可以从存在的经济环境、产权主体特征、产权权能、产权实施方式、产权强度①以及产权利益分配几方面来分析，如表 8 – 1 所示。

表 8 – 1 集体产权与公共产权比较

| 比较项目 | 集体产权 | 公共产权 |
|---|---|---|
| 经济环境 | 国有经济占主导地位的转型经济 | 私有经济占主导地位的市场经济 |
| 产权主体特征 | 相互依赖、有特定身份特性同时有较少独立性的集体成员 | 相互自由独立的私人权利拥有者 |
| 产权权能 | 可以分割的、有限的交易权（或转让权） | 不可分割的所有权、无交易权（或转让权） |
| 产权实施方式 | 集体民主决策或代理人决策实施 | 产权主体自主决策实施 |
| 产权强度 | 国家法规制约与代理人治理能力 | 国家法规制约与产权主体的努力 |
| 产权利益分配 | 基于各主体均享的、各权能实施所对应获取的差异性利益 | 主体获取与所实施权能对应的利益 |

# 第二节 公共产权和集体产权可能引发的问题

公共产权和集体产权虽有区别，但都牵涉到稀缺资源的产权权能在集体（或社团）成员之间的配置。因此，基于个人利益最大化的集体行动引起的问题都会在集体产权和公共产权的环境中发生，但是，它们所引发的问题并不完全相同。

### 一 公共产权可能引发的问题

对公共产权所引发的问题的认识有一个从"公地悲剧"问题探讨、相关基本概念辨析到"反公地悲剧"问题探讨的过程。

---

① 巴泽尔（Barzel）认为，一个人对自己产权的强度依赖于他对自己产权的保护努力程度、他人企图夺取和政府予以保护的程度。[9:2]此处的比较基于这一角度。

（一）"公地悲剧"问题

"公地悲剧"（the tragedy of the commons）是加勒特·哈丁提出的，"在一个有限的世界里，每一个人都被锁进一个强迫他无限增加其牲畜量的系统里。在一个相信公地自由使用的社会里，每个人都在追求自身利益最大化，而所有人都争先恐后地涌入追求的结果是注定毁灭。公地自由使用带来了所有人的毁灭"。[8:1244]它说明，对所有人都可以自由进入使用的资源而言，每一个人都不拥有排他性的权利，该种资源最终会因被过度使用而耗竭，所有经济租值耗散殆尽。实际上，"公地悲剧"反映了集体行动中的"搭便车"和机会主义行为带来的危害。早在公元前4世纪，亚里士多德在其《政治学》中就表达了类似思想："凡是属于最多数人的公共事物常常是最少受人照顾的事物，人们关怀着自己的所有，而忽视公共的事物；对于公共的一切，他至多只留心到其中对他个人多少有些相关的事物"，[1]哈丁（Hardin，1968）之前有许多对集体行动和公共渔业进行研究的论文也讨论过类似问题。[10][11][12]对于解决"公地悲剧"问题，哈丁认为不能付诸人们的良知，应当通过基于共同协商一致的相互强制：要么建立私人产权，要么交与政府管理。由于人们对政府管理公共资源似乎注定会出现严重的代理问题与近乎疯狂的"寻租"行为深信不疑，因此，经济学家们（尤其产权经济学家）异口同声的政策建议是"建立私人产权"。当然这也引起了其他研究者的批评。

主要的批评基于基本概念的辨析，即"公共资源"与"开放性资源"（open access）或"自由准入"的区别。Quiggin[13]（1988）和Swaney[14]（1990）等认为，自哈丁以后许多人虽然把公共产权看作由一群所有者拥有、每个人可以自由使用，但这与开放性资源含义几乎相同，除非群体人数很小。现实经济中的公共产权却并非如此。他们在前人基础上对开放性资源和公共产权作了区分：开放性资源（或自由准入）指任何人都可以不被限制地开发使用的资源；而公共产权指一群所有者或使用者共同分享资源的各项（使用）权利，它限制谁使用、何时和怎样使用，通过一定的社会控制机制赋予权利和实施义务。容易引起"公地悲剧"的是"开放性资源"，在资源处于开放性（或自由准入）情况下，"每个人拥有产权就是没有产权"，而现实经济中很少有完全符合开放性资源定义的。不作区分而进行产权探讨是戈登[12]和哈丁[8]论文中的定义进一步延续的结果，由此造成"开放—公共地混淆"（Open – Commons Confusion）。[14]德姆塞茨[2]的分析加深了这一混淆,他关于北美印第安人有效率的土地私人产权是因毛皮贸易的发展而自发产生的分析是错误的,因为那里的土地原本就不是开放性资源而是共有财产(而他没有区分),实际是因欧洲人的强势经济入侵才被变为私人产权的。因此,从 Swaney 等的观点看,德姆塞茨所述是针对开放性资源,而与公共财产相关的产权是公共产权(或社区产权)。区分开放性资源与公共产权的做法逐渐被人们接受,以至于哈丁(Hardin,1998)[15]在回应许多批评性文献时带有辩护性地总结说,他原来的论文"最重要的错误是忽略了修饰性形容词'不受管理的'(unmanaged)"。

(二)"反公地悲剧"问题

迈克尔·海勒[16]在《哈佛法学评论》上发表《反公地悲剧:从马克思到市场转型中的产权》一文后,人们从新的视角审视公共产权所引发的问题。海勒分析了俄罗斯从苏联计划经济向市场经济转型过程中所出现的现象(以莫斯科商业销售为例):临街商店货架空空难以经营,而街边私人货亭琳琅满目生意兴隆。究其原因在于,在转型体制下,政府在赋予个人店面或稀缺资源以完整的产权方面是失败的:往往是一个人拥有店面的售卖权,另一个人拥有销售收益,而其他人有权出租或获取出租收益,或占有和有权决定如何使用。这样,每一个人都可阻止其他人将该地作为店面使用,没有人能够在不获得集体所有人同意情况下经营该店面,于是,该店面(作为稀缺资源)就使用不足。因此,"反公地悲剧"(the tragedy of the anticommons)是这样一种状态:当多个所有人中的每一个人都被赋予一种稀缺资源相对于其他人的排他性权利时,没有人拥有该资源的有效使用特权;当太多所有人拥有这种排他性权利时,这种资源就倾向于使用不足。但是,依笔者看来,海勒讨论的转型经济中的公共产权更接近于集体产权或由小集团控制的国有产权,因此,这种产权形式不仅具有成员间的排他性权利,而且具有同集体产权类似的对非成员较强的排他性权利。

发生"反公地悲剧"是和"公地悲剧"一样与正交易费用、当时的法律制度、社会政治环境和人们的策略性行为等因素有关。但是,海勒告诫说,"克服'反公地悲剧'与建立功能良好的私人产权市场并不是同等含义",[16:659]"转型中的反公地产权经验暗示:正是产权束的内容而不是产权的明晰比我们已认识到的更重要。当不经意间建立反公地产权时,我们付出了太大代价"。[16:688]因此，对稀缺资源进行私有化时应当分析其可能带来"反公地悲剧"的风险。

总之，"公地悲剧"与"反公地悲剧"形象化地探讨和勾画了公共产权所可能引发的问题的存在条件、后果与可能的解决途径。在公共产权下，"公地悲剧"反映了在公共资源的实际存在倾向于开放性资源而每位成员接近于拥有自由使用稀缺资源时所发生的现象；"反公地悲剧"反映了公共产权下的各位成员都拥有稀缺资源的排他性权利却都不可能单独排他地使用稀缺资源时所发生的现象。图8-1反映了相关内容之间的关系。

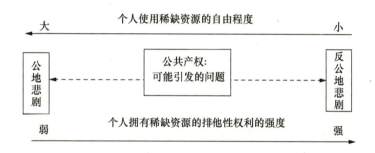

图8-1  公共产权可能引发的问题

## 二  集体产权可能引发的问题

转型经济中的集体产权强调集体成员的身份特征、集体产权实施时的集体决策或代理人决策方式、集体产权的制度环境等因素可能使集体产权产生问题从而导致经济低效。

### （一）委托—代理问题

集体产权的实施通常通过集体成员民主选举的代理人进行，由此就可能出现集体产权的委托—代理问题。如果代理人不以集体成员的利益当作自己的利益诉求，那么同样是个人利益最大化者的代理人的目标可能偏离全部集体成员的目标，这样，集体产权最终实现的利益就不会同集体成员应获得的产权利益相一致。例如，一些农村村委会主任或村支书为了某种目的（获取私利、迫于各种压力等）暗地或强行转卖村集体土地的问题，最后村民的集体土地产权利益受损，造成村民集体上访、告状，甚至暴力事件发生。

### （二）集体行动的逻辑问题

传统看法认为具有相同利益的人组成的集团均有进一步扩大集团利益

的倾向，但这是不正确的。因为作为理性经济人的个人如果经过努力改善了集团利益，但个人只能得到集团收益的极小份额，即集团收益的公共性使每一个成员都能均等地分享它，不管他是否为之付出了成本。因此，集团成员都想成为不付成本而坐享其成的人，这种"搭便车"行为最终使理性的人都不会为集团的共同利益采取行动。"集团越大，就越不可能去增进它的共同利益"，[10:30]但是，小集团较容易采取集体行动追求共同利益，因为"在一个很小的集团中，由于成员数目很小，每个成员都可以得到总收益的相当大一部分"，"某个成员对集体物品的兴趣越大，他能获得的集体物品带来的收益的份额就越大，即使他不得不承担全部的成本，他也会提供这种集体物品"。[10:28]对于集体产权而言，集体中具有较强影响力的部分小团体可能控制着集体产权的具体实施。例如，农村集体土地产权中的大家族势力的影响、部分农村精英成员们的影响等都可能导致集体土地产权利益的实现偏离全体村民的利益目标，但同时村民们在维护自身利益时却又存在"搭便车"行为。

（三）集体产权下的"反公地悲剧"

如前述，"反公地悲剧"出现的主要原因在于集体成员都拥有稀缺资源的排他性权利，对资源的使用不经全体许可就成为不可能而不是少数服从多数。在集体产权下，由于历史文化的原因，均等权益、兼顾每一成员利益成为不变的群体诉求，但这只有达到全体成员的一致同意才能行，这样对于许多集体产权的高效实施造成障碍。因此，相对于资源使用过度而言，在集体产权下较容易因集体成员拥有较强的排他性权利而使资源使用不足，从而发生"反公地悲剧"。

### 三 公共产权与集体产权何以存在以及进一步的比较

一个国家选何种产权形式要受五种因素制约：意识形态和宪政秩序、产权选择中的路径依赖、国家双重目标及其冲突的影响、财政约束、不同利益集团力量的对比及对政府的影响。[17:87-89]对于集体产权和公共产权的选择而言，考虑到产权演变的具体方向，尤其应当关注以下原因：

（一）制度环境

"产权是一些社会制度。这些制度界定或划定了个人对于某些特定的财产，如土地或水，所拥有的特权的范围"，产权制度包括正式制度安排的产权制度（宪法条款、法令和司法规则）和非正式的传统和风俗习惯，它决定了经济活动的参与者和界定了社会财富的分配。[18:1]具体的产权制度安排根植于特定的宏观社会制度环境，公共产权与集体产权也不例外。公共产权产生于市场经济体系中，要求产权主体在实施产权时主体之间合理的协调合作与社会对私人利益的充分保护；集体产权产生于转型国家，要求集体成员之间在行使集体产权时成员权的同一与协调，它是一种强调集体成员利益同质均享的产权安排，带有计划经济体制下成员间利益平均、社会保障的深刻烙印。显然，一个社会意识形态和宪政秩序的演变带来其制度环境的动态变化，社会产权结构也会发生变化。

（二）建立与管理国有产权的成本

国有产权的利益实现与分配是在全社会进行的，而公共产权与集体产权是在特定范围内进行的。显然，将特定范围内的产权共享到全社会，就必须对原有社团集体成员进行利益补偿。如果国有产权建立获取的收益小于补偿成本，或者带来其他社会成本增加，那么国有产权的建立就是非经济的或处于经济低效状态。典型的国有产权建立与管理成本支付是20世纪六七十年代西方发达国家的国有化浪潮带来的低效后果，以及20世纪50年代中后期我国农村经过互助组、初级社、高级社到全社会国有化试验的人民公社"一大二公"造成的惨痛教训。因此，国有产权的建立与管理的巨大成本可能使得原有产权安排成为最现实的选择。

（三）建立私人产权的成本

建立私人产权与公共产权和集体产权可能产生的问题引起的资源使用低效比较起来，可能耗费资源更多，即界定和实施新的产权过程可能消除掉产权建立和实现带来的产出。换句话说，"公地悲剧"可能并不比引起人们建立产权过程的租金耗散更糟；并且，在规则制定者不是剩余索取者时，产权的界定和实施更加容易促使租金耗散。[19]针对"寻租"行为而言，在交易成本为正的世界里，关键问题是在建立产权过程中租金耗散是否减少或消除了。[20]因此，在一个正交易成本的现实世界里，重要的是：在原有公共资源（现实世界很少有开放性资源）管理方式下的租金耗散就一定大于私人产权建立和实施过程的租金耗散吗？此外，社会稳定和谐发展的经济效用有时很难与具体的私人经济的利益增加相替代，这样，在转型经济中源于效率与激励目的建立私人产权引起社会不安定带来的成本可能更大。

（四）集体产权的历史延续与公共产权的演化及其自主治理

我国由计划经济向市场经济的转型不是短期的过程，在一个以平滑模式转型的国家里，原计划经济体制下的宪法性秩序是一种行政秩序，市场经济体制下的宪法性秩序是法律和信用秩序，包括经济体制在内的宪法性秩序的变化是一个连续和平滑的过程。[21]因此，在经历过农村人民公社化试验的经济低效后建立的农村集体产权走向市场经济也是一个连续平滑的过程，原有的较低水平上利益均享的分配机制是在不断转向有利于激励和提高效率的差异性的利益分配机制。所以，集体产权在唤醒人们的产权利益关注时不会立刻私有化，而是一个平滑连续过程。

公共产权的演化及其自主治理研究的开创者埃利诺·奥斯特罗姆（Elinor Ostrom）对许多实际案例研究表明，在面对公共产权或公共资源（common - pool resources）时，大多数经济学家使用的现有集体行动理论（"公地悲剧"、"囚徒困境"和集体行动的逻辑）开出的药方是要么进行私有化要么交与政府管理来实施"唯一"方案。这样致使"人们在世界上看到的是，无论国家还是市场，在使个人以长期的、建设性的方式使用自然资源系统方面，都未取得成功。而许多社群的人们借助既不同于国家也不同于市场的制度安排，却在一个较长的时间内，对某些资源系统成功地实行了适度治理"。[22:10]因为他们忽视了三方面的重要问题：没有反映制度变迁的渐进性和制度自主转化的本质；在分析内部变量是如何影响规则的集体供给时，没有注意外部政治制度特征的重要性；没有包括信息成本和交易成本。[22:285]私人市场的不满意的后果和其他选择的制度安排的合意的结果常常被人忽视和低估，社团发展过程中形成的共识、互惠和正向互动都有利于解决可能的"公地悲剧"问题，"当市场精神在教我们忽视我们的相互依赖之时，它也系统化地促进提高我们相互依赖的'成本转换'。公共产权、社团和互惠为我们提供了能够帮助我们对环境和其他相互依赖性作出建设性回应的框架和方法"。[14:459]因此，公共产权（或社团产权）在现实世界的许多地方以不同方式存在几百年、上千年的事实说明，对许多公共资源实际存在长期存续的自主组织和自主治理，社团（community）（或集体）本身有形成、演化过程，其成员之间有长期的信息交流、互动协调和互惠行为，社团可以通过自主治理达到公共产权的稳定和相对有效。并且，声誉、信任和互惠有助于克服强烈的短期自利企图，[23]这就说明集体成员可以长期相互协作维护公共产权的有效。

通过分析，集体产权与公共产权可以进一步比较如表8-2所示。

表 8 - 2　　　　　　　　集体产权与公共产权比较

| 比较项目 | 集体产权 | 公共产权 |
|---|---|---|
| 制度环境 | 较强行政权力影响下的转型经济的制度环境 | 私人经济占主导地位的市场经济国家的制度环境 |
| 产权主体私人特征 | 依赖于集体、有特定身份特性的集体成员，不断增加的市场经济自由 | 相互独立的私人权利拥有者，充分的市场经济自由 |
| 产权排他性 | 具有较高的排他性 | 倾向于较低的排他性 |
| 可能引发的问题 | 委托—代理问题、集体行动的逻辑问题、"反公地悲剧"问题 | "公地悲剧"问题、"反公地悲剧"问题 |
| 可能的演化方向 | 私有产权、国有产权或公共产权 | 私有产权、国有产权 |

# 第三节　集体产权和公共产权对中国转型经济的意义

在我国向社会主义市场经济转型过程中，尽管存在局部或微观的突变形式，但宏观、主体的经济转型是一个连续平滑过程。集体产权联系到占我国总人口七成以上的人口（主要是农村人口），并且覆盖整个农村地区以及绝大部分第一产业。因此，集体产权任何重要的变迁都关系到我国宏观经济总体发展态势的稳定和效率，集体产权的发展、完善或演变是我国建成全面小康社会的重要组成部分。随着各个社会成员的经济自由程度和对个人产权保护力度的增强，现实中社团或集体的产权界定与实施就逐渐趋于清晰、有序与公平合理。

## 一　集体产权的持久性

转型经济中的集体产权可能在一个较长时期内更多地关注特定范围内的经济公平，从而降低转型风险。

市场经济崇尚经济效率，由于人们先天拥有的资源禀赋差异和后天的努力不同，经济效率原则必然带来个体之间最终经济利益分配的差异性。对于转型经济而言，原有计划经济体制中存在严重的平均主义，并且

"不患寡而患不均"思想的历史的深远影响使原有体制下个人之间及其与社会之间存在较小经济冲突，但是，在注重差异性的效率原则下这种冲突有可能不断增强、扩大。在全社会还没有建立完善的社会保障体制情况下，集体产权利益在市场经济建设中不断增大，而在集体内部根据成员权进行一定程度共享性的利益分配兼顾到相对公平。这样，向市场经济的转型风险的降低，有利于保障社会和谐稳定发展。

### 二　集体产权的可能转变与经济自由密不可分

集体产权在可能向公共产权转变过程中，是与集体成员经济自由的增加分不开的。

市场经济崇尚经济自由，并以各个经济行为人的经济自由为基础得以扩展。随着转型经济不断深化和完善市场经济体制建设、私人财产的增加、新的法律法规的建立，人们的经济自由得以不断增强，原来高度依附于集体组织及其产权利益的个人就会成为独立自由的经济行为人。这样，原来更多的是基于各主体均享的、各权能实施对应获取的差异性利益就会转向随着产权主体的独立自由不断增强而获取的差异性利益。那么，集体产权可能向公共产权转变，之后人们继续关注的就将是变换后的集体产权或公共产权的自我治理问题。

### 三　集体产权的演变有利于平稳转型

集体产权的演变可能催生新的合作组织和增强社会互惠意识，增强社会主义市场经济体制的创新，有利于增强经济转型的连续平滑稳定性。

我国转型经济的目标是建立社会主义市场经济，它不同于现实中所有已存的市场经济，它是总体已拥有13亿多人口、其中七成人口处于经济落后的农村和集体产权之下的发展中国家的市场经济。因此，在有限的资源下，如何创造出适合我国全面小康社会建成的市场经济组织和制度？这是在新的市场经济环境下解决效率原则与公平目标冲突的重要内容。集体产权下已有的传统合作和互助精神为新的制度创新提供了非正式的制度基础，成为新的合作组织的历史渊源，促进经济转型的稳定性。

### 四　集体产权的演变有利于增强经济激励、提高经济效率

随着经济转型的深入，集体产权的演变有利于培植清晰的私有产权，从而增强经济激励、提高经济效率。

如前所述，在连续平滑的社会转型中，随着经济转型的深化，经济自由、经济行为主体独立性和私人产权保护不断增强，集体产权的演化使得

集体成员成为独立自由的私人产权的拥有者。经过制度创新的集体产权或转化为其他产权形式（如公共产权）就会建立在清晰界定和高度保护的私人产权基础上，它关注到原有目的在于社会保障的利益均享而面向未来进行组织创新。因此，虽然集体产权随转型经济深化不一定整体转化为私人产权，但是，它在集体内部不断培植和满足人们的私人产权利益，有利于转型经济提高经济激励和经济效率。

## 第四节　小结

集体产权和公共产权具有不同内涵，尽管它们可能引发不同的经济问题，但是，社会经济现实的选择使我们不能一味地对它们持怀疑或否定态度。经过长期的社会经济演变，集体产权和公共产权的存在可能比其他产权形式更能反映社会经济发展的需要，也更节省社会资源。随着经济转型的深化，基于社会保障而进行利益均享的集体产权可能转化为基于私人产权利益保护的其他产权形式，同时，会带来对应的产权制度创新，并有利于我国和谐有序地建立与完善社会主义市场经济，最终促进全面小康社会的建成，实现共同富裕。

**参考文献**

[1] 毛寿龙：《公共事物的制度基础》，载［美］埃莉诺·奥斯特罗姆《公共事物的治理之道——集体行动制度的演进》，余逊达、陈旭东译，上海三联书店 2000 年版。

[2] ［美］哈罗德·德姆塞茨：《关于产权的理论》，载盛洪《现代制度经济学》（上册），北京大学出版社 2003 年版。

[3] 党国英：《论农村集体产权》，《中国农村观察》1998 年第 4 期，第 1—9、22 页。

[4] 折晓叶、陈婴婴：《产权怎样界定——一份集体产权私化的社会文本》，《社会学研究》2005 年第 4 期，第 1—43 页。

[5] 申静、王汉生：《集体产权在中国乡村生活中的实践逻辑——社会学视角下的产权建构过程》，《社会学研究》2005 年第 1 期，第 113—148 页。

[6] J. Gwartney, R. Lawson, "The Concept and Measurement of Economic Freedom", *European Journal of Political Economy*, Vol. 19, 2003, pp. 405–430.

[7] ［美］詹姆斯·布坎南：《财产与自由》，韩旭译，中国社会科学出版社 2002 年版。

［8］ Garrett Hardin, "The Tragedy of the Commons", *Science*, No. 162, 1969, pp. 124 – 148.

［9］ ［美］ Y. 巴泽尔：《产权的经济分析》，费方域、段毅才译，上海三联书店1997年版。

［10］ ［美］ M. 奥尔森：《集体行动的逻辑》，陈郁等译，上海三联书店1995年版。

［11］ Anthony Scott, "The Fishery: the Objectives of Sole Ownership", *Journal of Political Economy*, No. 63, 1955, pp. 116 – 124.

［12］ H. Scott Gordon, "The Economic Theory of a Common – property Resource: The Fishery", *Journal of Political Economy*, No. 62, 1954, pp. 124 – 142.

［13］ John Quiggin, "Private and Common Property Rights in the Economics of the Environment", *Journal of Economic Issues*, Vol. XXII, No. 4, 1988, pp. 1071 – 1087.

［14］ James A. Swaney, "Common Property, Reciprocity, and Community", *Journal of Economic Issues*, Vol. 24, No. 21990, pp. 451 – 462.

［15］ Garrett Hardin, "Extensions of the Tragedy of the Commons", *Science*, New Series Vol. 280, No. 5364, 1998, pp. 682 – 683.

［16］ Michael A. Heller, "The Tragedy of the Anticommons: Property in the Transition from Marx to Market", *Harvard Law Review*, No. 111, 1998, pp. 621 – 688.

［17］ 卢现祥：《新制度经济学》，武汉大学出版社2004年版。

［18］ ［美］ 加里·D. 利贝卡普：《产权的缔约分析》，陈宇东译，中国社会科学出版社2001年版。

［19］ Terry L. Anderson, Peter J. Hill, "Privatizing the Commons: an Improvement?", *Southern Economic Journal*, Vol. 50, No. 2, 1983, pp. 438 – 450.

［20］ Terry L. Anderson, Peter J. Hill, "Privatizing the Commons: Reply", *Southern Economic Journal*, Vol. 52, No. 4, 1986, pp. 1165 – 1167.

［21］ 周冰：《经济体制转型的平滑模式与突变模式》，《财经论丛》2005年第1期，第1—5页。

［22］ ［美］ 埃莉诺·奥斯特罗姆：《公共事物的治理之道——集体行动制度的演进》，余逊达、陈旭东译，上海三联书店2000年版。

［23］ Elinor Ostrom, "A Behavioral Approach to the Rational Choice Theory of Collective Action: Presidential Address", American Political Science Associateion, *The American Political Science Review*, Vol. 92, No. 1, 1998, pp. 1 – 22.

# 第九章　经济机会与农民在经济转型中的收入增长*

## 第一节　引言

目前，在我国经济转型和社会经济发展过程中，如何保持农民收入持续快速增长已经成为经济理论界与实践界共同关注的重要问题。有关研究关注到农村制度安排的影响、[1][2][3][4][5][6][7][8]新农村运动、[9][10][11][12][13]城乡协调发展、[14]农村产权问题、[15][16]农业企业化市场化、[17][18][19][20][21][22]农民权益（利）的保护、[23][24][25][26][27]农民的非农产业化，[28][29]等等，这些研究很具有针对性，见仁见智，可谓真知灼见。但我们认为，在分析如何增加农民收入时，对农民作为具体的经济行为人在经济转型中的经济机会的考察不应当忽视：农民的经济机会在经济转型过程中是如何变化的、受什么因素影响？农民的经济机会与农民增收有什么关系？等等；因为经济机会是影响农民收入增长的极为重要的因素。

经济机会（economic opportunity）是经济自由的重要内容。一般认为，作为不同于政治自由和公民自由的经济自由对经济增长有正向影响。[30][31][32][33]对于每一个经济行为人而言，经济机会是经济行为人被赋予经济自由借以具体实现经济利益的现实可能性。在我国社会主义市场经济建设过程中，经济转型过程就是要不断增强经济主体从事经济活动的经济自由，不断扩展每一个经济行为人参与经济活动的经济机会的过程。Gwartney J. 等[30][32]研究了不同国家之间经济自由程度与经济增长之间的

---

＊　本章内容曾发表于《学术月刊》2006年第10期，第75—81页。

关系，他们是通过编制一定的指数将一个国家作为整体来与其他国家进行比较，从中发现一国经济自由程度与其经济增长之间的正向关系。而 Andrew G. Walder[34]研究了中国经济转型过程中乡村干部家庭在市场中经济机会的变化及其与带来的经济收入之间的关系，他的研究关注的是农村少数群体（乡村干部）的经济机会。笔者认为，一个国家的经济体制转型过程中，不同群体的经济机会随着经济自由程度的变化及其与经济收益之间的关系更值得关注，也更有研究价值。对于当前的中国，特别是在近年来城乡居民收入差距日益扩大的情况下，研究城乡居民尤其是农民的经济机会的变化与其收入之间的关系，关注农民的经济机会在建成和谐的全面小康社会中具有重要的意义。

本章共五节，第二节分析经济机会、经济自由与制度约束的关系；第三节构造一个简化的模型解说来分析经济转型过程是经济机会基本格局的重新调整过程；第四节结合经济转型实践，利用简化模型的分析架构来讨论当前我国农民在社会经济转型过程中的经济机会的增加是转型经济中农民收入增长的重要源泉；第五节是小结。

## 第二节　经济机会、经济自由与制度约束

### 一　经济机会与经济自由

简单而言，经济机会是指经济行为人在经济活动中获取各种经济利益的现实可能性，它与行为人参与经济活动获取经济利益的环境、途径、方式、工具或手段等密切相关，并以此为基础。如果一个经济行为人获取经济利益的途径多，可能性大，我们就说该行为人拥有比别人较多的经济机会。

经济自由则是指个人选择（personal choice）、自愿交易（voluntary exchange）、自由竞争（freedom to compete）、人身和财产的保护（protection of person and property）；有了经济自由，个人就可以决定生产什么和如何生产产品和服务、可以与他人相互寻求利益等，经济自由对于经济行为人而言，由于不同于政治自由与公民自由，因此它覆盖的范围主要在于有关行为人的经济权利方面，而经济行为人的经济机会与具体的经济环境制约有密切关系。[31][32]

经济自由影响到经济激励、生产努力和资源利用效力，[35]是经济行为

人通过一定的经济机会获取经济利益的基础，即经济自由是行为人的经济机会存在的前提。

## 二　经济自由与制度约束

合理的制度约束是经济自由得以保障的基础。在作为保证自愿交易与保障个人自身和财产安全而免遭暴力、强权和欺骗剥夺的基础时，制度和政策是与经济自由相一致的。[31][32]

但制度约束如果不完善或者不能很好地保障经济自由得以扩展、不能保障自愿交易和人身与财产免受侵害的话，制度约束就成为经济自由的障碍或桎梏。并且，如果过分强调制度约束，或过分强调最大化社会财富以至于实际威胁到人们的自愿交易与产权不能很好地施行的话，最终会威胁到经济自由与经济发展。也正基于此，有人[36]甚至对科斯在社会成本的分析方面持批评态度，断言科斯更像社会主义者而不是维护自由市场的自由主义者。

230 年前亚当·斯密有关当时中国法律制度对经济发展的影响的两段论述有利于我们理解制度约束与经济自由和经济发展之间的关系："中国……许久以来，它似乎就停滞于静止状态了。……也许在马哥孛罗时代以前好久，中国的财富就已完全达到了该国法律制度所允许的发展程度"，[37:65] "中国似乎长期处于静止状态，其财富也许在许久以前已完全达到该国法律制度所允许有的限度，但若易以其他法制，那么该国土壤、气候和位置所可允许的限度，可能比上述限度大得多"。[37:87]

制度约束应当为经济自由和经济发展提供保障，但是制度约束也可能对经济自由的扩展造成阻碍或损害。

## 三　经济机会与制度约束

实际经济活动显然不是在鲁滨逊·克鲁索式的经济中进行的。经济行为人只有在与他人发生经济关系的过程中才能体现各自经济机会的大小，除经济行为人自身天赋之外，经济环境决定了经济行为人之间的经济关系。经济环境中的制度与政策为经济行为人提供了自愿交易的基础，保障经济行为人自身及其财产不受侵害，从这一角度看，经济环境的制度约束与经济自由紧密相关，一定的制度品质（institutional quality）反映了经济自由的程度。[38]

经济行为人的经济机会可以在与其他行为人的比较中发现它们之间的区别，从而反映出经济环境的制度品质，它决定着经济行为人参与经济活动时的机会大小。这就联系到经济行为人之间经济机会的平等问题。

经济机会的平等实际上就是分析经济机会在社会各成员之间分配的正当性。罗尔斯（John Rawls）[39:60-61]在论述社会正义时陈述了两个应当遵守的词典式次序（lexical or lexicographic order）①的基本原则："第一个原则：每个人对与其他人所拥有的最广泛的基本自由体系相容的类似自由体系都应有一种平等的权利。第二个原则：社会的和经济的不平等应这样安排，使它们（1）被合理地期望适合于每一个人的利益；并且（2）依系于地位和职务向所有人开放。"第二个原则的第二部分其实就是坚持机会平等，[39:84]这样在满足前面各个原则时坚持机会平等就是坚持了"作为公平的正义"。当然这种平等是同时满足罗尔斯的差别原则基础上的平等。

研究经济行为人的经济机会不能脱离具体制度约束下的比较，包括行为人自身经济机会的变化比较和行为人之间的经济机会的比较。在制度环境不发生变化时，主要考察后者；而在制度环境发生变化时，应当更加注重考察经济行为人之间的相对经济机会的变化比较。

**四　经济机会度量研究中的制度约束简评**

在对经济行为人经济机会的度量研究分析中，大多对经济机会集合（opportunity sets）进行界定排序（ranking），进而对经济平等（或社会成员的收入增长和平等）进行考察。Ricardo Arlegi 和 Jorge Nieto 在 2001 年把这种经济机会集合比较研究分为三类，并列举了相应的代表性研究：[40]。第一种是有关不确定的个人和社会选择关系，见于 Kannai and Peleg[41]、Fishburn[42]、Heiner 和 Packard[43]、Holzman[44]、Barbera 等[45]、Nitzan 和 Pattannaik[46]、Pattanaik 和 Peleg[47]、Bossert[48]等的研究；第二种是基于自由选择或选择的自由（freedom of choice）概念的研究，在分析中提出或采用不同的公理性设定来衡量自由，见于 Pattanaik 和 Xu[49]、Bossert[48][50]、Bossert 等[51]、Klemisch - Ahlert[52]、Puppe[53][54]、Sen[55][56]、Dutta 和 Sen[57]等的研究；第三种是基于由 Koopmans[58]、Kreps[59]、Arrow[60]拓展起来的灵活性偏好概念的研究。而 Vitorocco Peragine[61]基于

---

①　简单来讲就是在坚持原则时应当像英文词典中按照字母 a、b、c、d……的顺序进行，坚持后一原则（比如 c 原则）必须以首先坚持前面所有原则（比如 a 和 b 原则）为基础。详细解释参见罗尔斯[39:42]《正义论》，何怀宏等译，中国社会科学出版社 1988 年版。

机会平等的正义概念，试图探讨在个人责任水平不能被观察到时如何将机会平等的规范转化为适当的不平等标准，则是第一种研究的继续深化。Jorge Alcalde – Unzu、Miguel A. Ballester[62]认为 Dutta 和 Sen[63]强调的对机会集进行分类排序与个人偏好加总之间的相似性是不适当的，因为两者之间存在关键性差异，所以他们更关注一般化功利主义标准（generalized utilitarian criteria）的特征，即第三种研究的继续深入。

深入考察以上文献可以发现，这些研究是以统一、完全、自由竞争的市场经济制度为背景，暗含着两个共同的假定前提：其一，制度环境不变；其二，制度约束对于每一个经济行为人是相同的。由于这两个假定都排除了制度因素的作用，重新陷入新古典主义的窠臼，成为一种与制度无关的理论分析。

事实上，对于制度背景的强调本来就是原初机会平等正义分析者（如罗尔斯等）立论的重要组成部分。"社会正义原则的主要问题是社会的基本结构，是一种合作体系中的主要的社会制度安排。……这些原则要在这些制度中掌管权利和义务的分派，决定社会生活中利益和负担的恰当分配。适应于制度的原则绝不能和用于个人及其在特殊环境中的行动的原则混淆起来"。[39:54]如果在一个制度结构处于变动着的社会中，对经济机会的分析就不能以上述第一个基本假定前提为基础，而恰恰应当关注这种制度安排变动对经济机会造成的影响。同时，制度的变动必然迫使人们的选择发生变化，也就是个人的选择不是完全自由的（尤其是在机会集进行比较的时候），每一个经济行为人所受的制度约束是不同的，因此，上述第二个假定前提也是不能成立的。在这种情况下，每一个经济行为人参与经济活动的经济机会受到的制度约束不仅是明确显见的、不同的，而且是不断变动的。

**五　经济机会的特性**

基于以上分析，我们可以得出经济机会具有以下特性：

（1）经济机会取决于经济自由。经济行为人能够参与经济活动首先基于其可以进行自由选择，其参与经济活动的资源可以自由流动。经济自由程度的大小决定了经济机会的多少，即经济自由为经济机会提供了实现的基本环境框架。在上文提到的 Gwartney、Lawson 和 Block 主持撰写的《世界的经济自由》（*Economic Freedom of the World*）2004 年度报告中就始终坚持以经济自由为核心理念即个人选择、自愿交易、自由竞争、人身和财产的保护作为研究的出发点。[32]这种自由的每一项内容都与行为人的经济机会紧密相关，即每一项都直接影响着经济行为人参与经济活动的方式、范围或深度。实际上，经济行为人的个人机会集合就是其所有可利用的选择权的集合，[64]这些选择都是基于在经济领域的选择的自由（freedom of choice）。

（2）经济机会具有现实可能性。不管这种经济机会具体体现是什么，在一定条件下，它可以形成经济行为人的现实收益。否则，对于经济行为人就不构成机会。也就是说，这种机会必须是在经济行为人资源配置范围内可以实现的，只要他愿意。因此，经济机会有一定边界，受到一定约束，在约束之内为经济机会，约束之外就不成其为行为人的经济机会，这都联系到经济行为人所处的经济环境的制度约束。简言之，经济机会强调现实实现的经济收益具体内容，而不是指存留在法律文本上、名义上的内容。

（3）经济机会并不是直接的经济收益。经济机会尽管可以带来收益，但不是直接实现了的、已经存在的经济收益，而是必须经过经济行为人花费一定成本之后才能获得。因此，经济机会具有现实的风险性，经济行为人的努力程度决定着经济机会实现收益的大小。

（4）经济机会的主体依附性。即经济机会与特定经济行为人相对应，不同的经济行为人拥有不同的经济资源，面临不同的环境约束，在特定制度安排中处于不同的经济地位，因此，对于一类经济行为人构成经济机会，对于另一类经济行为人就不一定成为经济机会。

## 第三节　经济转型过程是经济机会基本格局的重新调整过程
### ——一个简化的模型解说

转型是大规模的制度变化，那么，受制度约束的每一个经济行为人的经济机会随之会发生变化。

大规模的制度变迁能够促进经济发展是因为建立了更有效率的制度安排。诺斯在分析西方世界的兴起时说："有效率的经济组织是经济增长的关键；一个有效率的经济组织在西欧的发展正是西方兴起的原因。"[65:5]这种有效率的经济组织的直接后果就是降低了经济活动的交易费用。人们从事经济活动的激励和费用发生变化，其实质就是每一个经济行为人的经济机会发生变化，在这种变化过程中，个人或其所属群体经济机会的变化不仅来自新旧制度环境的变化，而且来自与其他个人或其所属群体经济权益的变化比较以及经济社会平等程度的变化。

**一　一个"2×2"的简化模型**

假设：

（1）在两种不同制度 S 和制度 S′下，经济行为人拥有相同的资源，总价值设为 Y。

（2）经济行为人利用自己的资源从事经济活动时付出相同努力，只有两类经济活动 1 和经济活动 2，$X_1$ 和 $X_2$ 设为利用资源参与两类经济活动的规模。

（3）在一种制度下，经济行为人利用自己的资源从事经济活动时能够获取的最大经济收益设为 R（或 R′）。

（4）在两种不同制度 S 和制度 S′下，经济行为人利用资源 Y 从事各经济活动的交易费用不同，此交易费用计入参与该经济活动所用单位资源的总费用。[①]

我们将参与两类经济活动的单位资源总费用分别设为：在制度 S 下为 $P_1$、$P_2$，在制度 S′下为 $P'_1$、$P'_2$，那么 $P_1 = P'_1 + \Delta P_1$、$P_2 = P'_2 + \Delta P_2$。

（5）经济行为人利用资源 Y 从事经济活动获取经济利益 R 时具有线性的资源约束 C，资源约束线由资源用于各类经济活动的总费用决定。而在资源约束线以下的所有从事经济活动所用资源量的组合点的集合就简化为是经济行为人的经济机会集。

（6）经济行为人获取相同经济收益 R 时，由于人们的有限理性和资源约束的存在，在配置资源从事一种经济活动获取收益的同时就增加了从事另一经济活动获取收益的机会成本，因此在利用各经济机会从事经济活动之间存在替代性，边际替代率小于 0。

那么在平面坐标系内，存在凸向原点的等收益曲线，为平滑曲线组，越离开原点的等收益曲线代表收益额越大。

---

① 这里的总费用包括单位资源的市场价值和利用单位资源从事该经济活动时发生的交易费用，因此，如果单位资源的市场价值不变，由于在不同制度下从事经济活动的交易费用降低（或升高），那么利用单位资源从事该经济活动的总费用就降低（或升高）。

这样，经济行为人的资源约束函数就简化为：

在制度 S 下：$Y = P_1X_1 + P_2X_2$

在制度 S′ 下：$Y = P'_1X_1 + P'_2X_2$，由 $P_1 = P'_1 + \Delta P_1$，$P_2 = P'_2 + \Delta P_2$，可得：$Y = (P_1 + \Delta P_1)X_1 + (P_2 + \Delta P_2)X_2$

假定制度 S′ 比制度 S 更有效率，那么，在制度 S 下从事经济活动的交易费用就分别比在制度 S′ 下的交易费用大，则有 $P_1 > P'_1$、$P_2 > P'_2$，即 $\Delta P_1 < 0$、$\Delta P_2 < 0$。那么，在其他条件不变时，该经济行为人在新制度下从事经济活动的规模比在旧制度下相应增大了。

可用图 9 – 1 分析如下：

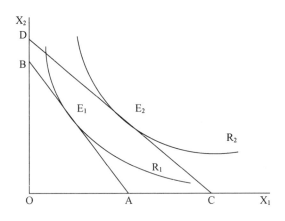

**图 9 – 1　经济行为人在新、旧制度安排下的经济机会变化比较**

图 9 – 1 中 $X_1$、$X_2$ 两坐标轴为资源用于两类经济活动的规模，AB 为制度 S 下的资源约束线，CD 为制度 S′ 下资源约束线，凸向原点的曲线为等收益曲线 $R_1$、$R_2$。

这样，可以看到：

在原有制度 S 下，A 点为经济行为人将资源 Y 全从事于经济活动 1 的最大规模（$Y/P_1$），B 点为该经济行为人将资源 Y 全从事于经济活动 2 的最大规模（$Y/P_2$），那么经济行为人的资源约束线 AB 将与最大的等收益曲线 $R_1$ 切于 $E_1$ 点，从而获取最大的收益额为 $R_1$，AB 线以下的区域即三角形 OAB 就是经济行为人的经济机会选择集。

在新制度 S′ 下，C 点为经济行为人将资源 Y 全从事于经济活动 1 的最大规模（$Y/P'_1$），D 点为该经济行为人将资源 Y 全从事于经济活动 2 的最大规模（$Y/P'_2$），那么经济行为人的资源约束线 CD 将与最大的等收益曲线 $R_2$ 切于 $E_2$ 点，从而获取最大的收益额为 $R_2$，CD 线以下的区域即三角形 OCD 就是经济行为人的经济机会选择集。

显然，三角形 OCD 的面积大于三角形 OAB 的面积。

也就是说，在较有效率的新制度 S′下，这一经济行为人的经济机会选择集比在旧制度 S 下的经济机会选择集增大了——有效率的制度比旧制度增加了经济行为人的经济机会。

**二　对经济转型过程中经济机会基本格局变化的解说**

从上述模型得知，经济行为人在转型过程中的经济机会发生了变化，并且在向有效率的制度变迁中，其经济机会是增加的。

下面进一步分析经济行为人或其所属群体与其他经济行为人或其所属群体经济权益及其平等程度的变化比较，即在经济转型过程中，制度变迁是如何引起经济机会基本格局变化的。

（一）经济转型过程中不同经济行为人经济机会变化的简化图示比较

在旧制度安排下，如果一个经济行为人及其所属群体与其他经济行为人或其所属群体之间平等的经济权益得不到保障，即在利用等量资源获取相同的收益时，不同的行为人群体所花费的交易费用不同，那么具有更多经济机会的行为人或其群体就有更多的选择。这样，要达到相同或相近的收益（或效用），平等经济权益得不到保障的经济行为人就要比其他行为人付出更多的交易费用。也就是说，他在利用资源获取相同的收益时付出的总费用要大于其他人。这种比较见图 9 - 2。

根据上述分析，假定经济行为人 1 和经济行为人 2 具有相同的资源量 Y；在制度安排 S 下，如果二人受到的制度约束不同，那么他们在利用资源从事经济活动 1、2 时包含交易费用在内的总费用就不同，经济行为人 1 和经济行为人 2 从事经济活动 1 付出的总费用分别为 $P_{11}$、$P_{21}$，从事经济活动 2 付出的总费用分别为 $P_{12}$、$P_{22}$；假定经济行为人 2 利用资源获取相同收益额发生的交易费用比经济行为人 1 少，则必有 $P_{11} > P_{21}$、$P_{12} > P_{22}$；因此，尽管两人都拥有相同资源量 Y，却具有不同资源约束线，经济行为人 1 受到的资源约束大于行为人 2。见图 9 - 2，$R_1$、$R_2$ 分别是二人能够达到的最大收益额，AB、CD 分别是二人的资源约束线。显然，二人的经济选择机会集不同，行为人 2 的经济选择机会集大于行为人 1 的（三角形 OCD 的面积大于三角形 OAB 的面积），即拥有较多经济机会的行为人 2 比有较少经济机会的行为人 1 有可能获取更大的经济收益。

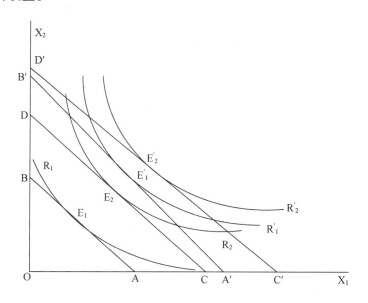

**图 9 - 2  经济行为人之间在新、旧制度安排下经济机会的变化比较**

如果发生了制度变迁，建立了更有效率的制度安排 S′，那么在新制度安排 S′下，每个人从事经济活动付出的交易费用都会低于在旧制度安排 S 下付出的交易费用，在两人具有相同资源量 Y 的情况下，如图 9 - 2 所示，两经济行为人从事经济活动 1、2 的规模大大增加，其原因就在于新的 $P'_{11}$、$P'_{21}$ 和 $P'_{12}$、$P'_{22}$ 都因包含的交易费用的降低而降低了。资源约束线分别变为 A′B′和 C′D′，能够获取的最大经济收益水平分别为 $R_1′$、$R_2′$。也就是在新制度安排 S′下，尽管两人受到的制度约束此时仍然不一定完全相同，但由于他们比在旧制度安排 S 下所付出的交易费用都降低了，从而获取的经济收益额都大大增加了。

更重要的是，在新制度安排 S′下，如果行为人 1 与行为人 2 受到的制度约束变得相同或者接近，那么他们在利用资源从事各类经济活动时付出的包括交易费用在内的总费用就相同或接近（假定他们仍拥有相同的资源量 Y），他们面对的资源约束线就相同或接近，即 A′B′和 C′D′两线重合或非常接近。

（二）经济机会差异系数 $\lambda_U$ 与收入差异系数 $\lambda_Y$

在进一步分析中，我们进行简化比较。如果我们在图 9 - 2 中用资源约束线下的面积表示两经济行为人的经济机会集，把在同一制度安排下两人之间经济机会集的差距（即面积差额）与较小机会集（即图 9 - 2 中代表较小机会集的面积）的比称为两经济行为人的经济机会差异系数 $\lambda_U$，那么：

在旧制度 S 下，经济机会差异系数为 $\lambda_U$ = 四边形 ABDC 面积/三角形 OAB 面积

在新制度 S′下，经济机会差异系数 $\lambda'_U$ = 四边形 A′B′D′C′面积/三角形 OA′B′面积

在新制度 S′下，如果两经济行为人受到的制度约束非常接近，即得三角形 OA′B′面积与三角形 OC′D′面积非常接近，那么四边形 A′B′D′C′面积趋近于 0，又由于三角形 OA′B′面积≫三角形 OAB 面积，那么就有两经济行为人机会差异系数为 $\lambda'_U \ll \lambda_U$。所以，在新制度安排 S′下，每一个经济行为人的经济机会比在旧制度安排下不仅得以增加，而且其经济机会差异系数 $\lambda'_U$ 变小了，也就是两经济行为人的经济机会更趋向平等了。$\lambda_U$ 的大小反映了社会经济机会的平等程度。

在经济转型中，更具有效率的制度安排扩展了每一个人的经济机会集合。每一个人受到的制度约束变得相同或相近，每一个经济行为人从事经济活动的自由更相近了，人们的经济机会就会变得更平等。

由于经济机会差异很难直接度量，因此可以考虑用同一时期内经济行为人的收益变化作为反映其经济机会变化的指标。相对应于机会差异系数 $\lambda_U$，我们定义不同经济行为人的收入差额与其中较低收入者收入额的比为不同经济行为人之间的收入差异系数 $\lambda_Y$。若以 $Y_H$ 表示较高收入者的收入额，以 $Y_L$ 表示较低收入者的收入额，即得

收入差异系数 $\lambda_Y = (Y_H - Y_L) / Y_L$

显然，$\lambda_Y \propto \lambda_U$，即 $\lambda_Y$ 与 $\lambda_U$ 呈正相关关系。

那么，根据前面的假定，经济行为人由于在制度约束方面存在差异从而造成它们之间的经济机会不同，如果收入差异系数 $\lambda_Y$ 变小了，我们就说经济行为人之间的经济机会差异减小了，或趋向平等。

从理论上讲，在制度变迁过程中，经济行为人的经济机会不仅可能扩大，也可能缩小，这是由于制度变迁转向了低效的制度安排。

在制度变迁过程中，由于各类行为人经济机会扩展的程度不同，尽管各类经济行为人自身的经济机会都随着经济自由程度的增强而增加了，但各类行为人之间的经济机会差异系数也可能不变或进一步扩大，这是因为原来拥有较少经济机会的行为人 1 的经济机会增加的幅度小，而原来拥有较多经济机会的行为人 2 的经济机会增加的幅度更大，这样，经济机会格局就会趋于更加不平等。这是一个公平正义的社会应当力求避免的。

## 第四节　经济机会的增加是转型经济中农民收入增长的重要源泉

利用上述分析框架，如果我们将农民看作经济行为人 1，将城镇居民看作经济行为人 2，那么，对城乡居民在经济转型过程中的经济机会的变化就可以作如下分析。根据上述经济机会与收入之间关系的分析，经济机会最合适的体现就是经济行为人获得的收益（$\lambda_Y \propto \lambda_U$），因此，我们用城乡居民年人均收入数据来反映农民与城镇居民经济机会的相对变化（见图 9 – 3 至图 9 – 5）。[①]

农民作为经济社会的合法公民，"每个人对与其他人所拥有的最广泛的基本自由体系相容的类似自由体系都应有一种平等的权利"，我国宪法是保障这一点的。但在具体的制度安排中存在社会和经济的不平等，从而不同的人具有不同的经济自由，进而造成城乡居民的经济机会存在巨大差异。改革开放以来计划经济体制向市场经济体制转型，整体而言是朝着扩大经济自由的方向迈进，因此，经济机会对比格局也就随着制度约束的变化而发生变化。

对照图 9 – 3、图 9 – 4 和图 9 – 5，分析我国改革开放以来经济转型中的制度变迁过程，我们发现：

（1）农民收入增长较快的时期都是其经济机会显著增加的时期。从改革开放之初到 1985 年，由于全国相继解散农村人民公社，改变了人民

---

① 本章数据来自国家统计局：《中国统计年鉴》（1983，1986，1990，2000，2005），中国统计出版社。图 9 – 3 至图 9 – 5 是利用软件 Eviews 3.1 画出的。

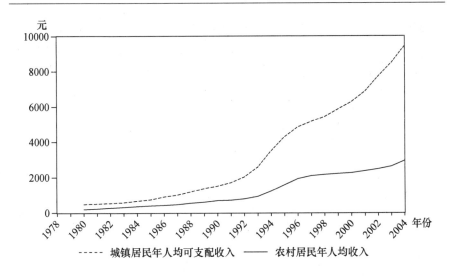

图9-3　1978—2004年城乡居民年人均收入对比曲线图

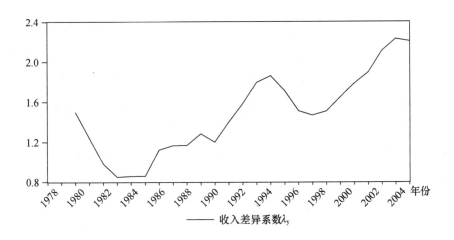

图9-4　1978—2004年城乡居民年人均收入差异系数曲线图

公社体制下的社队集体生产模式，推行了家庭联产承包责任制，农民在自己所承包的土地上进行自主经营，并且可以从事农贸经营，这就大大增加了农民从事经济活动的自由，农民的经济机会得到扩展。这一时期，农民的人均年收入都以大于10%的环比速度增长，在1982年甚至达到21%。见图9-3、图9-5和附表数据。

从1992年至1996年，中共十四大确定了建立社会主义市场经济的改革目标，个体经济、私营经济得以迅猛发展，农民参与城镇务工的行业与范围增加了，从事农业生产的政策进一步得到保证，而且可以在开放了的市场上从事其他许多非农经济活动，一些城镇对农民放宽了户口限制，所以农民的经济机会得到进一步扩展。这一时期农民人均年收入同样以大于10%的速度增长。

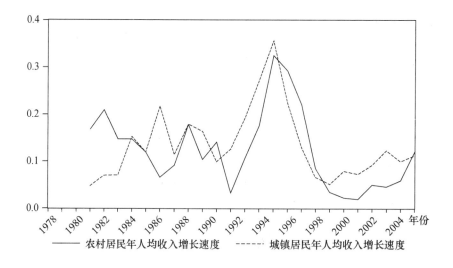

**图 9 - 5　1978—2004 年城乡居民年人均收入环比增长速度对比曲线图**

（2）大幅度扩展农民的经济机会或者相对而言城镇居民的经济机会扩展较慢的情况下，城乡差距有所缩小。从图 9 - 4 和附表数据可以看出这种变化。

从改革开放初到 1985 年，在农村经济体制深入改革使农民的经济机会得到扩展的同时，城市经济体制改革尚未全面展开，城镇居民绝大部分仍然和原来计划经济体制下一样在国有或集体企事业单位工作，其经济自由程度并未显著增大，经济机会扩展相对缓慢。城乡居民年人均收入差异系数从 1978 年的 1.57 降到 1983 年的 0.849，1984 年的 0.858，城乡居民收入差距趋于缩小。

从 1994 年到 1997 年，国家进行宏观经济调控，对城市经济的影响大于农村，城镇居民从事经济活动的机会扩展又一次明显减缓。而同时，农民从事经济活动的机会尽管没有大的扩展，但随着社会主义市场经济体制的逐步建立，经济自由程度的不断增强，农民的经济机会比前期进一步稳步扩展。所以，这一时期城乡居民年人均收入差异系数从 1994 年的 1.86 降到 1997 年的 1.47。

也就是说，在城乡居民的经济机会都在扩展时，其经济机会差异在缩小，城乡居民年人均收入差异系数在减小，城乡居民人均年收入差距就有缩小趋势。

（3）农民的经济机会相对于城镇居民的经济机会扩展过缓的结果是拉大了城乡差距。

从总体趋势上看，见图 9-3 和图 9-4，城乡居民人均年收入差距不断拉大，年人均收入差异系数增大比较明显的有 1985—1994 年和 1998 年至今两大时期。城乡居民年人均收入差异系数最低在 1983 年为 0.849，最高在 2003 年为 2.231。如果考虑到城镇居民享受到的社会保障体系提供的福利，这种差距会更大。

1985—1994 年，城市经济体制改革不断深化，国有企业改革走过转换经营机制、承包经营、股份制改造等各种探索，城镇居民在这一制度变迁过程中经济自由程度大幅提高。经济体制改革终于在 1992 年由于建立社会主义市场经济体制的提出而得以明确方向，城镇居民参与经济活动趋热，以至于出现了"全民皆商"的景象，在 1994 年达到高峰，城镇居民参与经济活动的机会明显得到扩展。而同时农村经济体制改革基本维持原有状态，农民尽管可以进城务工，但所从事的经济活动收益低、范围狭窄，有些地区甚至采取措施限制农民工从事一些能够与城镇居民形成竞争的经济活动。这一时期城乡居民年人均收入差异系数趋大。

1998 年至今，尽管城镇居民受到经济结构调整的影响，有下岗失业现象，但是城镇居民的经济自由程度随改革开放的继续深化而仍然快速增强，其经济机会稳步扩展。而农村居民却是另一种情形，自 20 世纪 90 年代末以来，农民似乎成了边缘人，各种制度约束越来越不适合农民参与经济活动的需要，成了其经济自由增强和经济机会扩展的障碍。户籍制度、低水平的农村教育投入计划、没有成形的农村就业体制，而且，农民没有失业和退休养老保障体系，医疗保险体系建设不包括农村居民，最低生活保障线现实地与农民无关，等等，这些制度约束都使农民参与经济活动要比城镇居民负担高昂的交易成本。农民的经济机会相对于城镇居民经济机会的稳步增加而言处于迟滞不变或缓慢变化状态。因此，这一时期，城乡居民人均年收入水平持续迅速拉大，城乡居民年人均收入差异系数不断升高。

# 第五节　小结

经济机会来源于经济自由，受制于制度约束。转型经济社会的制度变迁使社会经济行为人经济机会的基本格局发生变化，从而使经济行为人的实际经济收益的对比发生变化。改革开放以来，我国农民收入的增长过程也是其经济机会不断扩展的过程。农村经济体制改革使农民的经济机会集合得以初步扩展，社会主义市场经济体制的逐步建立使农民拥有的资源（主要是劳动力资源）得以流动从而进一步扩大了农民的经济机会集，在这一过程中，经济自由程度也随市场的不断开放得以不断增强，从而降低了农民从事经济活动的交易成本。因此，农民在拥有相同经济资源的情况下，可以得到更多的收益，农民收入不断增加。但是，相对于城镇居民收入的增长而言，农民收入增长趋缓造成城乡收入差距拉大，这都与城乡居民经济机会及其扩展的不平等密切相关。因此，解除扩展农民经济机会的各种制度约束是增加农民收入的基本保障。

在一个经济社会中，经济行为人之间的经济机会的相对比较可以得出行为人之间的经济不平等程度的变化。这种经济不平等的持续和扩大是社会的不安定因素，并且必然对经济可持续增长造成障碍。

我国要建设和谐新农村，要不断缩小而不是进一步拉大城乡居民之间的收入差距，就必须关注农民的经济机会的扩展，增加农民的经济自由，想方设法破除各种障碍，不断扩展农民从事经济活动的机会，而不是迟滞或相反。

**参考文献**

[1] 温铁军：《制约"三农"问题的两个基本矛盾》，《经济研究参考》1996 年第 D5 期。

[2] 温铁军：《农村基本经济制度变迁分析》，《农村合作经济经营管理》1999 年第 2 期。

[3] 温铁军：《中国农村基本经济制度研究》，中国经济出版社 2000 年版。

[4] 温铁军：《中国的根本问题是农民问题》，《北京党史》2004 年第 5 期。

[5] 陈锡文：《农民增收需打破制度障碍》，《经济前沿》2002 年第 11 期。

[6] 陈锡文：《农民收入低位徘徊的制度因素》，《金融信息参考》2003 年第 5 期。

[7] 易秋霖：《影响我国农民收入增长的四大制度因素》，《经济体制改革》2002 年

第 4 期。

[8] 冯招容：《农民收入增长的体制性障碍研究》，《农业经济问题》2003 年第 9 期。

[9] 林毅夫：《我国农业的"危机"及其根本出路》，《经济研究》1995 年第 6 期。

[10] 林毅夫：《新农村运动与启动内需》，《中国物资流通》1999 年第 10 期。

[11] 林毅夫：《新农村运动》，《今日中国》2000 年第 3 期。

[12] 林毅夫：《增加农民收入需要基础设施的牢固》，《调研世界》2001 年第 7 期。

[13] 林毅夫：《"三农"问题与我国农村的未来》，《农业经济问题》2003 年第 1 期。

[14] 陈锡文：《新世纪的"三农"问题》，《上海农村经济》2003 年第 8 期。

[15] 周其仁：《中国农村改革：国家和所有权关系的变化》，《管理世界》1995 年第 3 期、第 4 期。

[16] 周其仁：《增加农民收入不能回避产权界定》，《发展》2002 年第 3 期。

[17] 胡鞍钢：《农业企业化——中国农村改革的第二次飞跃》，《科学学与科学技术管理》1997 年第 6 期。

[18] 胡鞍钢：《农业企业化——中国农村现代化的重要途径》，《农业经济问题》2001 年第 1 期。

[19] 姚洋：《农地制度与农业绩效的实证研究》，《中国农村观察》1998 年第 6 期。

[20] 姚洋：《非农就业结构与土地租赁市场的发育》，《中国农村观察》1999 年第 2 期。

[21] 姚洋：《发达地区村庄劳动力的整合》，《中国农村观察》2001 年第 2 期。

[22] 姚洋：《以市场替代农民的公共合作》，《华中师范大学学报》（人文社会科学版）2004 年第 5 期。

[23] 林国先：《农民权益的制度流失与制度保护》，《农村合作经济经营管理》1997 年第 11 期。

[24] 孔祥智：《以保护农民权益为基点深化农村改革》，《调研世界》1999 年第 6 期。

[25] 党国英：《关键是要解决农民的权利问题》，《农村工作通讯》2002 年第 3 期。

[26] 杜旭宇：《农民权益的缺失及其保护》，《农业经济问题》2003 年第 10 期。

[27] 林彰云：《"三农"问题的核心是保护农民权益》，《中国乡镇企业》2003 年第 9 期。

[28] 樊纲：《农业的根本出路：农民的非农产业化》，《领导决策信息》2000 年第 35 期。

[29] 樊纲：《想一想中国的几亿农民》，《中国发展观察》2005 年第 4 期。

[30] J. Gwartney, R. Lawson, W. Block, *Economic Freedom of the World*: 1975 – 1995, Vancouver: The Fraser Institute, 1996.

[31] J. Gwartney, R. Lawson, "The Concept and Measurement of Economic Freedom", *European Journal of Political Economy*, Vol. 19, 2003, pp. 405 – 430.

[32] James Gwartney, Robert A. Lawson, J. R. Clark, "Economic Freedom of the World, 2002 Annual Report", *The Independent Review*, Vol. IX, No. 4, 2005, pp. 573 – 593 spring.

[33] Julio H. Cole, "The Contribution of Economic Freedom to World Economic Growth, 1980 – 99", *Cato Journal*, Vol. 23, 2003, pp. 189 – 198.

[34] Andrew G. Walder, "Income Determination and Market Opportunity in Rural China, 1978 – 1996", *Journal of Comparative Economics*, Vol. 30, 2002, pp. 354 – 375.

[35] Jakob de Haan, Jan – Egbert Sturm, "On the Relationship between Economic Freedom and Economic Growth", *European Journal of Political Economy*, Vol. 16, 2000, pp. 215 – 241.

[36] Walter Block, "Private Property Rights, Economic Freedom, and Professor Coase", *Harvard Journal of Law and Public Policy*, Vol. 26, 2003, pp. 923 – 951

[37] [英] 亚当·斯密:《国民财富的性质和原因的研究》(上册),郭大力、王亚南译,商务印书馆 1997 年版。

[38] J. Gwartney, Randall G. Holcombe, Robert A. Lawson, "Economic Freedom, Institutional Quality, and Cross – Country Differences in Income and Growth", *Cato Journal*, Vol. 24, No. 3, 2004, pp. 205 – 233.

[39] [美] 约翰·罗尔斯:《正义论》,何怀宏等译,中国社会科学出版社 1988 年版。

[40] Ricardo Arlegi and Jorge Nieto, "Ranking Opportunity Sets An Approach Based on the Preference for Flexibility", *Soc Choice Welfare*, Vol. 18, 2001, pp. 23 – 36.

[41] Y. Kannai, B. Peleg, "A Note on the Extension of an Order on a Set to the Power Set", *Journal of Economic Theory*, Vol. 32, 1984, pp. 172 – 175.

[42] P. C. Fishburn, "Comment on the Kannai – Peleg Impossibility Theorem for Extending Orders", *Journal of Economic Theory*, Vol. 32, 1984, pp. 176 – 179.

[43] H. Heiner, D. Packard, "A Uniqueness Result for Extending Orders: with Applications to Collective Choice as Inconsistency Resoluteion", *Journal of Economic Theory*, Vol. 32, 1984, pp. 180 – 184.

[44] R. Holzman, "An Extension of Fishburn's Theorem on Extending Orders", *Journal of Economic Theory*, Vol. 32, 1984, pp. 192 – 196.

[45] S. Barbera, CR. Barrett, PK. Pattanaik, "On Some Axiom for Ranking Sets of Alternatives", *Journal of Economic Theory*, Vol. 33, 1984, pp. 301 – 308.

[46] S. Nitzan, PK. Pattannaik, "Median – based Extensions of an Ordering over Set to the Power Set: an Axiomatic Characterizeation", *Journal of Economic Theory*, Vol. 34, 1984, pp. 252 – 261.

[47] PK. Pattanaik, B. Peleg, "An Axiomatic Characterizeation of the Lexicographic Maximin Extension of an Ordering over a Set to the Power Set", *Soc Choice Welfare*, Vol. 1, 1984, pp. 113 - 122.

[48] W. Bossert, "Chioces, Consequences, and Rationality", *Waterloo Econimic Series*, 1995, WP9501, University of Waterloo.

[49] PK. Pattanaik, Y. Xu, "On Ranking Opportuneity Sets in Terms of Freedom of Choice", *Rech Econ Louvain*, Vol. 56, 1990, pp. 383 - 390.

[50] W. Bossert, "A Leximax Ordering for Opportuneity Sets", *Waterloo Econimic Series*, 1992, WP9202, University of Waterloo.

[51] W. Bossert, PK. Pattanaik, Y. XU, "Ranking Opportunity Sets: An Axiomatic Approach", *Journal of Economic Theory*, Vol. 63, 1994, pp. 326 - 345.

[52] M. Klemisch - Ahlert, "Freedom of Choice, A Compareison of Different Rankings of Opportuneity Sets", *Soc Choice Welfare*, Vol. 10, 1993, pp. 189 - 207.

[53] C. Puppe, "Freedom of Choice and Rational Decisions", *Soc Choice Welfare*, Vol. 12, 1995, pp. 137 - 153.

[54] C. Puppe, "An Axiomatic Approach to 'Preference for Freedom of Choice'", *Journal of Economic Theory*, Vol. 68, 1996, pp. 174 - 199.

[55] A. Sen, "Freedom of Choice: Concept and Content", *Europ Econ Rev*, Vol. 32, 1998, pp. 269 - 294.

[56] A. Sen, "Welfare, Preference and Freedom", *Journal of Econometrics*, Vol. 50, 1991, pp. 15 - 29.

[57] B. Dutta, A. Sen, "Ranking Opportuneity Sets and Arrow Impossibility Theorems: Correspodednce Results", *Journal of Economic Theory*, Vol. 71, 1996, pp. 90 - 101.

[58] TC. Koopmans, "On the Flexibility of Future Preference", In: Shelley MW, Bryan GL (eds.), *Human Judgments and Optimality*, New York: Wiley, 1964.

[59] DM. Kreps, "A Representation Theorem for 'Preference for Flexibility'", *Econometrica*, Vol. 47, 1979, pp. 565 - 577.

[60] K. Arrow, "Anote on Freedom and Flexibility", In: Basu K., Pattanaik P., Suzumura K. (eds.), *Choice, Welfare and Development: A Festschrift in Honour of Amatya Sen*, Oxford: Oxford University Press, 1995.

[61] Vitorocco Peragine, "Opportunity Egalitarianism and Income Inequality", *Mathematical Social Sciences*, Vol. 44, 2002, pp. 45 - 64.

[62] Jorge Alcalde - Unzu, Miguel A. Ballester, "Some Remarks on Ranking Opportunity Sets and Arrow Impossibility Theorems: Correspondence Results", *Journal of Economic Theory*, Vol. 124, 2005, pp. 116 - 123.

[63] B. Dutta, A. Sen, "Ranking Opportunity Sets and Arrow Impossibility Theorems: Correspondence Results", *Journal of Economic Theory*, Vol. 71, 1996, pp. 90 – 101.

[64] Nicolas Grave, "Ranking Opportunity Sets on the Basis of Their Freedom of Choice and Their Ability to Satisfy Preferences: A Difficulty", *Soc Choice Welfare*, Vol. 15, 1998, pp. 371 – 382.

[65] [美] 道格拉斯·C. 诺斯、罗伯特·托马斯：《西方世界的兴起》，厉以平、蔡磊译，华夏出版社 1999 年版。

附表　　　1978—2004 年中国城乡居民年人均收入及经济机会变化

| 年份 | 农民年人均收入 | 农民年人均收入指数（1978 年=100） | 农民年人均收入增长速度 | 城镇居民年人均可支配收入 | 城镇居民年人均收入指数（1978 年=100） | 城镇居民人均收入增长速度 | 收入差异系数 $\lambda_Y$ |
|---|---|---|---|---|---|---|---|
| 1978 | 133.6 | 100 | — | 343.4 | 100 | — | 1.570 |
| 1979 | 160.2 | — | 0.199 | — | — | — | — |
| 1980 | 191.3 | 139.0 | 0.194 | 477.6 | 127.0 | — | 1.497 |
| 1981 | 223.4 | — | 0.168 | 500.4 | — | 0.048 | 1.240 |
| 1982 | 270.1 | — | 0.209 | 535.3 | — | 0.070 | 0.982 |
| 1983 | 309.8 | — | 0.147 | 572.9 | — | 0.070 | 0.849 |
| 1984 | 355.3 | — | 0.147 | 660.1 | — | 0.152 | 0.858 |
| 1985 | 397.6 | 268.9 | 0.119 | 748.9 | 160.4 | 0.135 | 0.884 |
| 1986 | 423.8 | 277.6 | 0.066 | 910.0 | 182.5 | 0.215 | 1.147 |
| 1987 | 462.6 | 292.0 | 0.092 | 1012.2 | 186.9 | 0.112 | 1.188 |
| 1988 | 544.9 | 310.7 | 0.178 | 1192.1 | 182.5 | 0.178 | 1.188 |
| 1989 | 601.5 | 305.7 | 0.104 | 1373.9 | 182.5 | 0.152 | 1.284 |
| 1990 | 686.3 | 311.2 | 0.141 | 1510.2 | 198.1 | 0.099 | 1.200 |
| 1991 | 708.6 | 317.4 | 0.032 | 1700.6 | 212.4 | 0.126 | 1.400 |
| 1992 | 784.0 | 336.2 | 0.106 | 2026.6 | 232.9 | 0.192 | 1.585 |
| 1993 | 921.6 | 346.9 | 0.176 | 2577.4 | 255.1 | 0.272 | 1.797 |
| 1994 | 1221.0 | 364.4 | 0.325 | 3496.2 | 276.8 | 0.356 | 1.863 |
| 1995 | 1577.7 | 383.7 | 0.292 | 4283.0 | 290.3 | 0.225 | 1.715 |

续表

| 年份 | 农民年人均收入 | 农民年人均收入指数（1978年=100） | 农民年人均收入增长速度 | 城镇居民年人均可支配收入 | 城镇居民年人均收入指数（1978年=100） | 城镇居民人均收入增长速度 | 收入差异系数 $\lambda_Y$ |
|------|------|------|------|------|------|------|------|
| 1996 | 1926.1 | 418.2 | 0.221 | 4838.9 | 301.6 | 0.130 | 1.512 |
| 1997 | 2090.1 | 437.4 | 0.085 | 5160.3 | 311.9 | 0.066 | 1.469 |
| 1998 | 2162.0 | 456.2 | 0.034 | 5425.1 | 329.9 | 0.051 | 1.509 |
| 1999 | 2210.3 | 473.5 | 0.022 | 5854.0 | 360.6 | 0.079 | 1.649 |
| 2000 | 2253.4 | 483.5 | 0.019 | 6280.0 | 383.7 | 0.073 | 1.787 |
| 2001 | 2366.4 | 503.8 | 0.050 | 6859.6 | 416.3 | 0.092 | 1.899 |
| 2002 | 2475.6 | 528.0 | 0.046 | 7702.8 | 472.1 | 0.123 | 2.111 |
| 2003 | 2622.2 | 550.7 | 0.059 | 8472.2 | 514.6 | 0.100 | 2.231 |
| 2004 | 2936.4 | 588.1 | 0.120 | 9421.6 | 554.2 | 0.112 | 2.209 |

注：（1）农民年人均收入、农民年人均收入指数、城镇居民年人均可支配收入、城镇居民人均收入指数各列中1978年、1980年、1985年、1989—2004年份数据来自2005年《中国统计年鉴》，表10-2；1979年数据来自1983年《中国统计年鉴》第499页；1981—1984年数据来自1986年《中国统计年鉴》第673、667页；1986—1988年农民年人均收入和城镇居民年人均数据来自1990年《中国统计年鉴》第296、313页，农民年人均收入指数和城镇居民常人均收入指数数据来自2000年《中国统计年鉴》，表10-3。

（2）年人均收入增长速度数据根据年人均收入数据计算得出，收入差异系数数据根据年人均收入数据利用收入差异系数 $\lambda_Y$ 公式计算得出。

（3）表中以"—"表示的项为数据缺失。

（4）表中数据的小数在同列中保留相同位数，四舍五入。

# 第十章 从社会经济转型视域研究农地流转

## ——河南省农地流转调查分析[*]

## 第一节 引言

农地流转指农村土地承包经营权在平等协商、自愿、有偿前提下依法采取转包、出租、互换、转让或以其他方式从一个人（家庭、集体或企业）转移到另一个人（家庭、集体或企业）手中的过程。《农村土地承包法》、《农村土地承包经营权流转管理办法》、《土地管理法》等法律给出了相关规定，《中共中央关于推进农村改革发展若干重大问题的决定》鼓励、规范、创新农地流转，近年来的具体实践在不断深化。在理论上如何研究农地流转，钱忠好[1-2]、叶剑平等[3]认为，中国农地产权残缺导致农地市场流转的困境，产权和制度因素是制约农地流转市场发展的主因；何国俊等[4]、金丽馥等[5]认为，建立健全农村社会保障体系能显著提高农户土地流转意愿；赵强社[6]提出进行7个方面的政策设计深化农地经营权流转；刘卫柏[7]强调推动农地流转模式创新；朱明芬等[8]认为，法律困境、制度真空、市场滞后、监管失灵等都导致有危害的农地隐性市场出现，必须对症规制导向促进农地流转；游和远等[9]认为，现阶段农地流转与农村劳动力转移直接关系并不紧密，而刘力[10]认为在集体内部农地流转和发展劳动密集型农业是解决返乡民工就业的有效路径；陶然等[11]强调城镇化进程对农地流转意义重大，让农民自由选择土地和城镇社会保障不失为良性城市化机制，而朱莉芬等[12]得出不同城镇化模式对耕地影

＊ 本章内容曾发表于《中国农学通报》2013 年第 2 期，第 80—85 页。

响不同，在其他条件相同时，相对于农村住宅建设用地，城镇化对耕地减少有缓解作用等。

可以看出，许多研究多是与农地流转直接相关、较偏重微观方面的分析，如产权安排、农地市场、农民意愿、农业技术、农村劳动力转移、城镇化等，当然，也有农业现代化与农地流转关系的论证，[13]但从社会经济转型的宏观综合视角的分析较为鲜见。实际上，在当今中国整体社会快速变革的时代，大变革势必带来社会生产方式与生活方式的重大调整，每一部分概莫能外，都是社会经济有机整体演变的体现。农地流转是农村社会变迁中生产方式变迁的一部分，将农地流转放在社会经济转型大背景中考察或许易于探究其本源。本章正基于此理念，在对河南省农地流转系列调研基础上考察农地流转问题。

## 第二节　调研说明与基本原则

河南省是农业大省、人口大省、粮食大省，2011 年全省人口已达1.0489 亿人，城镇化率为 40.57%（2011 年全国城镇化率达到 51.3%），农村人口 6233.6 万人，占全国农村人口 65615.9 万人的 9.5%；2011 年粮食种植面积 986 万公顷，占全国全年粮食种植面积 11057 万公顷的8.92%，2011 年提供了粮食 5542.5 万吨，占 2011 年全国粮食总额 57121万吨的 9.7%。[14-15]因此，对河南省农地流转状况的调研具有典型性、代表性。为了做到调研工作深入、有效，近年来，笔者对农地流转调研活动与数据整理进行了精心安排。

### 一　力图全面性

调查人员主要是来自河南农村的本科生，是动员、征召以经济学专业为主的学生利用寒暑假进行调研，征召时基本要求来自农村。本章所用的调研资料是基于 2010—2011 年寒暑假期间的调查，涉及河南全省 18 个地市中的 56 个县（市）里的 68 个村，其中发放调查表 900 余份，回收有效调查表 470 份。

### 二　强调真实性

笔者在每学期以至每学年都对参与调研的学生进行培训，传授访谈调研方法，并要求调查人一定要入户面对面访谈、自己记录，调查资料做到求真、求实、宁缺毋滥。调查人由于自身来自农村，就较容易获取调查内容，提问直入问题核心，容易获得现场第一手资料。

### 三 追求调研结果一般性

在每次调研开始之前，笔者不仅强调入户调研访谈的随机性，不论其是否有农地流转，而且尽量避免被调查农户集中较小范围，不准刻意寻找农地流转农户。如果条件允许，可在对一个村庄做初步估计、整体分析基础上，再入户调查，保证调查资料的一般性，避免以偏概全。

### 四 保证持续性

本专题调查是笔者的研究方向所需，也适应有关课题研究。因此，笔者每学年组织学生调研，并促进部分调查人组成调研小组；除填写、回收调查表外，每个调查人都撰写调研总结。最后，笔者组织人员对调查资料整理，如剔除无效调查表、询问调查细节、完善调研总结、总结经验等。

## 第三节　河南省农地流转的基本态势
### ——缓慢而急需

虽然已有研究[16]将中原农区农地流转归纳为农户自发流转模式、基层组织引领模式、龙头企业引领模式、农民专业合作社引领模式和土地银行模式5种主要模式。但是，笔者综合本专题调查成果内容包括调查表、访谈记录、调研总结等，根据本调研的广度，获得如下基本事实。

### 一 河南省农地流转总体规模比例仍较小

从汇总数据看，2010年农地流转总转出数占总承包地面积的7.01%，总转入数占总耕种面积的16.18%；2011年农地流转总转出数占总承包地面积的14.48%，总转入数占总耕种面积的18.1%，见表10-1。

表10-1　　　　　　　河南省农地流转状况调查数据汇总

| 年份 | 样本数（户） | 总承包地（公顷） | 总耕种地（公顷） | 总转出地（公顷） | 转出户数（户） | 总转入地（公顷） | 转入户数（户） |
|---|---|---|---|---|---|---|---|
| 2010 | 196 | 93.765 | 103.717 | 6.573 | 24 | 16.778 | 75 |
| 2011 | 274 | 75.279 | 78.613 | 10.9 | 57 | 14.234 | 43 |

自2005年以来河南省"年底常用耕地面积"都在7200千公顷稍

多,[17]由此可估算出，2010 年河南农地流转总转出承包地约
504. 720 千公顷，总转入耕地约 1164. 96 千公顷；2011 年河南农地流转总
转出承包地约 1042. 56 千公顷，总转入耕地约 1303. 2 千公顷。根据河南
省粮食播种面积统计信息，2010 年河南农地流转总转出承包地占该年全
省夏粮播种面积 5306. 67 千公顷的 9. 5%，占该年全省秋粮播种面积
4433. 5 千公顷的 11. 4%；2011 年河南农地流转总转出承包地占该年全省
夏粮播种面积 5353. 33 千公顷的 19. 5%，占该年全省秋粮播种面积
4506. 54 千公顷的 23. 1%。因此，总体来讲，作为农业大省的河南省农地
流转总体规模并不太大。

## 二　农地流转收益较低

虽然各类土地流转价格有不同，一般趋势是平原地区高于丘陵山区，
交通便利地区高于偏远地区。农地流转收益以货币形式为主，其他形式
（如粮食、约定物品等）在逐渐减少。但是，总体价格都偏低：丘陵山区
或偏远地区的农地流转价格在 2250—3750 元/公顷（即每亩 150—250
元），甚至有些地方的土地不时出现撂荒现象；平原地区交通便利，流转
价格较高些，为 5250 元/公顷（即每亩 350 元）左右，土地撂荒现象很
少见。

## 三　农地流转规模变化缓慢

从上述调研数据计算可知，河南省农地流转规模变化趋势在扩大，即
农地流转总转出数占承包地面积从 2010 年的 7. 01% 提高到 2011 年的
14. 48%，总转入数占总耕种面积从 2010 年的 16. 18% 提高到 2011 年的
18. 1%。但是，由于总体规模不太大，这种变化也就显得不太显著。

## 四　农户家庭老弱人员从事农村经济活动已成趋势

从入户调查得知，农户家庭人员从事生产经营情况可分为 4 种基本
形式。

（1）非农活动 + 粮食耕种。主要劳动力常年外出从事非农生产活动，
农忙时节偶有返家帮收帮种，老幼成员承担农业生产活动。此类家庭固守
农业生产，较少流转土地，即便有流转也是多因老幼劳动力较弱或缺乏而
流转出去少量土地。

（2）粮食耕种 + 偶有非农。主要劳动力在家从事农业生产活动，偶
有外出从事非农活动。此类家庭大多会为增加土地经营规模而流转土地入
户，多数家庭逐渐成为相对的种粮大户，是农地流转集中入户的主体

家庭。

（3）非农经营。全体劳动力常年从事非农活动，土地常年流转出去。此类家庭随着城镇化进程的深化在逐渐增多，是土地流转出户的主体家庭。

（4）农业经营。全体劳动力常年在家从事农业生产活动，但多数家庭利用流转入户的土地从事非粮食种植活动。此类家庭虽然从事农业经营活动，但主要内容是非粮食生产，如池塘种养、家禽家畜养殖、瓜果种植、农产品加工等。此类家庭流转土地情况是根据非粮食种植的经营需要，一般会增加流转土地入户。

从调查总结中可知，除第三类家庭外，其他家庭都从事农村经济活动，其老弱人员除非丧失劳动能力或求学，都会持续参与农业生产。因此，随着农户家庭生育率降低、小型化，家庭年龄结构趋于老龄化，留居家庭的老弱人员常年从事农村经济活动成为一种趋势。

**五　农民的农地流转意愿变化明显**

随着务农收入水平与非农经营收入水平逐渐拉大，国家和地方对农民的各类农业生产补贴的发放，以及城镇化进程加快所带来的城市就业机会的增多，农民的农地流转意愿出现明显变化有 2 种趋势。

（1）部分转出户转出意愿减弱。这主要是由于补贴刺激了农业生产积极性，相对降低了耕种成本增加了耕种收益。但这种情况在总体变化中居于劣势，主要在那些不容易获得非农就业机会的家庭。当然，种粮大户或上述第四类家庭本来就不会轻易转出土地。

（2）流转意愿增强。由于就业机会的增多，转出户从不放心、怕麻烦、随意撂荒等转为积极主动、多种方式、灵活协商流转；由于政策趋于明确稳定、更容易成规模、多方式流转，转入户也愿意为增大耕种规模、实现规模效益、加大耕种投入等进行流转。这种趋势在不断强化，从表 10 - 1 中数据表现分析也是如此。

**六　农地流转总体处于自发、无序状态**

河南省农地流转的农户基本仍是在亲戚、朋友之间流转，但有依次向邻居、同组、同村、外来人员等逐渐拓展的趋势。然而，流转方式、程序、约定内容、流转价格等关键内容都不统一，没有统一的组织或平台、专业人员、指导机构等，中介组织缺乏，大体都属于自然、自愿、随机、分散等自发状态。因此，除少数实验区、部分涉农企业参与组织外，农地流转基本上处于无正式协议、无统一市场、无系统指导的"三无"状态。用被调查农户的话说就是流转"不方便，要是政府拢着大家干就好了"。

总之，从调研结果看，河南省农地流转的整体态势是进程缓慢，但从城镇化发展趋势要求与农民意愿不断增强的现状而言，河南省农地流转急需顺势持续推进。

## 第四节　农地流转深植于乡村社会经济转型过程

河南省农地流转为何呈现如此态势？在调研中，调查人员虽然主要就农地流转状况对农户进行访谈，但是，绝大多数调查人都遇到类似情况：每次访谈稍有深入，农户所谈内容都会远远超出土地问题，非常自然地谈到家庭劳动力安排、耕种方式变化、家庭收入来源变化、子女教育问题、人员流动趋势、农村贸易问题、政府影响等。因此，从调研资料总结中逐渐得出，农地流转不是农户的一种孤立事件。"转型所涉及的大规模制度变化，属于人类所想象到的最复杂的经济和社会过程之列。"[18]不仅如此，转型在根本上更是一个社会整体制度系统变革过程，因此，从总体上讲，社会经济转型指一个社会在主要包括基本制度、职能结构、发展路径三大方面从一种形态转换到另一种形态的过程。在这个过程中，人们的相互关系和借以形成的经济与社会体系的每一方面都会不同程度、不同速度地发生变革。自改革开放以来，中国进入快速、大规模的城市化、工业化过程，乡村社会经济转型似乎居于被动跟进状态，但这不表示由此发生的变革独立于或脱离了整体社会经济系统转型，主动或被动地参与转型过程只表明不同利益主体获取利益的多少或权利转移的状态与趋势。因此，农地流转只是乡村社会经济转型的一种具体体现，乡村经济运行方式（包括具体的生产要素和农产品交易方式、生产组织与生产技术等）、农民生活方式、乡村治理方式等的变化都会影响农地流转——主要体现经济性质的生产要素交易方式的变革。所以，从乡村社会经济转型过程影响农地流转的各种具体表现来考察，可以得到更为清晰、系统的分析框架。

## 一 农地流转渠道

农地流转虽可采用转包、出租、互换、转让、股份合作等多种方式，农地流转渠道并不等同于农地流转方式，但农地流转渠道的多寡和畅通与否决定着农地流转方式。在调查过程中，农民反映土地流转"不方便"、"不划算"、"抛荒得了"等现象，其实是农地流转渠道少、渠道不畅、交易成本高的具体体现，是乡村社会经济现代转型进行中的问题。为开辟多种渠道，促进渠道畅通，降低农地权利交易成本，需从两方面入手：一是因地制宜出台促进农地流转的政策措施；二是加强农地流转中介组织的培育与发展。实践探索与农民意愿也正体现在这两个方面，但每一方面的发展、完善都需要一个渐进过程。

## 二 劳动力结构变革

传统农业劳动力绝大部分在乡从事农业生产活动，但经过 30 多年改革开放和快速城镇化、工业化过程后，非农就业机会激增，如今的农村劳动力结构发生巨大变化。

（1）主要劳动力远走他乡（主要为大中城市）寻找就业机会增加收入。其中，获取非农就业机会尤其重要，已有研究[19-20]也得出非农就业机会激增对农地流转的正向作用。从本调研中可知，长期外出人口已占农村家庭总人口的 28.7%，考虑到"在学人口"不能算作劳动力，这个比例的劳动力人口实际上就是农村家庭的全部强壮劳动力总量，见表 10 - 2。入户调查所看的情况也基本如此，最后形成老弱人员在从事农村经济活动的趋势。

表 10 - 2　　2011 年河南省农户家庭教育状况及外出人员调查数据汇总

| 样本数（户） | 总人口（人） | 总承包地（公顷） | 总耕种地（公顷） | 家庭人员受教育状况（人） | | | | 在学人口 | 长期外出人口 |
| --- | --- | --- | --- | --- | --- | --- | --- | --- | --- |
| | | | | 文盲/小学 | 初中 | 高中/中专 | 大学 | | |
| 274 | 1265 | 75.279 | 78.613 | 640 | 414 | 147 | 66 | 289 | 363 |

（2）农村家庭劳动力受教育程度有降低趋势。调查总结为小学及文盲人口比例超过 1/2，占 50.6%（包括婴幼儿），根据中国户籍管理制度与实际就业状况，凡是农村受过中专以上教育的孩子都会转为城市户口到城镇就业，受教育程度较低的孩子一般保持农村户籍。因此，农村孩子受教育程度越高，走出农村的人口就越多，最后留在农村务农的劳动力基本

是仅受过初中或小学教育，或者接近文盲。

农村劳动力结构的这些变革必然会对农村生产方式产生影响。显然，这种影响是渐进的、由点及面的过程，反映在农村劳动力年龄、性别、教育程度等的结构性渐变。

### 三　农村生产方式的变革

主要是农业基本动力、机械、化肥等生产技术的广泛运用。2000 年和 2010 年，河南省农用机械总动力分别为 5780.6 万千瓦、10195.9 万千瓦，提升了 76.4%，同时，全国农用机械总动力分别为 52573.6 万千瓦、92780.5 万千瓦，提升了 76.5%；河南省化肥施用折纯量分别为 420.71 万吨、655.15 万吨，提高了 55.7%，同时，全国化肥施用折纯量分别为 2161.5 万吨、2353.7 万吨，仅仅提高了 8.9%；河南省农村用电量分别为 125.80 万千瓦时、269.41 万千瓦时，提高了 114.2%，同时，全国农村用电量分别为 2421.3 亿千瓦时、6632.3 亿千瓦时，提高了 173.9%。[17,21]

农业新技术的运用促使农村生产方式朝着省时、省力、高效方向变革，缩短了农业播种与收获季节的长度，带动农村其他资源配置的变化（如土地、劳动力、资金投入等），促进农村生产结构调整，出现农业生产的多样化、高密度性、反季节性。这些变化也带来农地利用方式或快或慢的变革，农地流转自然居于其中。

### 四　农村家庭生活方式处于缓慢变化之中

农村生产方式变革逐渐带动家庭生活方式变革。如家庭成员交游、就业范围逐渐扩展并远离故乡，家庭成员思想趋向开放、灵活、多变等。在河南省随机抽样调查农户中，河南农村平均每百个常住人口中 61 岁以上人数已由 2000 年的 4.9 人提高到 2010 年的 9.6 人，平均每户中常住人口已由 4.14 个降为 4.05 个；每百个就业劳动力主要就业地点中"省内县外"和"国内省外"已由 2000 年的 3.0 人、5.9 人提高到 5.8 人、16.6 人。[17] 但是，许多变化是伴随着劳动方式、劳动场所、收入结构等变化而变化，变化巨大的家庭多已移出乡村。因此，在调研中发现，留居于农村的绝大多数家庭生活方式的变革总体呈现缓慢、被动状态。

### 五　城乡社会互动状况

虽然快速城镇化、工业化更多地吸引了农村资源向城市流动配置，但是，随着农村家庭收入增长与农村生产、生活方式变革，城市产品与服务也在开拓农村市场。实际上，在整体社会经济转型过程中，河南农村金融创新和发展、户籍制度的改革、产业集聚区建设、河南农村改革发展综合试验区建设，等等，都促进了城乡社会互动。比较而言，这种互动对乡村社会经济转型有更大的冲击和推动作用。例如，农地流转的方向、规模、方式等，都与城镇化、工业化速度与规模的影响密不可分，特别是在城市周边的农村地区。

### 六 市场深化速度

城乡经济社会发展的核心动力来源于现代市场力量。樊纲等[22]的研究表明，中国市场化对经济增长有巨大贡献，市场化改善了资源配置效率和微观经济效率，从1997—2007年全要素生产率增长的39.23%是由市场化改革贡献的。据统计,[17,21]2000年和2010年，河南省城镇社会消费品零售总额分别为1313.92亿元、6904.35亿元，提高了4.25倍，河南省乡村社会消费品零售总额分别为555.88亿元、1099.87亿元，提高了0.98倍；同时，全国平均每天社会消费品零售总额分别为107.1亿元、430.1亿元，提高了3.02倍。因此，单从社会消费品零售总额看，河南省乡村市场深化速度远低于全国平均水平，约相当于其1/3；从城乡差距看，河南省城乡社会消费品零售总额差距从2.36倍提高到6.28倍，差距反而在快速增大。这说明总体而言，河南省农村市场拓展速度较慢，市场深化速度有待进一步加快。更重要的是，随着商品市场规模扩大，农村劳动力、土地、资本、自然资源等要素市场急需开发、深化。

因此，从整体视角跳出农地流转单一事件看，河南省农地流转的整体基本态势与乡村社会经济转型过程密切互动，农地流转是社会经济转型的具体体现，乡村社会经济转型的缓慢决定了农地流转市场发展是缓慢的。

## 第五节　小　结

农地流转是农村重要生产要素利用方式的变革形式，通过对河南省农地流转调研发现，农地流转只是乡村社会经济转型的一部分，考察农地流转渠道与方式、流转期限、交易成本、流转对象与规模等，最根本的宏观决定因素是乡村社会经济转型整体进程，而转型不是突然、大规模的发生，而是逐渐深入、由点及面展开的。但是，在加快新农村建设、城乡统筹发展过程中，推进农地流转规模扩大，促进流转方式、渠道创新不仅是农户所愿，也是乡村社会发展现实所需。目前，以河南省为例，统观全国，《国家粮食安全中长期规划纲要（2008—2020 年)》的实施、中原经济区建设、中部崛起等都急需传统农村社会经济的巨大变革。在社会经济转型大背景下，农地流转应随社会经济转型状态顺势而为，不应强推，更不必迟滞，可以积极有序引导。为此，从"社会管理环境、主体利益、规则系统、交易体系"等方面提出如下建议。

**一　遵守市场规则，政府为农地流转强化针对性的服务**

农地流转本质上是一种市场交易，政府应转换职能，政府职责重在为创造良好的市场发展环境提供公共服务，降低土地权利交易成本。例如，创新促进建立和完善农地流转中介组织、多渠道即时发布非农就业服务信息、加大农业技术应用补贴、加快城乡居民户籍接轨等。政府提高服务意识、优质服务、尊重农民意愿、遵守市场规则、少用或避免行政命令。这为农地流转建立有效的现代社会管理宏观环境。

**二　以人为本，配套实施社会经济发展政策，提高政策实践效果**

农地流转政策应以农民为本，以保障农民土地产权为核心，只有在许多促进乡村社会经济发展政策综合作用下，才能顺利有效，特别应防止"只见土地不见人"的强制性土地流转。这为农地流转提供政策协调机制，保障农民主体的核心利益。

**三　适时制定相关法律法规，规范农地流转市场行为**

不论是政府、企业或其他组织，还是农民或相关个人，都应被视为平等的市场主体，通过有法可依规范各自行为，保护农民土地权利，促进农地流转市场健康、快速发展。这为农地流转建立完善、有效的规则系统。

**四　因地制宜，创造性地培育和规范城乡统一市场**

统筹城乡发展的经济动力来源于市场深化发展，灵活创新发展城乡统一的市场是统筹城乡发展的基础，在最近时期尤其是应尽快统一土地、资本、劳动等要素市场，保证交易同权同质同价。这为农地流转创新、保障农民利益提供公开、平等、公平的市场交易体系。

**参考文献**

[1] 钱忠好：《农村土地承包经营权产权残缺与市场流转困境：理论与政策分析》，《管理世界》2002 年第 6 期，第 35—45 页。

[2] 钱忠好：《农地承包经营权市场流转：理论与实证分析》，《经济研究》2003 年

第 2 期，第 83—91 页。

[3] 叶剑平、蒋妍、丰雷：《中国农村土地流转市场的调查研究》，《中国农村观察》
2006 年第 4 期，第 48—55 页。

[4] 何国俊、徐冲：《城郊农户土地流转意愿分析——基于北京郊区 6 村的实证研究》，《经济科学》2007 年第 5 期，第 111—124 页。

[5] 金丽馥、冉双全：《农村土地流转与农村社会保障的关联分析》，《中国农学通报》2012 年第 5 期，第 164—167 页。

[6] 赵强社：《深化农地经营权流转的政策设计》，《调研世界》2012 年第 2 期，第
36—39 页。

[7] 刘卫柏：《城市化进程中农村土地流转模式创新及政策建议》，《经济纵横》2012
年第 3 期，第 92—96 页。

[8] 朱明芬、常敏：《农用地隐性市场特征及其归因分析》，《中国农村经济》2011
年第 11 期，第 10—22 页。

[9] 游和远、吴次芳：《农地流转、禀赋依赖与农村劳动力转移》，《管理世界》2010
年第 3 期，第 65—75 页。

[10] 刘力：《农村土地流转与农村剩余劳动力转移探讨》，《中国农学通报》2011 年
第 14 期，第 136—141 页。

[11] 陶然、徐志刚：《城市化、农地制度与迁移人口社会保障》，《经济研究》2005
年第 12 期，第 45—56 页。

[12] 朱莉芬、黄季焜：《城镇化对耕地影响的研究》，《经济研究》2007 年第 2 期，
第 137—145 页。

[13] 张曙光：《土地流转与农业现代化》，《管理世界》2010 年第 7 期，第 66—
85 页。

[14] 河南省统计局：《2011 年河南省国民经济和社会发展统计公报》，河南省统计局
门户网站（http://www.ha.stats.gov.cn/hntj/tjfw/tjgb/qstjgb/webinfo/2012/02/
1330470015621925.htm），2012 年 2 月。

[15] 国家统计局：《中华人民共和国 2011 年国民经济和社会发展统计公报》，国家
统计局门户网站（http://www.stats.gov.cn/tjgb/ndtjgb/qgndtjgb/t20120222_
402786440.htm），2012 年 2 月。

[16] 孟俊杰、田建民、马卫寰：《中原农区农地流转主要模式比较分析》，《中国农
学通报》2011 年第 29 期，第 172—176 页。

[17] 河南省统计局：《河南统计年鉴》，中国统计出版社 2011 年版。

[18] ［比］热若尔·罗兰：《转型与经济学》，张帆、潘佐红译，北京大学出版社
2002 年版，第 6 页。

[19] 钟甫宁、纪月清：《土地产权、非农就业机会与农户农业生产投资》，《经济研

究》2009 年第 12 期，第 43—51 页。

［20］马瑞、柳海燕、徐志刚：《农地流转滞缓：经济激励不足还是外部市场条件约束》，《中国农村经济》2011 年第 11 期，第 36—48 页。

［21］国家统计局：《中国统计年鉴》，中国统计出版社 2011 年版。

［22］樊纲、王小鲁、马光荣：《中国市场化进程对经济增长的贡献》，《经济研究》2011 年第 9 期，第 4—16 页。

# 附录　相关法律法规文件摘录

## 1. 中华人民共和国宪法（节选）

（1982 年 12 月 4 日第五届全国人民代表大会第五次会议通过，1982 年 12 月 4 日全国人民代表大会公告公布施行。根据 1988 年 4 月 12 日第七届全国人民代表大会第一次会议通过的《中华人民共和国宪法修正案》、1993 年 3 月 29 日第八届全国人民代表大会第一次会议通过的《中华人民共和国宪法修正案》、1999 年 3 月 15 日第九届全国人民代表大会第二次会议通过的《中华人民共和国宪法修正案》和 2004 年 3 月 14 日第十届全国人民代表大会第二次会议通过的《中华人民共和国宪法修正案》修正）

**第八条**　农村集体经济组织实行家庭承包经营为基础、统分结合的双层经营体制。农村中的生产、供销、信用、消费等各种形式的合作经济，是社会主义劳动群众集体所有制经济。参加农村集体经济组织的劳动者，有权在法律规定的范围内经营自留地、自留山、家庭副业和饲养自留畜。

城镇中的手工业、工业、建筑业、运输业、商业、服务业等行业的各种形式的合作经济，都是社会主义劳动群众集体所有制经济。

国家保护城乡集体经济组织的合法的权利和利益，鼓励、指导和帮助集体经济的发展。

**第九条**　矿藏、水流、森林、山岭、草原、荒地、滩涂等自然资源，都属于国家所有，即全民所有；由法律规定属于集体所有的森林和山岭、草原、荒地、滩涂除外。

国家保障自然资源的合理利用，保护珍贵的动物和植物。禁止任何组织或者个人用任何手段侵占或者破坏自然资源。

**第十条** 城市的土地属于国家所有。

农村和城市郊区的土地，除由法律规定属于国家所有的以外，属于集体所有；宅基地和自留地、自留山，也属于集体所有。

国家为了公共利益的需要，可以依照法律规定对土地实行征收或者征用并给予补偿。

任何组织或者个人不得侵占、买卖或者以其他形式非法转让土地。土地的使用权可以依照法律的规定转让。

一切使用土地的组织和个人必须合理地利用土地。

**第十二条** 社会主义的公共财产神圣不可侵犯。

国家保护社会主义的公共财产。禁止任何组织或者个人用任何手段侵占或者破坏国家的和集体的财产。

**第十三条** 公民的合法的私有财产不受侵犯。

国家依照法律规定保护公民的私有财产权和继承权。

国家为了公共利益的需要，可以依照法律规定对公民的私有财产实行征收或者征用并给予补偿。

**第十七条** 集体经济组织在遵守有关法律的前提下，有独立进行经济活动的自主权。

集体经济组织实行民主管理，依照法律规定选举和罢免管理人员，决定经营管理的重大问题。


# 2. 中华人民共和国土地管理法
（中华人民共和国主席令 2004 年 8 月 28 日颁布）


（1986 年 6 月 25 日第六届全国人民代表大会常务委员会第十六次会议通过，根据 1988 年 12 月 29 日第七届全国人民代表大会常务委员会第五次会议《关于修改〈中华人民共和国土地管理法〉的决定》第一次修正，1998 年 8 月 29 日第九届全国人民代表大会常务委员会第四次会议修订，根据 2004 年 8 月 28 日第十届全国人民代表大会常务委员会第十一次会议《关于修改〈中华人民共和国土地管理法〉的决定》第二次修正）

# 第一章　总则

**第一条**　为了加强土地管理，维护土地的社会主义公有制，保护、开发土地资源，合理利用土地，切实保护耕地，促进社会经济的可持续发展，根据宪法，制定本法。

**第二条**　中华人民共和国实行土地的社会主义公有制，即全民所有制和劳动群众集体所有制。

全民所有，即国家所有土地的所有权由国务院代表国家行使。

任何单位和个人不得侵占、买卖或者以其他形式非法转让土地。土地使用权可以依法转让。

国家为了公共利益的需要，可以依法对土地实行征收或者征用并给予补偿。

国家依法实行国有土地有偿使用制度。但是，国家在法律规定的范围内划拨国有土地使用权的除外。

**第三条**　十分珍惜、合理利用土地和切实保护耕地是我国的基本国策。各级人民政府应当采取措施，全面规划，严格管理，保护、开发土地资源，制止非法占用土地的行为。

**第四条**　国家实行土地用途管制制度。

国家编制土地利用总体规划，规定土地用途，将土地分为农用地、建设用地和未利用地。严格限制农用地转为建设用地，控制建设用地总量，对耕地实行特殊保护。

前款所称农用地是指直接用于农业生产的土地，包括耕地、林地、草地、农田水利用地、养殖水面等；建设用地是指建造建筑物、构筑物的土地，包括城乡住宅和公共设施用地、工矿用地、交通水利设施用地、旅游用地、军事设施用地等；未利用地是指农用地和建设用地以外的土地。

使用土地的单位和个人必须严格按照土地利用总体规划确定的用途使用土地。

**第五条**　国务院土地行政主管部门统一负责全国土地的管理和监督工作。

县级以上地方人民政府土地行政主管部门的设置及其职责，由省、自治区、直辖市人民政府根据国务院有关规定确定。

**第六条**　任何单位和个人都有遵守土地管理法律、法规的义务，并有权对违反土地管理法律、法规的行为提出检举和控告。

**第七条**　在保护和开发土地资源、合理利用土地以及进行有关的科学研究等方面成绩显著的单位和个人，由人民政府给予奖励。

## 第二章　土地的所有权和使用权

**第八条**　城市市区的土地属于国家所有。

农村和城市郊区的土地，除由法律规定属于国家所有的以外，属于农民集体所有；宅基地和自留地、自留山，属于农民集体所有。

**第九条**　国有土地和农民集体所有的土地，可以依法确定给单位或者个人使用。使用土地的单位和个人，有保护、管理和合理利用土地的义务。

**第十条**　农民集体所有的土地依法属于村农民集体所有的，由村集体经济组织或者村民委员会经营、管理；已经分别属于村内两个以上农村集体经济组织的农民集体所有的，由村内各该农村集体经济组织或者村民小组经营、管理；已经属于乡（镇）农民集体所有的，由乡（镇）农村集体经济组织经营、管理。

**第十一条**　农民集体所有的土地，由县级人民政府登记造册，核发证书，确认所有权。

农民集体所有的土地依法用于非农业建设的，由县级人民政府登记造册，核发证书，确认建设用地使用权。

单位和个人依法使用的国有土地，由县级以上人民政府登记造册，核发证书，确认使用权；其中，中央国家机关使用的国有土地的具体登记发证机关，由国务院确定。

确认林地、草原的所有权或者使用权，确认水面、滩涂的养殖使用权，分别依照《中华人民共和国森林法》、《中华人民共和国草原法》和《中华人民共和国渔业法》的有关规定办理。

**第十二条**　依法改变土地权属和用途的，应当办理土地变更登记手续。

**第十三条**　依法登记的土地的所有权和使用权受法律保护，任何单位和个人不得侵犯。

**第十四条**　农民集体所有的土地由本集体经济组织的成员承包经营，

从事种植业、林业、畜牧业、渔业生产。土地承包经营期限为三十年。发包方和承包方应当订立承包合同，约定双方的权利和义务。承包经营土地的农民有保护和按照承包合同约定的用途合理利用土地的义务。农民的土地承包经营权受法律保护。

在土地承包经营期限内，对个别承包经营者之间承包的土地进行适当调整的，必须经村民会议三分之二以上成员或者三分之二以上村民代表的同意，并报乡（镇）人民政府和县级人民政府农业行政主管部门批准。

第十五条　国有土地可以由单位或者个人承包经营，从事种植业、林业、畜牧业、渔业生产。农民集体所有的土地，可以由本集体经济组织以外的单位或者个人承包经营，从事种植业、林业、畜牧业、渔业生产。发包方和承包方应当订立承包合同，约定双方的权利和义务。土地承包经营的期限由承包合同约定。承包经营土地的单位和个人，有保护和按照承包合同约定的用途合理利用土地的义务。

农民集体所有的土地由本集体经济组织以外的单位或者个人承包经营的，必须经村民会议三分之二以上成员或者三分之二以上村民代表的同意，并报乡（镇）人民政府批准。

第十六条　土地所有权和使用权争议，由当事人协商解决；协商不成的，由人民政府处理。

单位之间的争议，由县级以上人民政府处理；个人之间、个人与单位之间的争议，由乡级人民政府或者县级以上人民政府处理。

当事人对有关人民政府的处理决定不服的，可以自接到处理决定通知之日起三十日内，向人民法院起诉。

在土地所有权和使用权争议解决前，任何一方不得改变土地利用现状。

## 第三章　土地利用总体规划

第十七条　各级人民政府应当依据国民经济和社会发展规划、国土整治和资源环境保护的要求、土地供给能力以及各项建设对土地的需求，组织编制土地利用总体规划。

土地利用总体规划的规划期限由国务院规定。

第十八条　下级土地利用总体规划应当依据上一级土地利用总体规划编制。

地方各级人民政府编制的土地利用总体规划中的建设用地总量不得超过上一级土地利用总体规划确定的控制指标，耕地保有量不得低于上一级土地利用总体规划确定的控制指标。

省、自治区、直辖市人民政府编制的土地利用总体规划，应当确保本行政区域内耕地总量不减少。

**第十九条**　土地利用总体规划按照下列原则编制：

（一）严格保护基本农田，控制非农业建设占用农用地；

（二）提高土地利用率；

（三）统筹安排各类、各区域用地；

（四）保护和改善生态环境，保障土地的可持续利用；

（五）占用耕地与开发复垦耕地相平衡。

**第二十条**　县级土地利用总体规划应当划分土地利用区，明确土地用途。

乡（镇）土地利用总体规划应当划分土地利用区，根据土地使用条件，确定每一块土地的用途，并予以公告。

**第二十一条**　土地利用总体规划实行分级审批。

省、自治区、直辖市的土地利用总体规划，报国务院批准。

省、自治区人民政府所在地的市、人口在一百万以上的城市以及国务院指定的城市的土地利用总体规划，经省、自治区人民政府审查同意后，报国务院批准。

本条第二款、第三款规定以外的土地利用总体规划，逐级上报省、自治区、直辖市人民政府批准；其中，乡（镇）土地利用总体规划可以由省级人民政府授权的设区的市、自治州人民政府批准。

土地利用总体规划一经批准，必须严格执行。

**第二十二条**　城市建设用地规模应当符合国家规定的标准，充分利用现有建设用地，不占或者尽量少占农用地。

城市总体规划、村庄和集镇规划，应当与土地利用总体规划相衔接，城市总体规划、村庄和集镇规划中建设用地规模不得超过土地利用总体规划确定的城市和村庄、集镇建设用地规模。

在城市规划区内、村庄和集镇规划区内，城市和村庄、集镇建设用地应当符合城市规划、村庄和集镇规划。

**第二十三条**　江河、湖泊综合治理和开发利用规划，应当与土地利用总体规划相衔接。在江河、湖泊、水库的管理和保护范围以及蓄洪滞洪区内，土地利用应当符合江河、湖泊综合治理和开发利用规划，符合河道、湖泊行洪、蓄洪和输水的要求。

**第二十四条** 各级人民政府应当加强土地利用计划管理，实行建设用地总量控制。

土地利用年度计划，根据国民经济和社会发展计划、国家产业政策、土地利用总体规划以及建设用地和土地利用的实际状况编制。土地利用年度计划的编制审批程序与土地利用总体规划的编制审批程序相同，一经审批下达，必须严格执行。

**第二十五条** 省、自治区、直辖市人民政府应当将土地利用年度计划的执行情况列为国民经济和社会发展计划执行情况的内容，向同级人民代表大会报告。

**第二十六条** 经批准的土地利用总体规划的修改，须经原批准机关批准；未经批准，不得改变土地利用总体规划确定的土地用途。

经国务院批准的大型能源、交通、水利等基础设施建设用地，需要改变土地利用总体规划的，根据国务院的批准文件修改土地利用总体规划。

经省、自治区、直辖市人民政府批准的能源、交通、水利等基础设施建设用地，需要改变土地利用总体规划的，属于省级人民政府土地利用总体规划批准权限内的，根据省级人民政府的批准文件修改土地利用总体规划。

**第二十七条** 国家建立土地调查制度。

县级以上人民政府土地行政主管部门会同同级有关部门进行土地调查。土地所有者或者使用者应当配合调查，并提供有关资料。

**第二十八条** 县级以上人民政府土地行政主管部门会同同级有关部门根据土地调查成果、规划土地用途和国家制定的统一标准，评定土地等级。

**第二十九条** 国家建立土地统计制度。

县级以上人民政府土地行政主管部门和同级统计部门共同制定统计调查方案，依法进行土地统计，定期发布土地统计资料。土地所有者或者使用者应当提供有关资料，不得虚报、瞒报、拒报、迟报。

土地行政主管部门和统计部门共同发布的土地面积统计资料是各级人民政府编制土地利用总体规划的依据。

**第三十条**　国家建立全国土地管理信息系统，对土地利用状况进行动态监测。

## 第四章　耕地保护

**第三十一条**　国家保护耕地，严格控制耕地转为非耕地。

国家实行占用耕地补偿制度。非农业建设经批准占用耕地的，按照"占多少，垦多少"的原则，由占用耕地的单位负责开垦与所占用耕地的数量和质量相当的耕地；没有条件开垦或者开垦的耕地不符合要求的，应当按照省、自治区、直辖市的规定缴纳耕地开垦费，专款用于开垦新的耕地。

省、自治区、直辖市人民政府应当制定开垦耕地计划，监督占用耕地的单位按照计划开垦耕地或者按照计划组织开垦耕地，并进行验收。

**第三十二条**　县级以上地方人民政府可以要求占用耕地的单位将所占用耕地耕作层的土壤用于新开垦耕地、劣质地或者其他耕地的土壤改良。

**第三十三条**　省、自治区、直辖市人民政府应当严格执行土地利用总体规划和土地利用年度计划，采取措施，确保本行政区域内耕地总量不减少；耕地总量减少的，由国务院责令在规定期限内组织开垦与所减少耕地的数量与质量相当的耕地，并由国务院土地行政主管部门会同农业行政主管部门验收。个别省、直辖市确因土地后备资源匮乏，新增建设用地后，新开垦耕地的数量不足以补偿所占用耕地的数量的，必须报经国务院批准减免本行政区域内开垦耕地的数量，进行易地开垦。

**第三十四条**　国家实行基本农田保护制度。下列耕地应当根据土地利用总体规划划入基本农田保护区，严格管理：

（一）经国务院有关主管部门或者县级以上地方人民政府批准确定的粮、棉、油生产基地内的耕地；

（二）有良好的水利与水土保持设施的耕地，正在实施改造计划以及可以改造的中、低产田；

（三）蔬菜生产基地；

（四）农业科研、教学试验田；

（五）国务院规定应当划入基本农田保护区的其他耕地。

各省、自治区、直辖市划定的基本农田应当占本行政区域内耕地的百分之八十以上。

基本农田保护区以乡（镇）为单位进行划区定界，由县级人民政府土地行政主管部门会同同级农业行政主管部门组织实施。

**第三十五条** 各级人民政府应当采取措施，维护排灌工程设施，改良土壤，提高地力，防止土地荒漠化、盐渍化、水土流失和污染土地。

**第三十六条** 非农业建设必须节约使用土地，可以利用荒地的，不得占用耕地；可以利用劣地的，不得占用好地。

禁止占用耕地建窑、建坟或者擅自在耕地上建房、挖砂、采石、采矿、取土等。

禁止占用基本农田发展林果业和挖塘养鱼。

**第三十七条** 禁止任何单位和个人闲置、荒芜耕地。已经办理审批手续的非农业建设占用耕地，一年内不用而又可以耕种并收获的，应当由原耕种该幅耕地的集体或者个人恢复耕种，也可以由用地单位组织耕种；一年以上未动工建设的，应当按照省、自治区、直辖市的规定缴纳闲置费；连续二年未使用的，经原批准机关批准，由县级以上人民政府无偿收回用地单位的土地使用权；该幅土地原为农民集体所有的，应当交由原农村集体经济组织恢复耕种。

在城市规划区范围内，以出让方式取得土地使用权进行房地产开发的闲置土地，依照《中华人民共和国城市房地产管理法》的有关规定办理。

承包经营耕地的单位或者个人连续二年弃耕抛荒的，原发包单位应当终止承包合同，收回发包的耕地。

**第三十八条** 国家鼓励单位和个人按照土地利用总体规划，在保护和改善生态环境、防止水土流失和土地荒漠化的前提下，开发未利用的土地；适宜开发为农用地的，应当优先开发成农用地。

国家依法保护开发者的合法权益。

**第三十九条** 开垦未利用的土地，必须经过科学论证和评估，在土地利用总体规划划定的可开垦的区域内，经依法批准后进行。禁止毁坏森林、草原开垦耕地，禁止围湖造田和侵占江河滩地。

根据土地利用总体规划，对破坏生态环境开垦、围垦的土地，有计划有步骤地退耕还林、还牧、还湖。

**第四十条** 开发未确定使用权的国有荒山、荒地、荒滩从事种植业、林业、畜牧业、渔业生产的，经县级以上人民政府依法批准，可以确定给开发单位或者个人长期使用。

**第四十一条**　国家鼓励土地整理。县、乡（镇）人民政府应当组织农村集体经济组织，按照土地利用总体规划，对田、水、路、林、村综合整治，提高耕地质量，增加有效耕地面积，改善农业生产条件和生态环境。

地方各级人民政府应当采取措施，改造中、低产田，整治闲散地和废弃地。

**第四十二条**　因挖损、塌陷、压占等造成土地破坏，用地单位和个人应当按照国家有关规定负责复垦；没有条件复垦或者复垦不符合要求的，应当缴纳土地复垦费，专项用于土地复垦。复垦的土地应当优先用于农业。

## 第五章　建设用地

**第四十三条**　任何单位和个人进行建设，需要使用土地的，必须依法申请使用国有土地；但是，兴办乡镇企业和村民建设住宅经依法批准使用本集体经济组织农民集体所有的土地的，或者乡（镇）村公共设施和公益事业建设经依法批准使用农民集体所有的土地的除外。

前款所称依法申请使用的国有土地包括国家所有的土地和国家征收的原属于农民集体所有的土地。

**第四十四条**　建设占用土地，涉及农用地转为建设用地的，应当办理农用地转用审批手续。

省、自治区、直辖市人民政府批准的道路、管线工程和大型基础设施建设项目、国务院批准的建设项目占用土地，涉及农用地转为建设用地的，由国务院批准。

在土地利用总体规划确定的城市和村庄、集镇建设用地规模范围内，为实施该规划而将农用地转为建设用地的，按土地利用年度计划分批次由原批准土地利用总体规划的机关批准。在已批准的农用地转用范围内，具体建设项目用地可以由市、县人民政府批准。

本条第二款、第三款规定以外的建设项目占用土地，涉及农用地转为建设用地的，由省、自治区、直辖市人民政府批准。

**第四十五条**　征收下列土地的，由国务院批准：

（一）基本农田；

（二）基本农田以外的耕地超过三十五公顷的；

（三）其他土地超过七十公顷的。

征收前款规定以外的土地的，由省、自治区、直辖市人民政府批准，并报国务院备案。

征收农用地的，应当依照本法第四十四条的规定先行办理农用地转用审批。其中，经国务院批准农用地转用的，同时办理征地审批手续，不再另行办理征地审批；经省、自治区、直辖市人民政府在征地批准权限内批准农用地转用的，同时办理征地审批手续，不再另行办理征地审批，超过征地批准权限的，应当依照本条第一款的规定另行办理征地审批。

**第四十六条** 国家征收土地的，依照法定程序批准后，由县级以上地方人民政府予以公告并组织实施。

被征收土地的所有权人、使用权人应当在公告规定期限内，持土地权属证书到当地人民政府土地行政主管部门办理征地补偿登记。

**第四十七条** 征收土地的，按照被征收土地的原用途给予补偿。

征收耕地的补偿费用包括土地补偿费、安置补助费以及地上附着物和青苗的补偿费。征收耕地的土地补偿费，为该耕地被征收前三年平均年产值的六至十倍。征收耕地的安置补助费，按照需要安置的农业人口数计算。需要安置的农业人口数，按照被征收的耕地数量除以征地前被征收单位平均每人占有耕地的数量计算。每一个需要安置的农业人口的安置补助费标准，为该耕地被征收前三年平均年产值的四至六倍。但是，每公顷被征收耕地的安置补助费，最高不得超过被征收前三年平均年产值的十五倍。

征收其他土地的土地补偿费和安置补助费标准，由省、自治区、直辖市参照征收耕地的土地补偿费和安置补助费的标准规定。

被征收土地上的附着物和青苗的补偿标准，由省、自治区、直辖市规定。

征收城市郊区的菜地，用地单位应当按照国家有关规定缴纳新菜地开发建设基金。

依照本条第二款的规定支付土地补偿费和安置补助费，尚不能使需要安置的农民保持原有生活水平的，经省、自治区、直辖市人民政府批准，可以增加安置补助费。但是，土地补偿费和安置补助费的总和不得超过土地被征收前三年平均年产值的三十倍。

国务院根据社会、经济发展水平，在特殊情况下，可以提高征收耕地的土地补偿费和安置补助费的标准。

**第四十八条** 征地补偿安置方案确定后，有关地方人民政府应当公告，并听取被征地的农村集体经济组织和农民的意见。

**第四十九条** 被征地的农村集体经济组织应当将征收土地的补偿费用的收支状况向本集体经济组织的成员公布，接受监督。

禁止侵占、挪用被征收土地单位的征地补偿费用和其他有关费用。

**第五十条** 地方各级人民政府应当支持被征地的农村集体经济组织和农民从事开发经营，兴办企业。

**第五十一条** 大中型水利、水电工程建设征收土地的补偿费标准和移民安置办法，由国务院另行规定。

**第五十二条** 建设项目可行性研究论证时，土地行政主管部门可以根据土地利用总体规划、土地利用年度计划和建设用地标准，对建设用地有关事项进行审查，并提出意见。

**第五十三条** 经批准的建设项目需要使用国有建设用地的，建设单位应当持法律、行政法规规定的有关文件，向有批准权的县级以上人民政府土地行政主管部门提出建设用地申请，经土地行政主管部门审查，报本级人民政府批准。

**第五十四条** 建设单位使用国有土地，应当以出让等有偿使用方式取得；但是，下列建设用地，经县级以上人民政府依法批准，可以以划拨方式取得：

（一）国家机关用地和军事用地；

（二）城市基础设施用地和公益事业用地；

（三）国家重点扶持的能源、交通、水利等基础设施用地；

（四）法律、行政法规规定的其他用地。

**第五十五条** 以出让等有偿使用方式取得国有土地使用权的建设单位，按照国务院规定的标准和办法，缴纳土地使用权出让金等土地有偿使用费和其他费用后，方可使用土地。

自本法施行之日起，新增建设用地的土地有偿使用费，百分之三十上缴中央财政，百分之七十留给有关地方人民政府，都专项用于耕地开发。

**第五十六条** 建设单位使用国有土地的，应当按照土地使用权出让等有偿使用合同的约定或者土地使用权划拨批准文件的规定使用土地；确需改变该幅土地建设用途的，应当经有关人民政府土地行政主管部门同意，报原批准用地的人民政府批准。其中，在城市规划区内改变土地用途的，在报批前，应当先经有关城市规划行政主管部门同意。

第五十七条　建设项目施工和地质勘查需要临时使用国有土地或者农民集体所有的土地的，由县级以上人民政府土地行政主管部门批准。其中，在城市规划区内的临时用地，在报批前，应当先经有关城市规划行政主管部门同意。土地使用者应当根据土地权属，与有关土地行政主管部门或者农村集体经济组织、村民委员会签订临时使用土地合同，并按照合同的约定支付临时使用土地补偿费。

临时使用土地的使用者应当按照临时使用土地合同约定的用途使用土地，并不得修建永久性建筑物。

临时使用土地期限一般不超过二年。

第五十八条　有下列情形之一的，由有关人民政府土地行政主管部门报经原批准用地的人民政府或者有批准权的人民政府批准，可以收回国有土地使用权：

（一）为公共利益需要使用土地的；

（二）为实施城市规划进行旧城区改建，需要调整使用土地的；

（三）土地出让等有偿使用合同约定的使用期限届满，土地使用者未申请续期或者申请续期未获批准的；

（四）因单位撤销、迁移等原因，停止使用原划拨的国有土地的；

（五）公路、铁路、机场、矿场等经核准报废的。

依照前款第（一）项、第（二）项的规定收回国有土地使用权的，对土地使用权人应当给予适当补偿。

第五十九条　乡镇企业、乡（镇）村公共设施、公益事业、农村村民住宅等乡（镇）村建设，应当按照村庄和集镇规划，合理布局，综合开发，配套建设；建设用地，应当符合乡（镇）土地利用总体规划和土地利用年度计划，并依照本法第四十四条、第六十条、第六十一条、第六十二条的规定办理审批手续。

第六十条　农村集体经济组织使用乡（镇）土地利用总体规划确定的建设用地兴办企业或者与其他单位、个人以土地使用权入股、联营等形式共同举办企业的，应当持有关批准文件，向县级以上地方人民政府土地行政主管部门提出申请，按照省、自治区、直辖市规定的批准权限，由县级以上地方人民政府批准；其中，涉及占用农用地的，依照本法第四十四条的规定办理审批手续。

按照前款规定兴办企业的建设用地，必须严格控制。省、自治区、直辖市可以按照乡镇企业的不同行业和经营规模，分别规定用地标准。

**第六十一条** 乡（镇）村公共设施、公益事业建设，需要使用土地的，经乡（镇）人民政府审核，向县级以上地方人民政府土地行政主管部门提出申请，按照省、自治区、直辖市规定的批准权限，由县级以上地方人民政府批准；其中，涉及占用农用地的，依照本法第四十四条的规定办理审批手续。

**第六十二条** 农村村民一户只能拥有一处宅基地，其宅基地的面积不得超过省、自治区、直辖市规定的标准。

农村村民建住宅，应当符合乡（镇）土地利用总体规划，并尽量使用原有的宅基地和村内空闲地。

农村村民住宅用地，经乡（镇）人民政府审核，由县级人民政府批准；其中，涉及占用农用地的，依照本法第四十四条的规定办理审批手续。

农村村民出卖、出租住房后，再申请宅基地的，不予批准。

**第六十三条** 农民集体所有的土地的使用权不得出让、转让或者出租用于非农业建设；但是，符合土地利用总体规划并依法取得建设用地的企业，因破产、兼并等情形致使土地使用权依法发生转移的除外。

**第六十四条** 在土地利用总体规划制定前已建的不符合土地利用总体规划确定的用途的建筑物、构筑物，不得重建、扩建。

**第六十五条** 有下列情形之一的，农村集体经济组织报经原批准用地的人民政府批准，可以收回土地使用权：

（一）为乡（镇）村公共设施和公益事业建设，需要使用土地的；

（二）不按照批准的用途使用土地的；

（三）因撤销、迁移等原因而停止使用土地的。

依照前款第（一）项规定收回农民集体所有的土地的，对土地使用权人应当给予适当补偿。

## 第六章 监督检查

**第六十六条** 县级以上人民政府土地行政主管部门对违反土地管理法

律、法规的行为进行监督检查。

土地管理监督检查人员应当熟悉土地管理法律、法规，忠于职守、秉公执法。

第六十七条　县级以上人民政府土地行政主管部门履行监督检查职责时，有权采取下列措施：

（一）要求被检查的单位或者个人提供有关土地权利的文件和资料，进行查阅或者予以复制；

（二）要求被检查的单位或者个人就有关土地权利的问题作出说明；

（三）进入被检查单位或者个人非法占用的土地现场进行勘测；

（四）责令非法占用土地的单位或者个人停止违反土地管理法律、法规的行为。

第六十八条　土地管理监督检查人员履行职责，需要进入现场进行勘测、要求有关单位或者个人提供文件、资料和作出说明的，应当出示土地管理监督检查证件。

第六十九条　有关单位和个人对县级以上人民政府土地行政主管部门就土地违法行为进行的监督检查应当支持与配合，并提供工作方便，不得拒绝与阻碍土地管理监督检查人员依法执行职务。

第七十条　县级以上人民政府土地行政主管部门在监督检查工作中发现国家工作人员的违法行为，依法应当给予行政处分的，应当依法予以处理；自己无权处理的，应当向同级或者上级人民政府的行政监察机关提出行政处分建议书，有关行政监察机关应当依法予以处理。

第七十一条　县级以上人民政府土地行政主管部门在监督检查工作中发现土地违法行为构成犯罪的，应当将案件移送有关机关，依法追究刑事责任；尚不构成犯罪的，应当依法给予行政处罚。

第七十二条　依照本法规定应当给予行政处罚，而有关土地行政主管部门不给予行政处罚的，上级人民政府土地行政主管部门有权责令有关土地行政主管部门作出行政处罚决定或者直接给予行政处罚，并给予有关土地行政主管部门的负责人行政处分。

## 第七章　法律责任

第七十三条　买卖或者以其他形式非法转让土地的，由县级以上人民政府土地行政主管部门没收违法所得；对违反土地利用总体规划擅自将农用地改为建设用地的，限期拆除在非法转让的土地上新建的建筑物和其他设施，恢复土地原状，对符合土地利用总体规划的，没收在非法转让的土地上新建的建筑物和其他设施；可以并处罚款；对直接负责的主管人员和其他直接责任人员，依法给予行政处分；构成犯罪的，依法追究刑事责任。

**第七十四条** 违反本法规定，占用耕地建窑、建坟或者擅自在耕地上建房、挖砂、采石、采矿、取土等，破坏种植条件的，或者因开发土地造成土地荒漠化、盐渍化的，由县级以上人民政府土地行政主管部门责令限期改正或者治理，可以并处罚款；构成犯罪的，依法追究刑事责任。

**第七十五条** 违反本法规定，拒不履行土地复垦义务的，由县级以上人民政府土地行政主管部门责令限期改正；逾期不改正的，责令缴纳复垦费，专项用于土地复垦，可以处以罚款。

**第七十六条** 未经批准或者采取欺骗手段骗取批准，非法占用土地的，由县级以上人民政府土地行政主管部门责令退还非法占用的土地，对违反土地利用总体规划擅自将农用地改为建设用地的，限期拆除在非法占用的土地上新建的建筑物和其他设施，恢复土地原状，对符合土地利用总体规划的，没收在非法占用的土地上新建的建筑物和其他设施，可以并处罚款；对非法占用土地单位的直接负责的主管人员和其他直接责任人员，依法给予行政处分；构成犯罪的，依法追究刑事责任。

超过批准的数量占用土地，多占的土地以非法占用土地论处。

**第七十七条** 农村村民未经批准或者采取欺骗手段骗取批准，非法占用土地建住宅的，由县级以上人民政府土地行政主管部门责令退还非法占用的土地，限期拆除在非法占用的土地上新建的房屋。

超过省、自治区、直辖市规定的标准，多占的土地以非法占用土地论处。

**第七十八条** 无权批准征收、使用土地的单位或者个人非法批准占用土地的，超越批准权限非法批准占用土地的，不按照土地利用总体规划确定的用途批准用地的，或者违反法律规定的程序批准占用、征收土地的，其批准文件无效，对非法批准征收、使用土地的直接负责的主管人员和其他直接责任人员，依法给予行政处分；构成犯罪的，依法追究刑事责任。非法批准、使用的土地应当收回，有关当事人拒不归还的，以非法占用土地论处。

非法批准征收、使用土地，对当事人造成损失的，依法应当承担赔偿责任。

**第七十九条** 侵占、挪用被征收土地单位的征地补偿费用和其他有关费用，构成犯罪的，依法追究刑事责任；尚不构成犯罪的，依法给予行政处分。

**第八十条** 依法收回国有土地使用权当事人拒不交出土地的，临时使用土地期满拒不归还的，或者不按照批准的用途使用国有土地的，由县级以上人民政府土地行政主管部门责令交还土地，处以罚款。

**第八十一条** 擅自将农民集体所有的土地的使用权出让、转让或者出租用于非农业建设的，由县级以上人民政府土地行政主管部门责令限期改正，没收违法所得，并处罚款。

**第八十二条** 不依照本法规定办理土地变更登记的，由县级以上人民政府土地行政主管部门责令其限期办理。

**第八十三条** 依照本法规定，责令限期拆除在非法占用的土地上新建的建筑物和其他设施的，建设单位或者个人必须立即停止施工，自行拆除；对继续施工的，作出处罚决定的机关有权制止。建设单位或者个人对责令限期拆除的行政处罚决定不服的，可以在接到责令限期拆除决定之日起十五日内，向人民法院起诉；期满不起诉又不自行拆除的，由作出处罚决定的机关依法申请人民法院强制执行，费用由违法者承担。

**第八十四条** 土地行政主管部门的工作人员玩忽职守、滥用职权、徇私舞弊，构成犯罪的，依法追究刑事责任；尚不构成犯罪的，依法给予行政处分。

## 第八章 附则

**第八十五条** 中外合资经营企业、中外合作经营企业、外资企业使用土地的，适用本法；法律另有规定的，从其规定。

**第八十六条** 本法自 1999 年 1 月 1 日起施行。

# 3. 中华人民共和国农村土地承包法

（中华人民共和国主席令 2002 年 8 月 29 日颁布）

## 第一章 总则

**第一条** 为稳定和完善以家庭承包经营为基础、统分结合的双层经营体制，赋予农民长期而有保障的土地使用权，维护农村土地承包当事人的合法权益，促进农业、农村经济发展和农村社会稳定，根据宪法，制定本法。

**第二条** 本法所称农村土地，是指农民集体所有和国家所有依法由农民集体使用的耕地、林地、草地，以及其他依法用于农业的土地。

**第三条** 国家实行农村土地承包经营制度。

农村土地承包采取农村集体经济组织内部的家庭承包方式，不宜采取家庭承包方式的荒山、荒沟、荒丘、荒滩等农村土地，可以采取招标、拍卖、公开协商等方式承包。

**第四条** 国家依法保护农村土地承包关系的长期稳定。

农村土地承包后，土地的所有权性质不变。承包地不得买卖。

**第五条** 农村集体经济组织成员有权依法承包由本集体经济组织发包的农村土地。

任何组织和个人不得剥夺和非法限制农村集体经济组织成员承包土地的权利。

**第六条** 农村土地承包，妇女与男子享有平等的权利。承包中应当保护妇女的合法权益，任何组织和个人不得剥夺、侵害妇女应当享有的土地承包经营权。

**第七条** 农村土地承包应当坚持公开、公平、公正的原则，正确处理国家、集体、个人三者的利益关系。

**第八条** 农村土地承包应当遵守法律、法规，保护土地资源的合理开发和可持续利用。未经依法批准不得将承包地用于非农建设。

国家鼓励农民和农村集体经济组织增加对土地的投入，培肥地力，提高农业生产能力。

**第九条** 国家保护集体土地所有者的合法权益，保护承包方的土地承包经营权，任何组织和个人不得侵犯。

**第十条** 国家保护承包方依法、自愿、有偿地进行土地承包经营权流转。

**第十一条** 国务院农业、林业行政主管部门分别依照国务院规定的职责负责全国农村土地承包及承包合同管理的指导。县级以上地方人民政府农业、林业等行政主管部门分别依照各自职责，负责本行政区域内农村土地承包及承包合同管理。乡（镇）人民政府负责本行政区域内农村土地承包及承包合同管理。

## 第二章 家庭承包

### 第一节 发包方和承包方的权利和义务

**第十二条** 农民集体所有的土地依法属于村农民集体所有的，由村集体经济组织或者村民委员会发包；已经分别属于村内两个以上农村集体经济组织的农民集体所有的，由村内各该农村集体经济组织或者村民小组发包。村集体经济组织或者村民委员会发包的，不得改变村内各集体经济组织农民集体所有的土地的所有权。

国家所有依法由农民集体使用的农村土地，由使用该土地的农村集体经济组织、村民委员会或者村民小组发包。

**第十三条** 发包方享有下列权利：

（一）发包本集体所有的或者国家所有依法由本集体使用的农村土地；

（二）监督承包方依照承包合同约定的用途合理利用和保护土地；

（三）制止承包方损害承包地和农业资源的行为；

（四）法律、行政法规规定的其他权利。

**第十四条** 发包方承担下列义务：

（一）维护承包方的土地承包经营权，不得非法变更、解除承包合同；

（二）尊重承包方的生产经营自主权，不得干涉承包方依法进行正常的生产经营活动；

（三）依照承包合同约定为承包方提供生产、技术、信息等服务；

（四）执行县、乡（镇）土地利用总体规划，组织本集体经济组织内的农业基础设施建设；

（五）法律、行政法规规定的其他义务。

**第十五条**　家庭承包的承包方是本集体经济组织的农户。

**第十六条**　承包方享有下列权利：

（一）依法享有承包地使用、收益和土地承包经营权流转的权利，有权自主组织生产经营和处置产品；

（二）承包地被依法征用、占用的，有权依法获得相应的补偿；

（三）法律、行政法规规定的其他权利。

**第十七条**　承包方承担下列义务：

（一）维持土地的农业用途，不得用于非农建设；

（二）依法保护和合理利用土地，不得给土地造成永久性损害；

（三）法律、行政法规规定的其他义务。

### 第二节　承包的原则和程序

**第十八条**　土地承包应当遵循以下原则：

（一）按照规定统一组织承包时，本集体经济组织成员依法平等地行使承包土地的权利，也可以自愿放弃承包土地的权利；

（二）民主协商，公平合理；

（三）承包方案应当按照本法第十二条的规定，依法经本集体经济组织成员的村民会议三分之二以上成员或者三分之二以上村民代表的同意；

（四）承包程序合法。

**第十九条**　土地承包应当按照以下程序进行：

（一）本集体经济组织成员的村民会议选举产生承包工作小组；

（二）承包工作小组依照法律、法规的规定拟订并公布承包方案；

（三）依法召开本集体经济组织成员的村民会议，讨论通过承包方案；

（四）公开组织实施承包方案；

（五）签订承包合同。

### 第三节　承包期限和承包合同

**第二十条**　耕地的承包期为三十年。草地的承包期为三十年至五十年。林地的承包期为三十年至七十年；特殊林木的林地承包期，经国务院林业行政主管部门批准可以延长。

**第二十一条**　发包方应当与承包方签订书面承包合同。

承包合同一般包括以下条款：

（一）发包方、承包方的名称，发包方负责人和承包方代表的姓名、住所；

（二）承包土地的名称、坐落、面积、质量等级；

（三）承包期限和起止日期；

（四）承包土地的用途；

（五）发包方和承包方的权利和义务；

（六）违约责任。

**第二十二条** 承包合同自成立之日起生效。承包方自承包合同生效时取得土地承包经营权。

**第二十三条** 县级以上地方人民政府应当向承包方颁发土地承包经营权证或者林权证等证书，并登记造册，确认土地承包经营权。

颁发土地承包经营权证或者林权证等证书，除按规定收取证书工本费外，不得收取其他费用。

**第二十四条** 承包合同生效后，发包方不得因承办人或者负责人的变动而变更或者解除，也不得因集体经济组织的分立或者合并而变更或者解除。

**第二十五条** 国家机关及其工作人员不得利用职权干涉农村土地承包或者变更、解除承包合同。

### 第四节 土地承包经营权的保护

**第二十六条** 承包期内，发包方不得收回承包地。

承包期内，承包方全家迁入小城镇落户的，应当按照承包方的意愿，保留其土地承包经营权或者允许其依法进行土地承包经营权流转。

承包期内，承包方全家迁入设区的市，转为非农业户口的，应当将承包的耕地和草地交回发包方。承包方不交回的，发包方可以收回承包的耕地和草地。

承包期内，承包方交回承包地或者发包方依法收回承包地时，承包方对其在承包地上投入而提高土地生产能力的，有权获得相应的补偿。

**第二十七条** 承包期内，发包方不得调整承包地。

承包期内，因自然灾害严重毁损承包地等特殊情形对个别农户之间承包的耕地和草地需要适当调整的，必须经本集体经济组织成员的村民会议三分之二以上成员或者三分之二以上村民代表的同意，并报乡（镇）人民政府和县级人民政府农业等行政主管部门批准。承包合同中约定不得调整的，按照其约定。

**第二十八条**　下列土地应当用于调整承包土地或者承包给新增人口：

（一）集体经济组织依法预留的机动地；

（二）通过依法开垦等方式增加的；

（三）承包方依法、自愿交回的。

**第二十九条**　承包期内，承包方可以自愿将承包地交回发包方。承包方自愿交回承包地的，应当提前半年以书面形式通知发包方。承包方在承包期内交回承包地的，在承包期内不得再要求承包土地。

**第三十条**　承包期内，妇女结婚，在新居住地未取得承包地的，发包方不得收回其原承包地；妇女离婚或者丧偶，仍在原居住地生活或者不在原居住地生活但在新居住地未取得承包地的，发包方不得收回其原承包地。

**第三十一条**　承包人应得的承包收益，依照继承法的规定继承。

林地承包的承包人死亡，其继承人可以在承包期内继续承包。

### 第五节　土地承包经营权的流转

**第三十二条**　通过家庭承包取得的土地承包经营权可以依法采取转包、出租、互换、转让或者其他方式流转。

**第三十三条**　土地承包经营权流转应当遵循以下原则：

（一）平等协商、自愿、有偿，任何组织和个人不得强迫或者阻碍承包方进行土地承包经营权流转；

（二）不得改变土地所有权的性质和土地的农业用途；

（三）流转的期限不得超过承包期的剩余期限；

（四）受让方须有农业经营能力；

（五）在同等条件下，本集体经济组织成员享有优先权。

**第三十四条**　土地承包经营权流转的主体是承包方。承包方有权依法自主决定土地承包经营权是否流转和流转的方式。

**第三十五条**　承包期内，发包方不得单方面解除承包合同，不得假借少数服从多数强迫承包方放弃或者变更土地承包经营权，不得以划分"口粮田"和"责任田"等为由收回承包地搞招标承包，不得将承包地收回抵顶欠款。

**第三十六条**　土地承包经营权流转的转包费、租金、转让费等，应当由当事人双方协商确定。流转的收益归承包方所有，任何组织和个人不得擅自截留、扣缴。

**第三十七条** 土地承包经营权采取转包、出租、互换、转让或者其他方式流转，当事人双方应当签订书面合同。采取转让方式流转的，应当经发包方同意；采取转包、出租、互换或者其他方式流转的，应当报发包方备案。

土地承包经营权流转合同一般包括以下条款：

（一）双方当事人的姓名、住所；

（二）流转土地的名称、坐落、面积、质量等级；

（三）流转的期限和起止日期；

（四）流转土地的用途；

（五）双方当事人的权利和义务；

（六）流转价款及支付方式；

（七）违约责任。

**第三十八条** 土地承包经营权采取互换、转让方式流转，当事人要求登记的，应当向县级以上地方人民政府申请登记。未经登记，不得对抗善意第三人。

**第三十九条** 承包方可以在一定期限内将部分或者全部土地承包经营权转包或者出租给第三方，承包方与发包方的承包关系不变。

承包方将土地交由他人代耕不超过一年的，可以不签订书面合同。

**第四十条** 承包方之间为方便耕种或者各自需要，可以对属于同一集体经济组织的土地的土地承包经营权进行互换。

**第四十一条** 承包方有稳定的非农职业或者有稳定的收入来源的，经发包方同意，可以将全部或者部分土地承包经营权转让给其他从事农业生产经营的农户，由该农户同发包方确立新的承包关系，原承包方与发包方在该土地上的承包关系即行终止。

**第四十二条** 承包方之间为发展农业经济，可以自愿联合将土地承包经营权入股，从事农业合作生产。

**第四十三条** 承包方对其在承包地上投入而提高土地生产能力的，土地承包经营权依法流转时有权获得相应的补偿。

## 第三章　其他方式的承包

**第四十四条**　不宜采取家庭承包方式的荒山、荒沟、荒丘、荒滩等农村土地，通过招标、拍卖、公开协商等方式承包的，适用本章规定。

**第四十五条**　以其他方式承包农村土地的，应当签订承包合同。当事人的权利和义务、承包期限等，由双方协商确定。以招标、拍卖方式承包的，承包费通过公开竞标、竞价确定；以公开协商等方式承包的，承包费由双方议定。

**第四十六条**　荒山、荒沟、荒丘、荒滩等可以直接通过招标、拍卖、公开协商等方式实行承包经营，也可以将土地承包经营权折股分给本集体经济组织成员后，再实行承包经营或者股份合作经营。

承包荒山、荒沟、荒丘、荒滩的，应当遵守有关法律、行政法规的规定，防止水土流失，保护生态环境。

**第四十七条**　以其他方式承包农村土地，在同等条件下，本集体经济组织成员享有优先承包权。

**第四十八条**　发包方将农村土地发包给本集体经济组织以外的单位或者个人承包，应当事先经本集体经济组织成员的村民会议三分之二以上成员或者三分之二以上村民代表的同意，并报乡（镇）人民政府批准。

由本集体经济组织以外的单位或者个人承包的，应当对承包方的资信情况和经营能力进行审查后，再签订承包合同。

**第四十九条**　通过招标、拍卖、公开协商等方式承包农村土地，经依法登记取得土地承包经营权证或者林权证等证书的，其土地承包经营权可以依法采取转让、出租、入股、抵押或者其他方式流转。

**第五十条**　土地承包经营权通过招标、拍卖、公开协商等方式取得的，该承包人死亡，其应得的承包收益，依照继承法的规定继承；在承包期内，其继承人可以继续承包。

## 第四章　争议的解决和法律责任

**第五十一条**　因土地承包经营发生纠纷的，双方当事人可以通过协商解决，也可以请求村民委员会、乡（镇）人民政府等调解解决。

当事人不愿协商、调解或者协商、调解不成的，可以向农村土地承包仲裁机构申请仲裁，也可以直接向人民法院起诉。

第五十二条 当事人对农村土地承包仲裁机构的仲裁裁决不服的，可以在收到裁决书之日起三十日内向人民法院起诉。逾期不起诉的，裁决书即发生法律效力。

第五十三条 任何组织和个人侵害承包方的土地承包经营权的，应当承担民事责任。

第五十四条 发包方有下列行为之一的，应当承担停止侵害、返还原物、恢复原状、排除妨害、消除危险、赔偿损失等民事责任：

（一）干涉承包方依法享有的生产经营自主权；

（二）违反本法规定收回、调整承包地；

（三）强迫或者阻碍承包方进行土地承包经营权流转；

（四）假借少数服从多数强迫承包方放弃或者变更土地承包经营权而进行土地承包经营权流转；

（五）以划分"口粮田"和"责任田"等为由收回承包地搞招标承包；

（六）将承包地收回抵顶欠款；

（七）剥夺、侵害妇女依法享有的土地承包经营权；

（八）其他侵害土地承包经营权的行为。

第五十五条 承包合同中违背承包方意愿或者违反法律、行政法规有关不得收回、调整承包地等强制性规定的约定无效。

第五十六条 当事人一方不履行合同义务或者履行义务不符合约定的，应当依照《中华人民共和国合同法》的规定承担违约责任。

第五十七条 任何组织和个人强迫承包方进行土地承包经营权流转的，该流转无效。

第五十八条 任何组织和个人擅自截留、扣缴土地承包经营权流转收益的，应当退还。

第五十九条 违反土地管理法规，非法征用、占用土地或者贪污、挪用土地征用补偿费用，构成犯罪的，依法追究刑事责任；造成他人损害的，应当承担损害赔偿等责任。

第六十条 承包方违法将承包地用于非农建设的，由县级以上地方人民政府有关行政主管部门依法予以处罚。

承包方给承包地造成永久性损害的，发包方有权制止，并有权要求承包方赔偿由此造成的损失。

第六十一条　国家机关及其工作人员有利用职权干涉农村土地承包，变更、解除承包合同，干涉承包方依法享有的生产经营自主权，或者强迫、阻碍承包方进行土地承包经营权流转等侵害土地承包经营权的行为，给承包方造成损失的，应当承担损害赔偿等责任；情节严重的，由上级机关或者所在单位给予直接责任人员行政处分；构成犯罪的，依法追究刑事责任。

## 第五章　附则

第六十二条　本法实施前已经按照国家有关农村土地承包的规定承包，包括承包期限长于本法规定的，本法实施后继续有效，不得重新承包土地。未向承包方颁发土地承包经营权证或者林权证等证书的，应当补发证书。

第六十三条　本法实施前已经预留机动地的，机动地面积不得超过本集体经济组织耕地总面积的百分之五。不足百分之五的，不得再增加机动地。

本法实施前未留机动地的，本法实施后不得再留机动地。

第六十四条　各省、自治区、直辖市人民代表大会常务委员会可以根据本法，结合本行政区域的实际情况，制定实施办法。

第六十五条　本法自2003年3月1日起施行。

# 4. 土地登记办法
## （国土资源部令2007年12月30日发布）

## 第一章　总则

第一条　为规范土地登记行为，保护土地权利人的合法权益，根据《中华人民共和国物权法》、《中华人民共和国土地管理法》、《中华人民共和国城市房地产管理法》和《中华人民共和国土地管理法实施条例》，制定本办法。

第二条　本办法所称土地登记，是指将国有土地使用权、集体土地所有权、集体土地使用权和土地抵押权、地役权以及依照法律法规规定需要登记的其他土地权利记载于土地登记簿公示的行为。

前款规定的国有土地使用权，包括国有建设用地使用权和国有农用地使用权；集体土地使用权，包括集体建设用地使用权、宅基地使用权和集体农用地使用权（不含土地承包经营权）。

**第三条** 土地登记实行属地登记原则。

申请人应当依照本办法向土地所在地的县级以上人民政府国土资源行政主管部门提出土地登记申请，依法报县级以上人民政府登记造册，核发土地权利证书。但土地抵押权、地役权由县级以上人民政府国土资源行政主管部门登记，核发土地他项权利证明书。

跨县级行政区域使用的土地，应当报土地所跨区域各县级以上人民政府分别办理土地登记。

在京中央国家机关使用的土地，按照《在京中央国家机关用地土地登记办法》的规定执行。

**第四条** 国家实行土地登记人员持证上岗制度。从事土地权属审核和登记审查的工作人员，应当取得国务院国土资源行政主管部门颁发的土地登记上岗证书。

## 第二章 一般规定

**第五条** 土地以宗地为单位进行登记。

宗地是指土地权属界线封闭的地块或者空间。

**第六条** 土地登记应当依照申请进行，但法律、法规和本办法另有规定的除外。

**第七条** 土地登记应当由当事人共同申请，但有下列情形之一的，可以单方申请：

（一）土地总登记；

（二）国有土地使用权、集体土地所有权、集体土地使用权的初始登记；

（三）因继承或者遗赠取得土地权利的登记；

（四）因人民政府已经发生法律效力的土地权属争议处理决定而取得土地权利的登记；

（五）因人民法院、仲裁机构已经发生法律效力的法律文书而取得土地权利的登记；

（六）更正登记或者异议登记；

（七）名称、地址或者用途变更登记；

（八）土地权利证书的补发或者换发；

（九）其他依照规定可以由当事人单方申请的情形。

**第八条**　两个以上土地使用权人共同使用一宗土地的，可以分别申请土地登记。

**第九条**　申请人申请土地登记，应当根据不同的登记事项提交下列材料：

（一）土地登记申请书；

（二）申请人身份证明材料；

（三）土地权属来源证明；

（四）地籍调查表、宗地图及宗地界址坐标；

（五）地上附着物权属证明；

（六）法律法规规定的完税或者减免税凭证；

（七）本办法规定的其他证明材料。

前款第（四）项规定的地籍调查表、宗地图及宗地界址坐标，可以委托有资质的专业技术单位进行地籍调查获得。

申请人申请土地登记，应当如实向国土资源行政主管部门提交有关材料和反映真实情况，并对申请材料实质内容的真实性负责。

**第十条**　未成年人的土地权利，应当由其监护人代为申请登记。申请办理未成年人土地登记的，除提交本办法第九条规定的材料外，还应当提交监护人身份证明材料。

**第十一条**　委托代理人申请土地登记的，除提交本办法第九条规定的材料外，还应当提交授权委托书和代理人身份证明。

代理境外申请人申请土地登记的，授权委托书和被代理人身份证明应当经依法公证或者认证。

**第十二条**　对当事人提出的土地登记申请，国土资源行政主管部门应当根据下列情况分别作出处理：

（一）申请登记的土地不在本登记辖区的，应当当场作出不予受理的决定，并告知申请人向有管辖权的国土资源行政主管部门申请；

（二）申请材料存在可以当场更正的错误的，应当允许申请人当场更正；

（三）申请材料不齐全或者不符合法定形式的，应当当场或者在五日内一次告知申请人需要补正的全部内容；

（四）申请材料齐全、符合法定形式，或者申请人按照要求提交全部补正申请材料的，应当受理土地登记申请。

**第十三条** 国土资源行政主管部门受理土地登记申请后，认为必要的，可以就有关登记事项向申请人询问，也可以对申请登记的土地进行实地查看。

**第十四条** 国土资源行政主管部门应当对受理的土地登记申请进行审查，并按照下列规定办理登记手续：

（一）根据对土地登记申请的审核结果，以宗地为单位填写土地登记簿；

（二）根据土地登记簿的相关内容，以权利人为单位填写土地归户卡；

（三）根据土地登记簿的相关内容，以宗地为单位填写土地权利证书。对共有一宗土地的，应当为两个以上土地权利人分别填写土地权利证书。

国土资源行政主管部门在办理土地所有权和土地使用权登记手续前，应当报经同级人民政府批准。

**第十五条** 土地登记簿是土地权利归属和内容的根据。土地登记簿应当载明下列内容：

（一）土地权利人的姓名或者名称、地址；

（二）土地的权属性质、使用权类型、取得时间和使用期限、权利以及内容变化情况；

（三）土地的坐落、界址、面积、宗地号、用途和取得价格；

（四）地上附着物情况。

土地登记簿应当加盖人民政府印章。

土地登记簿采用电子介质的，应当每天进行异地备份。

**第十六条** 土地权利证书是土地权利人享有土地权利的证明。

土地权利证书记载的事项，应当与土地登记簿一致；记载不一致的，除有证据证明土地登记簿确有错误外，以土地登记簿为准。

**第十七条** 土地权利证书包括：

（一）国有土地使用证；

（二）集体土地所有证；

（三）集体土地使用证；

（四）土地他项权利证明书。

国有建设用地使用权和国有农用地使用权在国有土地使用证上载明；集体建设用地使用权、宅基地使用权和集体农用地使用权在集体土地使用证上载明；土地抵押权和地役权可以在土地他项权利证明书上载明。

土地权利证书由国务院国土资源行政主管部门统一监制。

**第十八条** 有下列情形之一的，不予登记：

（一）土地权属有争议的；

（二）土地违法违规行为尚未处理或者正在处理的；

（三）未依法足额缴纳土地有偿使用费和其他税费的；

（四）申请登记的土地权利超过规定期限的；

（五）其他依法不予登记的。

不予登记的，应当书面告知申请人不予登记的理由。

**第十九条** 国土资源行政主管部门应当自受理土地登记申请之日起二十日内，办结土地登记审查手续。特殊情况需要延期的，经国土资源行政主管部门负责人批准后，可以延长十日。

**第二十条** 土地登记形成的文件资料，由国土资源行政主管部门负责管理。

土地登记申请书、土地登记审批表、土地登记归户卡和土地登记簿的式样，由国务院国土资源行政主管部门规定。

## 第三章 土地总登记

**第二十一条** 本办法所称土地总登记，是指在一定时间内对辖区内全部土地或者特定区域内土地进行的全面登记。

**第二十二条** 土地总登记应当发布通告。通告的主要内容包括：

（一）土地登记区的划分；

（二）土地登记的期限；

（三）土地登记收件地点；

（四）土地登记申请人应当提交的相关文件材料；

（五）需要通告的其他事项。

**第二十三条** 对符合总登记要求的宗地，由国土资源行政主管部门予以公告。公告的主要内容包括：

（一）土地权利人的姓名或者名称、地址；

（二）准予登记的土地坐落、面积、用途、权属性质、使用权类型和使用期限；

（三）土地权利人及其他利害关系人提出异议的期限、方式和受理机构；

（四）需要公告的其他事项。

第二十四条 公告期满，当事人对土地总登记审核结果无异议或者异议不成立的，由国土资源行政主管部门报经人民政府批准后办理登记。

## 第四章 初始登记

第二十五条 本办法所称初始登记，是指土地总登记之外对设立的土地权利进行的登记。

第二十六条 依法以划拨方式取得国有建设用地使用权的，当事人应当持县级以上人民政府的批准用地文件和国有土地划拨决定书等相关证明材料，申请划拨国有建设用地使用权初始登记。

新开工的大中型建设项目使用划拨国有土地的，还应当提供建设项目竣工验收报告。

第二十七条 依法以出让方式取得国有建设用地使用权的，当事人应当在付清全部国有土地出让价款后，持国有建设用地使用权出让合同和土地出让价款缴纳凭证等相关证明材料，申请出让国有建设用地使用权初始登记。

第二十八条 划拨国有建设用地使用权已依法转为出让国有建设用地使用权的，当事人应当持原国有土地使用证、出让合同及土地出让价款缴纳凭证等相关证明材料，申请出让国有建设用地使用权初始登记。

第二十九条 依法以国有土地租赁方式取得国有建设用地使用权的，当事人应当持租赁合同和土地租金缴纳凭证等相关证明材料，申请租赁国有建设用地使用权初始登记。

第三十条 依法以国有土地使用权作价出资或者入股方式取得国有建设用地使用权的，当事人应当持原国有土地使用证、土地使用权出资或者入股批准文件和其他相关证明材料，申请作价出资或者入股国有建设用地使用权初始登记。

第三十一条　以国家授权经营方式取得国有建设用地使用权的，当事人应当持原国有土地使用证、土地资产处置批准文件和其他相关证明材料，申请授权经营国有建设用地使用权初始登记。

第三十二条　农民集体土地所有权人应当持集体土地所有权证明材料，申请集体土地所有权初始登记。

第三十三条　依法使用本集体土地进行建设的，当事人应当持有批准权的人民政府的批准用地文件，申请集体建设用地使用权初始登记。

第三十四条　集体土地所有权人依法以集体建设用地使用权入股、联营等形式兴办企业的，当事人应当持有批准权的人民政府的批准文件和相关合同，申请集体建设用地使用权初始登记。

第三十五条　依法使用本集体土地进行农业生产的，当事人应当持农用地使用合同，申请集体农用地使用权初始登记。

第三十六条　依法抵押土地使用权的，抵押权人和抵押人应当持土地权利证书、主债权债务合同、抵押合同以及相关证明材料，申请土地使用权抵押登记。

同一宗地多次抵押的，以抵押登记申请先后为序办理抵押登记。

符合抵押登记条件的，国土资源行政主管部门应当将抵押合同约定的有关事项在土地登记簿和土地权利证书上加以记载，并向抵押权人颁发土地他项权利证明书。申请登记的抵押为最高额抵押的，应当记载所担保的最高债权额、最高额抵押的期间等内容。

第三十七条　在土地上设定地役权后，当事人申请地役权登记的，供役地权利人和需役地权利人应当向国土资源行政主管部门提交土地权利证书和地役权合同等相关证明材料。

符合地役权登记条件的，国土资源行政主管部门应当将地役权合同约定的有关事项分别记载于供役地和需役地的土地登记簿和土地权利证书，并将地役权合同保存于供役地和需役地的宗地档案中。

供役地、需役地分属不同国土资源行政主管部门管辖的，当事人可以向负责供役地登记的国土资源行政主管部门申请地役权登记。负责供役地登记的国土资源行政主管部门完成登记后，应当通知负责需役地登记的国土资源行政主管部门，由其记载于需役地的土地登记簿。

# 第五章 变更登记

**第三十八条** 本办法所称变更登记,是指因土地权利人发生改变,或者因土地权利人姓名或者名称、地址和土地用途等内容发生变更而进行的登记。

**第三十九条** 依法以出让、国有土地租赁、作价出资或者入股方式取得的国有建设用地使用权转让的,当事人应当持原国有土地使用证和土地权利发生转移的相关证明材料,申请国有建设用地使用权变更登记。

**第四十条** 因依法买卖、交换、赠予地上建筑物、构筑物及其附属设施涉及建设用地使用权转移的,当事人应当持原土地权利证书、变更后的房屋所有权证书及土地使用权发生转移的相关证明材料,申请建设用地使用权变更登记。涉及划拨土地使用权转移的,当事人还应当提供有批准权人民政府的批准文件。

**第四十一条** 因法人或者其他组织合并、分立、兼并、破产等原因致使土地使用权发生转移的,当事人应当持相关协议及有关部门的批准文件、原土地权利证书等相关证明材料,申请土地使用权变更登记。

**第四十二条** 因处分抵押财产而取得土地使用权的,当事人应当在抵押财产处分后,持相关证明文件,申请土地使用权变更登记。

**第四十三条** 土地使用权抵押期间,土地使用权依法发生转让的,当事人应当持抵押权人同意转让的书面证明、转让合同及其他相关证明材料,申请土地使用权变更登记。

已经抵押的土地使用权转让后,当事人应当持土地权利证书和他项权利证明书,办理土地抵押权变更登记。

**第四十四条** 经依法登记的土地抵押权因主债权被转让而转让的,主债权的转让人和受让人可以持原土地他项权利证明书、转让协议、已经通知债务人的证明等相关证明材料,申请土地抵押权变更登记。

**第四十五条** 因人民法院、仲裁机构生效的法律文书或者因继承、受遗赠取得土地使用权,当事人申请登记的,应当持生效的法律文书或者死亡证明、遗嘱等相关证明材料,申请土地使用权变更登记。

权利人在办理登记之前先行转让该土地使用权或者设定土地抵押权的,应当依照本办法先将土地权利申请登记到其名下后,再申请办理土地权利变更登记。

第四十六条　已经设定地役权的土地使用权转移后，当事人申请登记的，供役地权利人和需役地权利人应当持变更后的地役权合同及土地权利证书等相关证明材料，申请办理地役权变更登记。

第四十七条　土地权利人姓名或名称、地址发生变化的，当事人应当持原土地权利证书等相关证明材料，申请姓名或者名称、地址变更登记。

第四十八条　土地的用途发生变更的，当事人应当持有关批准文件和原土地权利证书，申请土地用途变更登记。

土地用途变更依法需要补交土地出让价款的，当事人还应当提交已补交土地出让价款的缴纳凭证。

## 第六章　注销登记

第四十九条　本办法所称注销登记，是指因土地权利的消灭等而进行的登记。

第五十条　有下列情形之一的，可直接办理注销登记：

（一）依法收回的国有土地；

（二）依法征收的农民集体土地；

（三）因人民法院、仲裁机构的生效法律文书致使原土地权利消灭，当事人未办理注销登记的。

第五十一条　因自然灾害等原因造成土地权利消灭的，原土地权利人应当持原土地权利证书及相关证明材料，申请注销登记。

第五十二条　非住宅国有建设用地使用权期限届满，国有建设用地使用权人未申请续期或者申请续期未获批准的，当事人应当在期限届满前十五日内，持原土地权利证书，申请注销登记。

第五十三条　已经登记的土地抵押权、地役权终止的，当事人应当在该土地抵押权、地役权终止之日起十五日内，持相关证明文件，申请土地抵押权、地役权注销登记。

第五十四条　当事人未按照本办法第五十一条、第五十二条和第五十三条的规定申请注销登记的，国土资源行政主管部门应当责令当事人限期办理；逾期不办理的，进行注销公告，公告期满后可直接办理注销登记。

第五十五条　土地抵押期限届满，当事人未申请土地使用权抵押注销登记的，除设定抵押权的土地使用权期限届满外，国土资源行政主管部门不得直接注销土地使用权抵押登记。

第五十六条　土地登记注销后，土地权利证书应当收回；确实无法收回的，应当在土地登记簿上注明，并经公告后废止。

## 第七章　其他登记

第五十七条　本办法所称其他登记，包括更正登记、异议登记、预告登记和查封登记。

第五十八条　国土资源行政主管部门发现土地登记簿记载的事项确有错误的，应当报经人民政府批准后进行更正登记，并书面通知当事人在规定期限内办理更换或者注销原土地权利证书的手续。当事人逾期不办理的，国土资源行政主管部门报经人民政府批准并公告后，原土地权利证书废止。

更正登记涉及土地权利归属的，应当对更正登记结果进行公告。

第五十九条　土地权利人认为土地登记簿记载的事项错误的，可以持原土地权利证书和证明登记错误的相关材料，申请更正登记。

利害关系人认为土地登记簿记载的事项错误的，可以持土地权利人书面同意更正的证明文件，申请更正登记。

第六十条　土地登记簿记载的权利人不同意更正的，利害关系人可以申请异议登记。

对符合异议登记条件的，国土资源行政主管部门应当将相关事项记载于土地登记簿，并向申请人颁发异议登记证明，同时书面通知土地登记簿记载的土地权利人。

异议登记期间，未经异议登记权利人同意，不得办理土地权利的变更登记或者设定土地抵押权。

第六十一条　有下列情形之一的，异议登记申请人或者土地登记簿记载的土地权利人可以持相关材料申请注销异议登记：

（一）异议登记申请人在异议登记之日起十五日内没有起诉的；

（二）人民法院对异议登记申请人的起诉不予受理的；

（三）人民法院对异议登记申请人的诉讼请求不予支持的。

异议登记失效后，原申请人就同一事项再次申请异议登记的，国土资源行政主管部门不予受理。

第六十二条　当事人签订土地权利转让的协议后，可以按照约定持转让协议申请预告登记。

对符合预告登记条件的，国土资源行政主管部门应当将相关事项记载于土地登记簿，并向申请人颁发预告登记证明。

预告登记后，债权消灭或者自能够进行土地登记之日起三个月内当事人未申请土地登记的，预告登记失效。

预告登记期间，未经预告登记权利人同意，不得办理土地权利的变更登记或者土地抵押权、地役权登记。

**第六十三条** 国土资源行政主管部门应当根据人民法院提供的查封裁定书和协助执行通知书，报经人民政府批准后将查封或者预查封的情况在土地登记簿上加以记载。

**第六十四条** 国土资源行政主管部门在协助人民法院执行土地使用权时，不对生效法律文书和协助执行通知书进行实体审查。国土资源行政主管部门认为人民法院的查封、预查封裁定书或者其他生效法律文书错误的，可以向人民法院提出审查建议，但不得停止办理协助执行事项。

**第六十五条** 对被执行人因继承、判决或者强制执行取得，但尚未办理变更登记的土地使用权的查封，国土资源行政主管部门依照执行查封的人民法院提交的被执行人取得财产所依据的继承证明、生效判决书或者执行裁定书及协助执行通知书等，先办理变更登记手续后，再行办理查封登记。

**第六十六条** 土地使用权在预查封期间登记在被执行人名下的，预查封登记自动转为查封登记。

**第六十七条** 两个以上人民法院对同一宗土地进行查封的，国土资源行政主管部门应当为先送达协助执行通知书的人民法院办理查封登记手续，对后送达协助执行通知书的人民法院办理轮候查封登记，并书面告知其该土地使用权已被其他人民法院查封的事实及查封的有关情况。

轮候查封登记的顺序按照人民法院送达协助执行通知书的时间先后进行排列。查封法院依法解除查封的，排列在先的轮候查封自动转为查封；查封法院对查封的土地使用权全部处理的，排列在后的轮候查封自动失效；查封法院对查封的土地使用权部分处理的，对剩余部分，排列在后的轮候查封自动转为查封。

预查封的轮候登记参照本条第一款和第二款的规定办理。

**第六十八条** 查封、预查封期限届满或者人民法院解除查封的，查封、预查封登记失效，国土资源行政主管部门应当注销查封、预查封登记。

**第六十九条** 对被人民法院依法查封、预查封的土地使用权，在查封、预查封期间，不得办理土地权利的变更登记或者土地抵押权、地役权登记。

## 第八章 土地权利保护

**第七十条** 依法登记的国有土地使用权、集体土地所有权、集体土地使用权和土地抵押权、地役权受法律保护，任何单位和个人不得侵犯。

**第七十一条** 县级以上人民政府国土资源行政主管部门应当加强土地登记结果的信息系统和数据库建设，实现国家和地方土地登记结果的信息共享和异地查询。

**第七十二条** 国家实行土地登记资料公开查询制度。土地权利人、利害关系人可以申请查询土地登记资料，国土资源行政主管部门应当提供。

土地登记资料的公开查询，依照《土地登记资料公开查询办法》的规定执行。

## 第九章 法律责任

**第七十三条** 当事人伪造土地权利证书的，由县级以上人民政府国土资源行政主管部门依法没收伪造的土地权利证书；情节严重构成犯罪的，依法追究刑事责任。

**第七十四条** 国土资源行政主管部门工作人员在土地登记工作中玩忽职守、滥用职权、徇私舞弊的，依法给予行政处分；构成犯罪的，依法追究刑事责任。

## 第十章 附则

**第七十五条** 经省、自治区、直辖市人民政府确定，县级以上地方人民政府由一个部门统一负责土地和房屋登记工作的，其房地产登记中有关土地登记的内容应当符合本办法的规定，其房地产权证书的内容和式样应当报国务院国土资源行政主管部门核准。

**第七十六条** 土地登记中依照本办法需要公告的，应当在人民政府或者国土资源行政主管部门的门户网站上进行公告。

**第七十七条** 土地权利证书灭失、遗失的，土地权利人应当在指定媒体上刊登灭失、遗失声明后，方可申请补发。补发的土地权利证书应当注明"补发"字样。

**第七十八条**　本办法自 2008 年 2 月 1 日起施行。

# 5. 土地权属争议处理暂行办法
（国家土地管理局令 1995 年 12 月 18 日发布）

## 第一章　总则

**第一条**　为了依法处理土地权属争议，保护土地所有者和土地使用者的合法权益，维护经济秩序和社会安定，根据《中华人民共和国土地管理法》制定本办法。

**第二条**　处理土地权属争议，适用本办法，本办法所称土地权属争议，是指因土地所有权和土地使用权的归属问题而发生的争议。

**第三条**　处理土地权属争议，应当从实际出发，尊重历史，面对现实，以法律、法规和土地管理规章为依据。

**第四条**　土地权属争议，由当事人协商解决；协商不成的，由当事人向土地管理部门申请处理，土地管理部门应当先进行调解；调解无效的，由人民政府作出处理决定。

**第五条**　土地权属争议由县级以上人民政府或者乡级人民政府处理。县级以上人民政府土地管理部门负责办理土地权属争议调处的具体工作。

## 第二章　申请和受理

**第六条**　发生土地权属争议当事人经协商解决不成的，可以依照本章规定向县级以上人民政府土地管理部门或者乡级人民政府提出处理申请。

**第七条**　县级人民政府土地管理部门受理下列土地权属争议案件：

（一）个人之间、个人与单位之间、单位与单位之间发生的土地权属争议案件；

（二）跨乡级行政区域的土地权属争议案件；

（三）同级人民政府和上级人民政府土地管理部门交办的土地权属争议案件。前款第（一）项规定的个人之间、个人与单位之间发生的土地权属争议案件，也可以由乡级人民政府受理和处理。

第八条　自治州、设区的市人民政府土地管理部门受理下列土地权属争议案件：

（一）跨县级行政区域的土地权属争议案件；

（二）同级人民政府和上级人民政府土地管理部门交办的土地权属争议案件。

第九条　省、自治区、直辖市人民政府土地管理部门受理下列土地权属争议案件：

（一）跨自治州、设区的市行政区域的土地权属争议案件；

（二）本行政区域内有较大影响的土地权属争议案件；

（三）同级人民政府和国家土地管理局交办的土地权属案件。

第十条　国家土地管理局受理下列土地权属争议案件；

（一）全国有较大影响的土地权属争议案件；

（二）国务院交办的土地权属争议案件。

第十一条　有管辖权的土地管理部门因特殊原因不能行使土地权属争议管辖权的，由上级人民政府土地管理部门指定管辖，土地权属争议管辖权发生争议的，由争议双方协商解决，协商不成的，报争议双方共同的上级人民政府土地管理部门指定管辖。

第十二条　土地管理部门发现受理的土地权属争议案件不属于自己管辖的，应当告知申请人到有管辖权的土地管理部门提出处理申请，或者直接移送有管辖权的土地管理部门。

第十三条　上级人民政府土地管理部门可以办理下级人民政府土地管理部门管辖的土地权属争议案件，也可以将自己管辖的土地权属争议案件交下级人民政府土地管理部门办理，下级人民政府土地管理部门对其管辖的土地权属争议案件，认为需要由上级人民政府土地管理部门办理的，可以报请上级人民政府土地管理部门决定。

第十四条　当事人申请处理土地权属争议，应当提交书面申请书。

申请书应当载明以下事项：

（一）申请人和对方当事人的姓名或者名称、地址、邮政编码、法定代表人姓名、职务；

（二）请求的事项、事实和理由；

（三）有关证据；

（四）证人的姓名、工作单位或者住址、邮政编码。

**第十五条**　当事人可以委托代理人代为申请处理土地权属争议、委托代理人申请的，应当提交授权委托书。授权委托书必须写明委托事项和权限。

**第十六条**　土地管理部门接到当事人的处理申请后，应当在十五日内决定是否受理，决定受理的，应当在决定受理之日起十日内将申请书副本发送对方当事人。对方当事人应当在接到申请书副本之日起三十日内提交答辩书和有关证据；逾期不提交答辩书的，不影响案件的处理，决定不受理的，应当在决定不受理之日起十日内书面通知申请人，并说明理由，当事人对不予受理的决定不服的，可以依照《行政复议条例》或者《中华人民共和国行政诉讼法》申请行政复议或者提起行政诉讼。

**第十七条**　土地管理部门决定受理后，应当及时指定承办人员，承办人员与案件处理有利害关系的，应当申请回避；当事人认为承办人员与案件处理有利害关系的，有权请求该承办人员回避。承办人员是否回避，由受理案件的土地管理部门决定。

**第十八条**　承办人员在办案过程中，可以向有关单位和个人调查取证。被调查的单位和个人有义务协助进行调查取证，并如实提供有关证明或材料。

**第十九条**　在办案过程中，土地管理部门认为有必要对有争议的土地进行实地调查的，在实地调查时，应当通知当事人及有关人员到现场。必要时，可以邀请有关部门派人协助调查。

**第二十条**　土地权属争议双方当事人对各自提出的事实和理由负有举证责任，应当及时向土地管理部门提供有关依据。

**第二十一条**　证据有以下几种：

（一）人民政府颁发的确定土地权属的凭证；

（二）人民政府或者主管部门批准征用、划拨或者出让土地的文件；

（三）争议双方当事人依法达成的书面协议；

（四）人民政府或者司法机关处理争议的文件或者附图；

（五）证人证言；

（六）其他证据。

**第二十二条**　土地管理部门对当事人提供的证据必须经过查证属实，方可作为认定事实的根据。

第二十三条 在土地权属争议解决之前，任何一方不得改变土地的现状和破坏土地上附着物，不得影响生产和在有争议的土地上兴建建筑物和其他附着物。擅自在有争议的土地上兴建建筑物和其他附着物的，土地管理部门有权责令停止施工。

## 第三章 调解和处理

第二十四条 土地管理部门对受理的土地权属争议案件，应当在查清事实、分清责任的基础上先行调解。

第二十五条 调解应当符合自愿、合法的原则。

第二十六条 调解达成协议的，应当制作调解书。调解书应当写明：

（一）当事人的姓名或者名称、法定代表人姓名、职务；

（二）争议的主要事实；

（三）协议内容及其他有关事项。

调解书经当事人签名或者盖章，调处人员署名并加盖土地管理部门的印章后生效，具有法律效力，作为土地登记的依据。

第二十七条 调解未达成协议的，或者调解书送达前一方或者双方反悔的，土地管理部门应当及时提出处理意见，报人民政府作出处理决定。

第二十八条 处理决定应当包括以下内容：

（一）当事人的姓名或者名称、法定代表人的姓名、职务、地址；

（二）处理的认定的事实、理由和要求；

（三）处理认定的事实和适用的法律、法规等依据；

（四）处理结果；

（五）不服处理决定申请行政复议和向人民法院起诉的期限。

第二十九条 当事人对处理决定不服的，可以依照《行政复议条例》或者《中华人民共和国行政诉讼法》申请行政复议或者提起行政诉讼；期满不申请复议，也不起诉的，处理决定即发生法律效力，作为土地登记的依据。

第三十条 下级人民政府土地管理部门负责办理的土地权属争议案件，应当在作出处理决定后三十日内将处理决定书报上一级人民政府土地管理部门备案。

第三十一条 上级人民政府发现下级人民政府作出处理决定确有错误的，可以纠正或者要求下级人民政府重新处理。

第三十二条　调处土地权属争议需要重新确认所有权和使用权的，由县级以上人民政府确认所有权和使用权，核发土地证书。

第三十三条　土地管理部门在办案过程中发现受理的案件不属于土地权属争议案件，属于土地侵权或者土地违法案件的，应当依照土地侵权或者土地违法案件的有关规定处理。

## 第四章　奖励和惩罚

第三十四条　对在处理土地权属争议工作中作出显著成绩的单位和个人，由人民政府或者土地管理部门给予奖励。

第三十五条　在处理土地权属争议过程中，国家机关工作人员玩忽职守、滥用职权、徇私舞弊，构成犯罪的，依法追究刑事责任；不构成犯罪的，由其所在单位或者其上级主管部门给予行政处分；给当事人造成损失的，应当依法承担赔偿责任。

## 第五章　附则

第三十六条　处理土地权属争议案件的文书格式，由国家土地管理局统一制定。

第三十七条　乡级人民政府处理土地权属争议，参照本办法规定执行。

第三十八条　本办法不适用处理行政区域边界争议。

第三十九条　本办法由国家土地管理局负责解释。

# 6. 农村土地承包经营权证管理办法
### （农业部令 2004 年 1 月 1 日施行）

第一条　为稳定和完善农村土地承包关系，维护承包方依法取得的土地承包经营权，加强农村土地承包经营权证管理，根据《中华人民共和国农村土地承包法》，制定本办法。

第二条　农村土地承包经营权证是农村土地承包合同生效后，国家依法确认承包方享有土地承包经营权的法律凭证。

农村土地承包经营权证只限承包方使用。

**第三条** 承包耕地、园地、荒山、荒沟、荒丘、荒滩等农村土地从事种植业生产活动，承包方依法取得农村土地承包经营权后，应颁发农村土地承包经营权证予以确认。

承包草原、水面、滩涂从事养殖业生产活动的，依照《中华人民共和国草原法》、《中华人民共和国渔业法》等有关规定确权发证。

**第四条** 实行家庭承包经营的承包方，由县级以上地方人民政府颁发农村土地承包经营权证。

实行其他方式承包经营的承包方，经依法登记，由县级以上地方人民政府颁发农村土地承包经营权证。

县级以上地方人民政府农业行政主管部门负责农村土地承包经营权证的备案、登记、发放等具体工作。

**第五条** 农村土地承包经营权证所载明的权利有效期限，应与依法签订的土地承包合同约定的承包期一致。

**第六条** 农村土地承包经营权证应包括以下内容：

（一）名称和编号；

（二）发证机关及日期；

（三）承包期限和起止日期；

（四）承包土地名称、坐落、面积、用途；

（五）农村土地承包经营权变动情况；

（六）其他应当注明的事项。

**第七条** 实行家庭承包的，按下列程序颁发农村土地承包经营权证：

（一）土地承包合同生效后，发包方应在 30 个工作日内，将土地承包方案、承包方及承包土地的详细情况、土地承包合同等材料一式两份报乡（镇）人民政府农村经营管理部门。

（二）乡（镇）人民政府农村经营管理部门对发包方报送的材料予以初审。材料符合规定的，及时登记造册，由乡（镇）人民政府向县级以上地方人民政府提出颁发农村土地承包经营权证的书面申请；材料不符合规定的，应在 15 个工作日内补正。

（三）县级以上地方人民政府农业行政主管部门对乡（镇）人民政府报送的申请材料予以审核。申请材料符合规定的，编制农村土地承包经营权证登记簿，报同级人民政府颁发农村土地承包经营权证；申请材料不符合规定的，书面通知乡（镇）人民政府补正。

第八条 实行招标、拍卖、公开协商等方式承包农村土地的，按下列程序办理农村土地承包经营权证：

（一）土地承包合同生效后，承包方填写农村土地承包经营权证登记申请书，报承包土地所在乡（镇）人民政府农村经营管理部门。

（二）乡（镇）人民政府农村经营管理部门对发包方和承包方的资格、发包程序、承包期限、承包地用途等予以初审，并在农村土地承包经营权证登记申请书上签署初审意见。

（三）承包方持乡（镇）人民政府初审通过的农村土地承包经营权登记申请书，向县级以上地方人民政府申请农村土地承包经营权证登记。

（四）县级以上地方人民政府农业行政主管部门对登记申请予以审核。申请材料符合规定的，编制农村土地承包经营权证登记簿，报请同级人民政府颁发农村土地承包经营权证；申请材料不符合规定的，书面通知申请人补正。

第九条 农村土地承包经营权证登记簿记载农村土地承包经营权的基本内容。农村土地承包经营权证、农村土地承包合同、农村土地承包经营权证登记簿记载的事项应一致。

第十条 农村土地承包经营权证登记簿、承包合同登记及其他登记材料，由县级以上地方农业行政主管部门管理。

农村土地承包方有权查阅、复制农村土地承包经营权证登记簿和其他登记材料。县级以上农业行政主管部门不得限制和阻挠。

第十一条 农村土地承包当事人认为农村土地承包经营权证和登记簿记载错误的，有权申请更正。

第十二条 乡（镇）农村经营管理部门和县级以上地方人民政府农业行政主管部门在办理农村土地承包经营权证过程中应当履行下列职责：

（一）查验申请人提交的有关材料；

（二）就有关登记事项询问申请人；

（三）如实、及时地登记有关事项；

（四）需要实地查看的，应进行查验。在实地查验过程中，申请人有义务给予协助。

第十三条 乡（镇）人民政府农村经营管理部门领取农村土地承包经营权证后，应在 30 个工作日内将农村土地承包经营权证发给承包方。发包方不得为承包方保存农村土地承包经营权证。

**第十四条** 承包期内，承包方采取转包、出租、入股方式流转土地承包经营权的，不须办理农村土地承包经营权证变更。

采取转让、互换方式流转土地承包经营权的，当事人可以要求办理农村土地承包经营权证变更登记。

因转让、互换以外的其他方式导致农村土地承包经营权分立、合并的，应当办理农村土地承包经营权证变更。

**第十五条** 办理农村土地承包经营权变更申请应提交以下材料：

（一）变更的书面请求；

（二）已变更的农村土地承包合同或其他证明材料；

（三）农村土地承包经营权证原件。

**第十六条** 乡（镇）人民政府农村经营管理部门受理变更申请后，应及时对申请材料进行审核。符合规定的，报请原发证机关办理变更手续，并在农村土地承包经营权证登记簿上记载。

**第十七条** 农村土地承包经营权证严重污损、毁坏、遗失的，承包方应向乡（镇）人民政府农村经营管理部门申请换发、补发。

经乡（镇）人民政府农村经营管理部门审核后，报请原发证机关办理换发、补发手续。

**第十八条** 办理农村土地承包经营权证换发、补发手续，应以农村土地经营权证登记簿记载的内容为准。

**第十九条** 农村土地承包经营权证换发、补发，应当在农村土地承包经营权证上注明"换发"、"补发"字样。

**第二十条** 承包期内，发生下列情形之一的，应依法收回农村土地承包经营权证：

（一）承包期内，承包方全家迁入设区的市，转为非农业户口的。

（二）承包期内，承包方提出书面申请，自愿放弃全部承包土地的。

（三）承包土地被依法征用、占用，导致农村土地承包经营权全部丧失的。

（四）其他收回土地承包经营权证的情形。

**第二十一条** 符合本办法第二十条规定，承包方无正当理由拒绝交回农村土地承包经营权证的，由原发证机关注销该证（包括编号），并予以公告。

**第二十二条** 收回的农村土地承包经营权证，应退回原发证机关，加盖"作废"章。

**第二十三条**　县级人民政府农业行政主管部门和乡（镇）人民政府要完善农村土地承包方案、农村土地承包合同、农村土地承包经营权证及其相关文件档案的管理制度，建立健全农村土地承包信息化管理系统。

**第二十四条**　地方各级人民政府农业行政主管部门要加强对农村土地承包经营权证的发放管理，确保农村土地承包经营权证全部落实到户。

**第二十五条**　对不按规定及时发放农村土地承包经营权证的责任人，予以批评教育；造成严重后果的，应追究行政责任。

**第二十六条**　颁发农村土地承包经营权证，除工本费外，不得向承包方收取任何费用。

农村土地承包经营权证工本费的支出要严格执行国家有关财务管理的规定。

**第二十七条**　本办法实施以前颁发的农村土地承包经营权证，符合《农村土地承包法》有关规定，并已加盖县级以上地方人民政府印章的，继续有效。个别条款如承包期限、承包方承担义务等违反《农村土地承包法》规定的，该条款无效，是否换发新证，由承包方决定。

未加盖县级以上地方人民政府印章的，应按本《办法》规定重新颁发。重新颁发农村土地承包经营权证，土地承包期限应符合《农村土地承包法》的有关规定，不得借机调整土地。

**第二十八条**　农村土地承包经营权证由农业部监制，由省级人民政府农业行政主管部门统一组织印制，加盖县级以上地方人民政府印章。

**第二十九条**　本办法由农业部负责解释。

**第三十条**　本办法自2004年1月1日起正式施行。

# 7. 农村土地承包经营纠纷调解仲裁法
（中华人民共和国主席令2009年6月27日颁布）

## 第一章　总则

**第一条**　为了公正、及时解决农村土地承包经营纠纷，维护当事人的合法权益，促进农村经济发展和社会稳定，制定本法。

**第二条** 农村土地承包经营纠纷调解和仲裁，适用本法。

农村土地承包经营纠纷包括：

（一）因订立、履行、变更、解除和终止农村土地承包合同发生的纠纷；

（二）因农村土地承包经营权转包、出租、互换、转让、入股等流转发生的纠纷；

（三）因收回、调整承包地发生的纠纷；

（四）因确认农村土地承包经营权发生的纠纷；

（五）因侵害农村土地承包经营权发生的纠纷；

（六）法律、法规规定的其他农村土地承包经营纠纷。

因征收集体所有的土地及其补偿发生的纠纷，不属于农村土地承包仲裁委员会的受理范围，可以通过行政复议或者诉讼等方式解决。

**第三条** 发生农村土地承包经营纠纷的，当事人可以自行和解，也可以请求村民委员会、乡（镇）人民政府等调解。

**第四条** 当事人和解、调解不成或者不愿和解、调解的，可以向农村土地承包仲裁委员会申请仲裁，也可以直接向人民法院起诉。

**第五条** 农村土地承包经营纠纷调解和仲裁，应当公开、公平、公正，便民高效，根据事实，符合法律，尊重社会公德。

**第六条** 县级以上人民政府应当加强对农村土地承包经营纠纷调解和仲裁工作的指导。

县级以上人民政府农村土地承包管理部门及其他有关部门应当依照职责分工，支持有关调解组织和农村土地承包仲裁委员会依法开展工作。

## 第二章 调解

**第七条** 村民委员会、乡（镇）人民政府应当加强农村土地承包经营纠纷的调解工作，帮助当事人达成协议解决纠纷。

**第八条** 当事人申请农村土地承包经营纠纷调解可以书面申请，也可以口头申请。口头申请的，由村民委员会或者乡（镇）人民政府当场记录申请人的基本情况、申请调解的纠纷事项、理由和时间。

**第九条** 调解农村土地承包经营纠纷，村民委员会或者乡（镇）人民政府应当充分听取当事人对事实和理由的陈述，讲解有关法律以及国家政策，耐心疏导，帮助当事人达成协议。

**第十条** 经调解达成协议的，村民委员会或者乡（镇）人民政府应当制作调解协议书。

调解协议书由双方当事人签名、盖章或者按指印，经调解人员签名并加盖调解组织印章后生效。

**第十一条** 仲裁庭对农村土地承包经营纠纷应当进行调解。调解达成协议的，仲裁庭应当制作调解书；调解不成的，应当及时作出裁决。

调解书应当写明仲裁请求和当事人协议的结果。调解书由仲裁员签名，加盖农村土地承包仲裁委员会印章，送达双方当事人。

调解书经双方当事人签收后，即发生法律效力。在调解书签收前当事人反悔的，仲裁庭应当及时作出裁决。

## 第三章 仲裁

### 第一节 仲裁委员会和仲裁员

**第十二条** 农村土地承包仲裁委员会，根据解决农村土地承包经营纠纷的实际需要设立。农村土地承包仲裁委员会可以在县和不设区的市设立，也可以在设区的市或者其市辖区设立。

农村土地承包仲裁委员会在当地人民政府指导下设立。设立农村土地承包仲裁委员会的，其日常工作由当地农村土地承包管理部门承担。

**第十三条** 农村土地承包仲裁委员会由当地人民政府及其有关部门代表、有关人民团体代表、农村集体经济组织代表、农民代表和法律、经济等相关专业人员兼任组成，其中农民代表和法律、经济等相关专业人员不得少于组成人员的二分之一。

农村土地承包仲裁委员会设主任一人、副主任一至二人和委员若干人。主任、副主任由全体组成人员选举产生。

**第十四条** 农村土地承包仲裁委员会依法履行下列职责：

（一）聘任、解聘仲裁员；

（二）受理仲裁申请；

（三）监督仲裁活动。

农村土地承包仲裁委员会应当依照本法制定章程，对其组成人员的产生方式及任期、议事规则等作出规定。

**第十五条** 农村土地承包仲裁委员会应当从公道正派的人员中聘任仲裁员。

仲裁员应当符合下列条件之一：

（一）从事农村土地承包管理工作满五年；

（二）从事法律工作或者人民调解工作满五年；

（三）在当地威信较高，并熟悉农村土地承包法律以及国家政策的居民。

**第十六条** 农村土地承包仲裁委员会应当对仲裁员进行农村土地承包法律以及国家政策的培训。

省、自治区、直辖市人民政府农村土地承包管理部门应当制定仲裁员培训计划，加强对仲裁员培训工作的组织和指导。

**第十七条** 农村土地承包仲裁委员会组成人员、仲裁员应当依法履行职责，遵守农村土地承包仲裁委员会章程和仲裁规则，不得索贿受贿、徇私舞弊，不得侵害当事人的合法权益。

仲裁员有索贿受贿、徇私舞弊、枉法裁决以及接受当事人请客送礼等违法违纪行为的，农村土地承包仲裁委员会应当将其除名；构成犯罪的，依法追究刑事责任。

县级以上地方人民政府及有关部门应当受理对农村土地承包仲裁委员会组成人员、仲裁员违法违纪行为的投诉和举报，并依法组织查处。

### 第二节　申请和受理

**第十八条** 农村土地承包经营纠纷申请仲裁的时效期间为二年，自当事人知道或者应当知道其权利被侵害之日起计算。

**第十九条** 农村土地承包经营纠纷仲裁的申请人、被申请人为当事人。家庭承包的，可以由农户代表人参加仲裁。当事人一方人数众多的，可以推选代表人参加仲裁。

与案件处理结果有利害关系的，可以申请作为第三人参加仲裁，或者由农村土地承包仲裁委员会通知其参加仲裁。

当事人、第三人可以委托代理人参加仲裁。

**第二十条** 申请农村土地承包经营纠纷仲裁应当符合下列条件：

（一）申请人与纠纷有直接的利害关系；

（二）有明确的被申请人；

（三）有具体的仲裁请求和事实、理由；

（四）属于农村土地承包仲裁委员会的受理范围。

**第二十一条** 当事人申请仲裁，应当向纠纷涉及的土地所在地的农村土地承包仲裁委员会递交仲裁申请书。仲裁申请书可以邮寄或者委托他人代交。仲裁申请书应当载明申请人和被申请人的基本情况，仲裁请求和所根据的事实、理由，并提供相应的证据和证据来源。

书面申请确有困难的，可以口头申请，由农村土地承包仲裁委员会记入笔录，经申请人核实后由其签名、盖章或者按指印。

第二十二条　农村土地承包仲裁委员会应当对仲裁申请予以审查，认为符合本法第二十条规定的，应当受理。有下列情形之一的，不予受理；已受理的，终止仲裁程序：

（一）不符合申请条件；

（二）人民法院已受理该纠纷；

（三）法律规定该纠纷应当由其他机构处理；

（四）对该纠纷已有生效的判决、裁定、仲裁裁决、行政处理决定等。

第二十三条　农村土地承包仲裁委员会决定受理的，应当自收到仲裁申请之日起五个工作日内，将受理通知书、仲裁规则和仲裁员名册送达申请人；决定不予受理或者终止仲裁程序的，应当自收到仲裁申请或者发现终止仲裁程序情形之日起五个工作日内书面通知申请人，并说明理由。

第二十四条　农村土地承包仲裁委员会应当自受理仲裁申请之日起五个工作日内，将受理通知书、仲裁申请书副本、仲裁规则和仲裁员名册送达被申请人。

第二十五条　被申请人应当自收到仲裁申请书副本之日起十日内向农村土地承包仲裁委员会提交答辩书；书面答辩确有困难的，可以口头答辩，由农村土地承包仲裁委员会记入笔录，经被申请人核实后由其签名、盖章或者按指印。农村土地承包仲裁委员会应当自收到答辩书之日起五个工作日内将答辩书副本送达申请人。被申请人未答辩的，不影响仲裁程序的进行。

第二十六条　一方当事人因另一方当事人的行为或者其他原因，可能使裁决不能执行或者难以执行的，可以申请财产保全。

当事人申请财产保全的，农村土地承包仲裁委员会应当将当事人的申请提交被申请人住所地或者财产所在地的基层人民法院。

申请有错误的，申请人应当赔偿被申请人因财产保全所遭受的损失。

## 第三节　仲裁庭的组成

**第二十七条**　仲裁庭由三名仲裁员组成，首席仲裁员由当事人共同选定，其他二名仲裁员由当事人各自选定；当事人不能选定的，由农村土地承包仲裁委员会主任指定。

事实清楚、权利义务关系明确、争议不大的农村土地承包经营纠纷，经双方当事人同意，可以由一名仲裁员仲裁。仲裁员由当事人共同选定或者由农村土地承包仲裁委员会主任指定。

农村土地承包仲裁委员会应当自仲裁庭组成之日起二个工作日内将仲裁庭组成情况通知当事人。

**第二十八条**　仲裁员有下列情形之一的，必须回避，当事人也有权以口头或者书面方式申请其回避：

（一）是本案当事人或者当事人、代理人的近亲属；

（二）与本案有利害关系；

（三）与本案当事人、代理人有其他关系，可能影响公正仲裁；

（四）私自会见当事人、代理人，或者接受当事人、代理人的请客送礼。

当事人提出回避申请，应当说明理由，在首次开庭前提出。回避事由在首次开庭后知道的，可以在最后一次开庭终结前提出。

**第二十九条**　农村土地承包仲裁委员会对回避申请应当及时作出决定，以口头或者书面方式通知当事人，并说明理由。

仲裁员是否回避，由农村土地承包仲裁委员会主任决定；农村土地承包仲裁委员会主任担任仲裁员时，由农村土地承包仲裁委员会集体决定。

仲裁员因回避或者其他原因不能履行职责的，应当依照本法规定重新选定或者指定仲裁员。

## 第四节　开庭和裁决

**第三十条**　农村土地承包经营纠纷仲裁应当开庭进行。

开庭可以在纠纷涉及的土地所在地的乡（镇）或者村进行，也可以在农村土地承包仲裁委员会所在地进行。当事人双方要求在乡（镇）或者村开庭的，应当在该乡（镇）或者村开庭。

开庭应当公开，但涉及国家秘密、商业秘密和个人隐私以及当事人约定不公开的除外。

**第三十一条**　仲裁庭应当在开庭五个工作日前将开庭的时间、地点通知当事人和其他仲裁参与人。

当事人有正当理由的，可以向仲裁庭请求变更开庭的时间、地点。是否变更，由仲裁庭决定。

**第三十二条**　当事人申请仲裁后，可以自行和解。达成和解协议的，可以请求仲裁庭根据和解协议作出裁决书，也可以撤回仲裁申请。

**第三十三条**　申请人可以放弃或者变更仲裁请求。被申请人可以承认或者反驳仲裁请求，有权提出反请求。

**第三十四条**　仲裁庭作出裁决前，申请人撤回仲裁申请的，除被申请人提出反请求的外，仲裁庭应当终止仲裁。

**第三十五条**　申请人经书面通知，无正当理由不到庭或者未经仲裁庭许可中途退庭的，可以视为撤回仲裁申请。

被申请人经书面通知，无正当理由不到庭或者未经仲裁庭许可中途退庭的，可以缺席裁决。

**第三十六条**　当事人在开庭过程中有权发表意见、陈述事实和理由、提供证据、进行质证和辩论。对不通晓当地通用语言文字的当事人，农村土地承包仲裁委员会应当为其提供翻译。

**第三十七条**　当事人应当对自己的主张提供证据。与纠纷有关的证据由作为当事人一方的发包方等掌握管理的，该当事人应当在仲裁庭指定的期限内提供，逾期不提供的，应当承担不利后果。

**第三十八条**　仲裁庭认为有必要收集的证据，可以自行收集。

**第三十九条**　仲裁庭对专门性问题认为需要鉴定的，可以交由当事人约定的鉴定机构鉴定；当事人没有约定的，由仲裁庭指定的鉴定机构鉴定。

根据当事人的请求或者仲裁庭的要求，鉴定机构应当派鉴定人参加开庭。当事人经仲裁庭许可，可以向鉴定人提问。

**第四十条**　证据应当在开庭时出示，但涉及国家秘密、商业秘密和个人隐私的证据不得在公开开庭时出示。

仲裁庭应当依照仲裁规则的规定开庭，给予双方当事人平等陈述、辩论的机会，并组织当事人进行质证。

经仲裁庭查证属实的证据，应当作为认定事实的根据。

**第四十一条**　在证据可能灭失或者以后难以取得的情况下，当事人可以申请证据保全。当事人申请证据保全的，农村土地承包仲裁委员会应当将当事人的申请提交证据所在地的基层人民法院。

第四十二条 对权利义务关系明确的纠纷，经当事人申请，仲裁庭可以先行裁定维持现状、恢复农业生产以及停止取土、占地等行为。

一方当事人不履行先行裁定的，另一方当事人可以向人民法院申请执行，但应当提供相应的担保。

第四十三条 仲裁庭应当将开庭情况记入笔录，由仲裁员、记录人员、当事人和其他仲裁参与人签名、盖章或者按指印。

当事人和其他仲裁参与人认为对自己陈述的记录有遗漏或者差错的，有权申请补正。如果不予补正，应当记录该申请。

第四十四条 仲裁庭应当根据认定的事实和法律以及国家政策作出裁决并制作裁决书。

裁决应当按照多数仲裁员的意见作出，少数仲裁员的不同意见可以记入笔录。仲裁庭不能形成多数意见时，裁决应当按照首席仲裁员的意见作出。

第四十五条 裁决书应当写明仲裁请求、争议事实、裁决理由、裁决结果、裁决日期以及当事人不服仲裁裁决的起诉权利、期限，由仲裁员签名，加盖农村土地承包仲裁委员会印章。

农村土地承包仲裁委员会应当在裁决作出之日起三个工作日内将裁决书送达当事人，并告知当事人不服仲裁裁决的起诉权利、期限。

第四十六条 仲裁庭依法独立履行职责，不受行政机关、社会团体和个人的干涉。

第四十七条 仲裁农村土地承包经营纠纷，应当自受理仲裁申请之日起六十日内结束；案情复杂需要延长的，经农村土地承包仲裁委员会主任批准可以延长，并书面通知当事人，但延长期限不得超过三十日。

第四十八条 当事人不服仲裁裁决的，可以自收到裁决书之日起三十日内向人民法院起诉。逾期不起诉的，裁决书即发生法律效力。

第四十九条 当事人对发生法律效力的调解书、裁决书，应当依照规定的期限履行。一方当事人逾期不履行的，另一方当事人可以向被申请人住所地或者财产所在地的基层人民法院申请执行。受理申请的人民法院应当依法执行。

## 第四章　附则

**第五十条**　本法所称农村土地，是指农民集体所有和国家所有依法由农民集体使用的耕地、林地、草地，以及其他依法用于农业的土地。

**第五十一条**　农村土地承包经营纠纷仲裁规则和农村土地承包仲裁委员会示范章程，由国务院农业、林业行政主管部门依照本法规定共同制定。

**第五十二条**　农村土地承包经营纠纷仲裁不得向当事人收取费用，仲裁工作经费纳入财政预算予以保障。

**第五十三条**　本法自 2010 年 1 月 1 日起施行。

# 8. 闲置土地处置办法

（国土资源部令 2012 年 7 月 1 日施行）

## 第一章　总则

**第一条**　为有效处置和充分利用闲置土地，规范土地市场行为，促进节约集约用地，根据《中华人民共和国土地管理法》、《中华人民共和国城市房地产管理法》及有关法律、行政法规，制定本办法。

**第二条**　本办法所称闲置土地，是指国有建设用地使用权人超过国有建设用地使用权有偿使用合同或者划拨决定书约定、规定的动工开发日期满一年未动工开发的国有建设用地。

已动工开发但开发建设用地面积占应动工开发建设用地总面积不足三分之一或者已投资额占总投资额不足百分之二十五，中止开发建设满一年的国有建设用地，也可以认定为闲置土地。

**第三条**　闲置土地处置应当符合土地利用总体规划和城乡规划，遵循依法依规、促进利用、保障权益、信息公开的原则。

**第四条**　市、县国土资源主管部门负责本行政区域内闲置土地的调查认定和处置工作的组织实施。

上级国土资源主管部门对下级国土资源主管部门调查认定和处置闲置土地工作进行监督管理。

## 第二章  调查和认定

**第五条**  市、县国土资源主管部门发现有涉嫌构成本办法第二条规定的闲置土地的，应当在三十日内开展调查核实，向国有建设用地使用权人发出《闲置土地调查通知书》。

国有建设用地使用权人应当在接到《闲置土地调查通知书》之日起三十日内，按照要求提供土地开发利用情况、闲置原因以及相关说明等材料。

**第六条**  《闲置土地调查通知书》应当包括下列内容：

（一）国有建设用地使用权人的姓名或者名称、地址；

（二）涉嫌闲置土地的基本情况；

（三）涉嫌闲置土地的事实和依据；

（四）调查的主要内容及提交材料的期限；

（五）国有建设用地使用权人的权利和义务；

（六）其他需要调查的事项。

**第七条**  市、县国土资源主管部门履行闲置土地调查职责，可以采取下列措施：

（一）询问当事人及其他证人；

（二）现场勘测、拍照、摄像；

（三）查阅、复制与被调查人有关的土地资料；

（四）要求被调查人就有关土地权利及使用问题作出说明。

**第八条**  有下列情形之一，属于政府、政府有关部门的行为造成动工开发延迟的，国有建设用地使用权人应当向市、县国土资源主管部门提供土地闲置原因说明材料，经审核属实的，依照本办法第十二条和第十三条规定处置：

（一）因未按照国有建设用地使用权有偿使用合同或者划拨决定书约定、规定的期限、条件将土地交付给国有建设用地使用权人，致使项目不具备动工开发条件的；

（二）因土地利用总体规划、城乡规划依法修改，造成国有建设用地使用权人不能按照国有建设用地使用权有偿使用合同或者划拨决定书约定、规定的用途、规划和建设条件开发的；

（三）因国家出台相关政策，需要对约定、规定的规划和建设条件进行修改的；

（四）因处置土地上相关群众信访事项等无法动工开发的；

（五）因军事管制、文物保护等无法动工开发的；

（六）政府、政府有关部门的其他行为。

因自然灾害等不可抗力导致土地闲置的，依照前款规定办理。

**第九条**　经调查核实，符合本办法第二条规定条件，构成闲置土地的，市、县国土资源主管部门应当向国有建设用地使用权人下达《闲置土地认定书》。

**第十条**　《闲置土地认定书》应当载明下列事项：

（一）国有建设用地使用权人的姓名或者名称、地址；

（二）闲置土地的基本情况；

（三）认定土地闲置的事实、依据；

（四）闲置原因及认定结论；

（五）其他需要说明的事项。

**第十一条**　《闲置土地认定书》下达后，市、县国土资源主管部门应当通过门户网站等形式向社会公开闲置土地的位置、国有建设用地使用权人名称、闲置时间等信息；属于政府或者政府有关部门的行为导致土地闲置的，应当同时公开闲置原因，并书面告知有关政府或者政府部门。

上级国土资源主管部门应当及时汇总下级国土资源主管部门上报的闲置土地信息，并在门户网站上公开。

闲置土地在没有处置完毕前，相关信息应当长期公开。闲置土地处置完毕后，应当及时撤销相关信息。

## 第三章　处置和利用

**第十二条**　因本办法第八条规定情形造成土地闲置的，市、县国土资源主管部门应当与国有建设用地使用权人协商，选择下列方式处置：

（一）延长动工开发期限。签订补充协议，重新约定动工开发、竣工期限和违约责任。从补充协议约定的动工开发日期起，延长动工开发期限最长不得超过一年；

（二）调整土地用途、规划条件。按照新用途或者新规划条件重新办理相关用地手续，并按照新用途或者新规划条件核算、收缴或者退还土地价款。改变用途后的土地利用必须符合土地利用总体规划和城乡规划；

（三）由政府安排临时使用。待原项目具备开发建设条件，国有建设用地使用权人重新开发建设。从安排临时使用之日起，临时使用期限最长不得超过两年；

（四）协议有偿收回国有建设用地使用权；

（五）置换土地。对已缴清土地价款、落实项目资金，且因规划依法修改造成闲置的，可以为国有建设用地使用权人置换其他价值相当、用途相同的国有建设用地进行开发建设。涉及出让土地的，应当重新签订土地出让合同，并在合同中注明为置换土地；

（六）市、县国土资源主管部门还可以根据实际情况规定其他处置方式。

除前款第四项规定外，动工开发时间按照新约定、规定的时间重新起算。

符合本办法第二条第二款规定情形的闲置土地，依照本条规定的方式处置。

**第十三条** 市、县国土资源主管部门与国有建设用地使用权人协商一致后，应当拟订闲置土地处置方案，报本级人民政府批准后实施。

闲置土地设有抵押权的，市、县国土资源主管部门在拟订闲置土地处置方案时，应当书面通知相关抵押权人。

**第十四条** 除本办法第八条规定情形外，闲置土地按照下列方式处理：

（一）未动工开发满一年的，由市、县国土资源主管部门报经本级人民政府批准后，向国有建设用地使用权人下达《征缴土地闲置费决定书》，按照土地出让或者划拨价款的百分之二十征缴土地闲置费。土地闲置费不得列入生产成本；

（二）未动工开发满两年的，由市、县国土资源主管部门按照《中华人民共和国土地管理法》第三十七条和《中华人民共和国城市房地产管理法》第二十六条的规定，报经有批准权的人民政府批准后，向国有建设用地使用权人下达《收回国有建设用地使用权决定书》，无偿收回国有建设用地使用权。闲置土地设有抵押权的，同时抄送相关土地抵押权人。

**第十五条** 市、县国土资源主管部门在依照本办法第十四条规定作出征缴土地闲置费、收回国有建设用地使用权决定前，应当书面告知国有建设用地使用权人有申请听证的权利。国有建设用地使用权人要求举行听证

的，市、县国土资源主管部门应当依照《国土资源听证规定》依法组织
听证。

**第十六条**　《征缴土地闲置费决定书》和《收回国有建设用地使用
权决定书》应当包括下列内容：

（一）国有建设用地使用权人的姓名或者名称、地址；

（二）违反法律、法规或者规章的事实和证据；

（三）决定的种类和依据；

（四）决定的履行方式和期限；

（五）申请行政复议或者提起行政诉讼的途径和期限；

（六）作出决定的行政机关名称和作出决定的日期；

（七）其他需要说明的事项。

**第十七条**　国有建设用地使用权人应当自《征缴土地闲置费决定书》
送达之日起三十日内，按照规定缴纳土地闲置费；自《收回国有建设用
地使用权决定书》送达之日起三十日内，到市、县国土资源主管部门办
理国有建设用地使用权注销登记，交回土地权利证书。

国有建设用地使用权人对《征缴土地闲置费决定书》和《收回国有
建设用地使用权决定书》不服的，可以依法申请行政复议或者提起行政
诉讼。

**第十八条**　国有建设用地使用权人逾期不申请行政复议、不提起行政
诉讼，也不履行相关义务的，市、县国土资源主管部门可以采取下列
措施：

（一）逾期不办理国有建设用地使用权注销登记，不交回土地权利证
书的，直接公告注销国有建设用地使用权登记和土地权利证书；

（二）申请人民法院强制执行。

**第十九条**　对依法收回的闲置土地，市、县国土资源主管部门可以采
取下列方式利用：

（一）依据国家土地供应政策，确定新的国有建设用地使用权人开发
利用；

（二）纳入政府土地储备；

（三）对耕作条件未被破坏且近期无法安排建设项目的，由市、县国
土资源主管部门委托有关农村集体经济组织、单位或者个人组织恢复
耕种。

**第二十条** 闲置土地依法处置后土地权属和土地用途发生变化的，应当依据实地现状在当年土地变更调查中进行变更，并依照有关规定办理土地变更登记。

## 第四章 预防和监管

**第二十一条** 市、县国土资源主管部门供应土地应当符合下列要求，防止因政府、政府有关部门的行为造成土地闲置：

（一）土地权利清晰；

（二）安置补偿落实到位；

（三）没有法律经济纠纷；

（四）地块位置、使用性质、容积率等规划条件明确；

（五）具备动工开发所必需的其他基本条件。

**第二十二条** 国有建设用地使用权有偿使用合同或者划拨决定书应当就项目动工开发、竣工时间和违约责任等作出明确约定、规定。约定、规定动工开发时间应当综合考虑办理动工开发所需相关手续的时限规定和实际情况，为动工开发预留合理时间。

因特殊情况，未约定、规定动工开发日期，或者约定、规定不明确的，以实际交付土地之日起一年为动工开发日期。实际交付土地日期以交地确认书确定的时间为准。

**第二十三条** 国有建设用地使用权人应当在项目开发建设期间，及时向市、县国土资源主管部门报告项目动工开发、开发进度、竣工等情况。

国有建设用地使用权人应当在施工现场设立建设项目公示牌，公布建设用地使用权人、建设单位、项目动工开发、竣工时间和土地开发利用标准等。

**第二十四条** 国有建设用地使用权人违反法律法规规定和合同约定、划拨决定书规定恶意囤地、炒地的，依照本办法规定处理完毕前，市、县国土资源主管部门不得受理该国有建设用地使用权人新的用地申请，不得办理被认定为闲置土地的转让、出租、抵押和变更登记。

**第二十五条** 市、县国土资源主管部门应当将本行政区域内的闲置土地信息按宗录入土地市场动态监测与监管系统备案。闲置土地按照规定处置完毕后，市、县国土资源主管部门应当及时更新该宗土地相关信息。

闲置土地未按照规定备案的，不得采取本办法第十二条规定的方式处置。

**第二十六条**　市、县国土资源主管部门应当将国有建设用地使用权人闲置土地的信息抄送金融监管等部门。

**第二十七条**　省级以上国土资源主管部门可以根据情况，对闲置土地情况严重的地区，在土地利用总体规划、土地利用年度计划、建设用地审批、土地供应等方面采取限制新增加建设用地、促进闲置土地开发利用的措施。

## 第五章　法律责任

**第二十八条**　市、县国土资源主管部门未按照国有建设用地使用权有偿使用合同或者划拨决定书约定、规定的期限、条件将土地交付给国有建设用地使用权人，致使项目不具备动工开发条件的，应当依法承担违约责任。

**第二十九条**　县级以上国土资源主管部门及其工作人员违反本办法规定，有下列情形之一的，依法给予处分；构成犯罪的，依法追究刑事责任：

（一）违反本办法第二十一条的规定供应土地的；

（二）违反本办法第二十四条的规定受理用地申请和办理土地登记的；

（三）违反本办法第二十五条的规定处置闲置土地的；

（四）不依法履行闲置土地监督检查职责，在闲置土地调查、认定和处置工作中徇私舞弊、滥用职权、玩忽职守的。

## 第六章　附则

**第三十条**　本办法中下列用语的含义：

动工开发：依法取得施工许可证后，需挖深基坑的项目，基坑开挖完毕；使用桩基的项目，打入所有基础桩；其他项目，地基施工完成三分之一。

已投资额、总投资额：均不含国有建设用地使用权出让价款、划拨价款和向国家缴纳的相关税费。

**第三十一条**　集体所有建设用地闲置的调查、认定和处置，参照本办法有关规定执行。

**第三十二条**　本办法自 2012 年 7 月 1 日起施行。

# 9. 节约集约利用土地规定

（2014 年 3 月 27 日国土资源部第 1 次部务会议通过，
国土资源部令 2014 年 5 月 22 日发布）

## 第一章　总则

**第一条**　为贯彻十分珍惜、合理利用土地和切实保护耕地的基本国策，落实最严格的耕地保护制度和最严格的节约集约用地制度，提升土地资源对经济社会发展的承载能力，促进生态文明建设，根据《中华人民共和国土地管理法》和《国务院关于促进节约集约用地的通知》，制定本规定。

**第二条**　本规定所称节约集约利用土地，是指通过规模引导、布局优化、标准控制、市场配置、盘活利用等手段，达到节约土地、减量用地、提升用地强度、促进低效废弃地再利用、优化土地利用结构和布局、提高土地利用效率的各项行为与活动。

**第三条**　土地管理和利用应当遵循下列原则：

（一）坚持节约优先的原则，各项建设少占地、不占或者少占耕地，珍惜和合理利用每一寸土地；

（二）坚持合理使用的原则，盘活存量土地资源，构建符合资源国情的城乡土地利用新格局；

（三）坚持市场配置的原则，妥善处理好政府与市场的关系，充分发挥市场在土地资源配置中的决定性作用；

（四）坚持改革创新的原则，探索土地管理新机制，创新节约集约用地新模式。

**第四条**　县级以上地方国土资源主管部门应当加强与发展改革、财政、城乡规划、环境保护等部门的沟通协调，将土地节约集约利用的目标和政策措施纳入地方经济社会发展总体框架、相关规划和考核评价体系。

**第五条**　国土资源主管部门应当建立节约集约用地制度，开展节约集约用地活动，组织制定节地标准体系和相关标准规范，探索节约集约用地新机制，鼓励采用节约集约用地新技术和新模式，促进土地利用效率的提高。

　　**第六条**　在节约集约用地方面成效显著的市、县人民政府，由国土资源部按照有关规定给予表彰和奖励。

## 第二章　规模引导

　　**第七条**　国家通过土地利用总体规划，确定建设用地的规模、布局、结构和时序安排，对建设用地实行总量控制。

　　土地利用总体规划确定的约束性指标和分区管制规定不得突破。

　　下级土地利用总体规划不得突破上级土地利用总体规划确定的约束性指标。

　　**第八条**　土地利用总体规划对各区域、各行业发展用地规模和布局具有统筹作用。

　　产业发展、城乡建设、基础设施布局、生态环境建设等相关规划，应当与土地利用总体规划相衔接，所确定的建设用地规模和布局必须符合土地利用总体规划的安排。

　　相关规划超出土地利用总体规划确定的建设用地规模的，应当及时调整或者修改，核减用地规模，调整用地布局。

　　**第九条**　国土资源主管部门应当通过规划、计划、用地标准、市场引导等手段，有效控制特大城市新增建设用地规模，适度增加集约用地程度高、发展潜力大的地区和中小城市、县城建设用地供给，合理保障民生用地需求。

## 第三章　布局优化

　　**第十条**　城乡土地利用应当体现布局优化的原则。引导工业向开发区集中、人口向城镇集中、住宅向社区集中，推动农村人口向中心村、中心镇集聚，产业向功能区集中，耕地向适度规模经营集中。

　　禁止在土地利用总体规划和城乡规划确定的城镇建设用地范围之外设立各类城市新区、开发区和工业园区。

　　鼓励线性基础设施并线规划和建设，促进集约布局和节约用地。

　　**第十一条**　国土资源主管部门应当在土地利用总体规划中划定城市开发边界和禁止建设的边界，实行建设用地空间管制。

　　城市建设用地应当因地制宜采取组团式、串联式、卫星城式布局，避免占用优质耕地。

**第十二条** 市、县国土资源主管部门应当加强与城乡规划主管部门的协商，促进现有城镇用地内部结构调整优化，控制生产用地，保障生活用地，提高生态用地的比例，加大城镇建设使用存量用地的比例，促进城镇用地效率的提高。

**第十三条** 鼓励建设项目用地优化设计、分层布局，鼓励充分利用地上、地下空间。

建设用地使用权在地上、地下分层设立的，其取得方式和使用年期参照在地表设立的建设用地使用权的相关规定。

出让分层设立的建设用地使用权，应当根据当地基准地价和不动产实际交易情况，评估确定分层出让的建设用地最低价标准。

**第十四条** 促进整体设计、合理布局的建设项目用地节约集约开发。

对不同用途高度关联、需要整体规划建设、确实难以分割供应的综合用途建设项目用地，市、县国土资源主管部门可以按照一宗土地实行整体出让供应，综合确定出让底价。

综合用途建设项目用地供应，包含需要通过招标拍卖挂牌的方式出让的，整宗土地应当采用招标拍卖挂牌的方式出让。

## 第四章　标准控制

**第十五条** 国家实行建设项目用地标准控制制度。

国土资源部会同有关部门制定工程建设项目用地控制指标、工业项目建设用地控制指标、房地产开发用地宗地规模和容积率等建设项目用地控制标准。

地方国土资源主管部门可以根据本地实际，制定和实施更加节约集约的地方性建设项目用地控制标准。

**第十六条** 建设项目应当严格按照建设项目用地控制标准进行测算、设计和施工。

市、县国土资源主管部门应当加强对用地者和勘察设计单位落实建设项目用地控制标准的督促和指导。

**第十七条** 建设项目用地审查、供应和使用，应当符合建设项目用地控制标准和供地政策。

对违反建设项目用地控制标准和供地政策使用土地的，县级以上国土资源主管部门应当责令纠正，并依法予以处理。

**第十八条** 国家和地方尚未出台建设项目用地控制标准的建设项目，或者因安全生产、特殊工艺、地形地貌等原因，确实需要超标准建设的项目，县级以上国土资源主管部门应当组织开展建设项目用地评价，并将其作为建设用地供应的依据。

**第十九条** 国土资源部会同有关部门根据国家经济社会发展状况和宏观产业政策，制定《禁止用地项目目录》和《限制用地项目目录》，促进土地节约集约利用。

国土资源主管部门为限制用地的建设项目办理建设用地供应手续必须符合规定的条件；不得为禁止用地的建设项目办理建设用地供应手续。

## 第五章 市场配置

**第二十条** 各类有偿使用的土地供应应当充分贯彻市场配置的原则，通过运用土地租金和价格杠杆，促进土地节约集约利用。

**第二十一条** 国家扩大国有土地有偿使用范围，减少非公益性用地划拨。

除军事、保障性住房和涉及国家安全和公共秩序的特殊用地可以以划拨方式供应外，国家机关办公和交通、能源、水利等基础设施（产业）、城市基础设施以及各类社会事业用地中的经营性用地，实行有偿使用。

具体办法由国土资源部另行规定。

**第二十二条** 经营性用地应当以招标拍卖挂牌的方式确定土地使用者和土地价格。

各类有偿使用的土地供应不得低于国家规定的用地最低价标准。

禁止以土地换项目、先征后返、补贴、奖励等形式变相减免土地出让价款。

**第二十三条** 市、县国土资源主管部门可以采取先出租后出让、在法定最高年期内实行缩短出让年期等方式出让土地。

采取先出租后出让方式供应工业用地的，应当符合国土资源部规定的行业目录。

**第二十四条** 鼓励土地使用者在符合规划的前提下，通过厂房加层、厂区改造、内部用地整理等途径提高土地利用率。

在符合规划、不改变用途的前提下，现有工业用地提高土地利用率和增加容积率的，不再增收土地价款。

第二十五条　符合节约集约用地要求、属于国家鼓励产业的工业用地，可以实行差别化的地价政策。

分期建设的大中型工业项目，可以预留规划范围，根据建设进度，实行分期供地。

具体办法由国土资源部另行规定。

第二十六条　市、县国土资源主管部门供应工业用地，应当将工业项目投资强度、容积率、建筑系数、绿地率、非生产设施占地比例等控制性指标纳入土地使用条件。

第二十七条　市、县国土资源主管部门在有偿供应各类建设用地时，应当在建设用地使用权出让、出租合同中明确节约集约用地的规定。

在供应住宅用地时，应当将最低容积率限制、单位土地面积的住房建设套数和住宅建设套型等规划条件写入建设用地使用权出让合同。

## 第六章　盘活利用

第二十八条　国家鼓励土地整治。县级以上地方国土资源主管部门应当会同有关部门，依据土地利用总体规划和土地整治规划，对田、水、路、林、村进行综合治理，对历史遗留的工矿等废弃地进行复垦利用，对城乡低效利用土地进行再开发，提高土地利用效率和效益，促进土地节约集约利用。

第二十九条　农用地整治应当促进耕地集中连片，增加有效耕地面积，提升耕地质量，改善生产条件和生态环境，优化用地结构和布局。

宜农未利用地开发，应当根据环境和资源承载能力，坚持有利于保护和改善生态环境的原则，因地制宜适度开展。

第三十条　高标准基本农田建设，应当严格控制田间基础设施占地规模，合理缩减田间基础设施占地率。

对基础设施占地率超过国家高标准基本农田建设相关标准规范要求的，县级以上地方国土资源主管部门不得通过项目验收。

第三十一条　县级以上地方国土资源主管部门可以依据国家有关规定，统筹开展农村建设用地整治、历史遗留工矿废弃地和自然灾害毁损土地的整治，提高建设用地利用效率和效益，改善人民群众生产生活条件和生态环境。

第三十二条　县级以上地方国土资源主管部门在本级人民政府的领导下，会同有关部门建立城镇低效用地再开发、废弃地再利用的激励机制，对布局散乱、利用粗放、用途不合理、闲置浪费等低效用地进行再开发，对因采矿损毁、交通改线、居民点搬迁、产业调整形成的废弃地实行复垦再利用，促进土地优化利用。

鼓励社会资金参与城镇低效用地、废弃地再开发和利用。鼓励土地使用者自行开发或者合作开发。

## 第七章　监督考评

第三十三条　县级以上国土资源主管部门应当加强土地市场动态监测与监管，对建设用地批准和供应后的开发情况实行全程监管，定期在门户网站上公布土地供应、合同履行、欠缴土地价款等情况，接受社会监督。

第三十四条　省级国土资源主管部门应当对本行政区域内的节约集约用地情况进行监督，在用地审批、土地供应和土地使用等环节加强用地准入条件、功能分区、用地规模、用地标准、投入产出强度等方面的检查，依据法律法规对浪费土地的行为和责任主体予以处理并公开通报。

第三十五条　县级以上国土资源主管部门应当组织开展本行政区域内的建设用地利用情况普查，全面掌握建设用地开发利用和投入产出情况、集约利用程度、潜力规模与空间分布等情况，并将其作为土地管理和节约集约用地评价的基础。

第三十六条　县级以上国土资源主管部门应当根据建设用地利用情况普查，组织开展区域、城市和开发区节约集约用地评价，并将评价结果向社会公开。

节约集约用地评价结果作为主管部门绩效管理和开发区升级、扩区、区位调整和退出的重要依据。

## 第八章　法律责任

第三十七条　县级以上国土资源主管部门及其工作人员违反本规定，有下列情形之一的，对有关责任人员依法给予处分；构成犯罪的，依法追究刑事责任：

（一）违反本规定第十七条规定，为不符合建设项目用地标准和供地政策的建设项目供地的；

（二）违反本规定第十九条规定，为禁止或者不符合限制用地条件的建设项目办理建设用地供应手续的；

（三）违反本规定第二十二条规定，低于国家规定的工业用地最低价标准供应工业用地的；

（四）违反本规定第三十条规定，通过高标准基本农田项目验收的；

（五）其他徇私舞弊、滥用职权和玩忽职守的行为。

## 第九章　附则

**第三十八条**　本规定自 2014 年 9 月 1 日起实施。

# 10. 重大土地问题实地核查办法

（国家土地总督察办公室通知　2009 年 6 月 12 日发布）

## 第一章　总则

**第一条**　为切实履行国家土地督察职责，规范对重大土地问题的实地核查工作，提高国家土地督察机构快速反应和应急处置能力，根据《国务院办公厅关于建立国家土地督察制度有关问题的通知》的有关规定，结合国家土地督察实践，制定本办法。

**第二条**　本办法所称重大土地问题，是指领导批示、媒体曝光、群众信访和通过其他途径反映的土地违规违法性质严重、社会影响恶劣的问题。

本办法所称实地核查，是指国家土地督察机构履行土地督察职责，依照规定的权限和程序，对督察区域发生的重大土地问题进行现场检查、核实，提出处理意见并向国家土地总督察、副总督察作出报告的行为。

**第三条**　国家土地督察机构开展重大土地问题实地核查时，应当遵循以下原则：

（一）依法独立行使土地督察职权，不受其他行政机关、社会团体和个人的干涉；

（二）实事求是，依法依规，客观公正；

（三）不改变、不取代地方人民政府及其国土资源行政主管部门查处土地违规违法行为的职权；

（四）快速反应，亲临现场，查清事实，正确处置，及时报告。

**第四条**　对重大土地问题开展实地核查，由有关派驻地方的国家土地督察局（以下简称国家土地督察局）独立组织实施；必要时，也可由国家土地总督察办公室协调组织实施。

**第五条**　国家土地督察局应当根据土地督察工作总体要求和实际工作需要，建立和完善重大土地问题快速反应机制和应急工作预案，科学预防和有效应对相关土地突发事件。

## 第二章　核查事项、内容和标准

**第六条**　国家土地督察局应当对督察区域内发生的下列重大土地问题开展实地核查：

（一）中央领导批示的土地问题；

（二）国家土地总督察、副总督察批示的土地问题；

（三）有重要影响的新闻媒体报道反映的土地问题；

（四）群众信访举报的影响较大、性质恶劣的土地问题；

（五）其他应当进行实地核查的土地问题。

**第七条**　国家土地督察局开展重大土地问题实地核查时，应当核实查明以下内容：

（一）基本事实和用地情况；

（二）是否有违反土地管理法律法规和政策规定的行为；

（三）违反土地管理法律法规和政策的性质和情节；

（四）有关责任主体应负的责任；

（五）其他需要核查的情况。

**第八条**　重大土地问题实地核查应当达到以下标准：

（一）及时、快速进入现场并采取有效措施，防止事态扩大和恶化；

（二）对问题及相关情况核查内容清楚，证据确凿，定性准确；

（三）处理问题的依据适用正确，意见恰当；

（四）报告反馈迅速。

## 第三章　核查实施

**第九条**　国家土地督察局在开展重大土地问题实地核查前，应及时启动应急工作预案，成立工作组，对问题进行登记，收集相关信息和卷宗、图件资料，确定核查时间、路线、内容和标准，做好相关准备工作。

**第十条** 重大土地问题实地核查形式可分为公开或者不公开两种，具体实施时应当根据实际情况选择采用。

**第十一条** 国家土地督察局采取公开形式进行实地核查的，可以通知有关地方人民政府或者国土资源等行政主管部门予以配合。

**第十二条** 执行重大土地问题实地核查任务时，国家土地督察机构工作人员不得少于两人，并且应当出示表明工作身份的证件或者文件。

**第十三条** 实地核查可以选择采用以下方式进行，同时填制《重大土地问题实地核查工作记录》。

（一）现场踏勘；

（二）拍摄取证；

（三）走访群众，约见当事人，并制作谈话记录；

（四）与地方人民政府及有关部门座谈；

（五）调阅卷宗，查阅、复制有关材料；

（六）其他有效方式。

**第十四条** 国家土地督察局在开展重大土地问题实地核查时，发现土地违规违法行为属实且仍处于继续状态的，应当协调、督促地方人民政府或者国土资源部门及时采取有效措施，制止土地违规违法行为。

对涉及土地管理的大型群体性或者突发性事件等重大紧急问题，应当现场协调、督促地方人民政府或者国土资源部门立即采取有效措施，防止事态扩大和恶化。

**第十五条** 国家土地督察局应在获得重大土地问题信息后24小时内迅速启动实地核查，对涉及土地管理的大型群体性或者突发性事件等重大紧急问题，应及时向国家土地总督察、副总督察报告工作进展，并在5个工作日内完成核查工作；对其他重大土地问题，应在10个工作日内完成核查工作。

特殊情况下，经请示国家土地总督察、副总督察同意，可适当延长工作时限。国家土地总督察、副总督察另有要求的，按要求时限完成。

## 第四章 核查报告

**第十六条** 重大土地问题实地核查结束后，国家土地督察局应及时向国家土地总督察、副总督察作出书面报告。书面报告应包含下列内容：

（一）问题来源及基本情况；

（二）核查组织开展情况及查明的事实；

（三）现场督察处置的事项及效果；

（四）对问题性质的界定及责任认定；

（五）处理意见和建议；

（六）下一步的工作打算。

**第十七条** 国家土地督察局应当及时跟踪督察重大土地问题的处理进展和后续工作，并向国家土地总督察、副总督察报告。

**第十八条** 重大土地问题实地核查结束后，国家土地督察局应当对《重大土地问题实地核查工作记录》、核查报告以及相关材料进行归档或者建立电子档案备查。

## 第五章 工作纪律和责任

**第十九条** 负责实地核查的人员应严格遵守保密纪律，妥善保管核查资料，不得随意泄露、扩散核查工作的内容和进展情况。未经审核同意，不得以个人或者单位名义就被核查重大土地问题的定性及处理发表意见。

**第二十条** 国家土地督察局开展重大土地问题实地核查工作中，不认真履行职责、监督检查不力，或者给督察工作造成不良影响的，应承担相应责任。

# 11. 关于加快推进农村集体土地确权登记发证工作的通知
（国土资源部、财政部、农业部 2011 年 5 月 6 日发布）

各省、自治区、直辖市国土资源厅（国土环境资源厅、国土资源局、国土资源和房屋管理局、规划和国土资源管理局）、财政厅（局）、农业（农牧、农村经济）厅（局、委、办），新疆生产建设兵团国土资源局、财务局、农业局：

为贯彻落实十七届三中全会精神和《中共中央国务院关于加大统筹城乡发展力度进一步夯实农业农村发展基础的若干意见》（中发［2010］1 号，以下简称中央 1 号文件）有关要求，切实加快推进农村集体土地确权登记发证工作，现将有关事项通知如下：

**一　充分认识加快农村集体土地确权登记发证的重要意义**

《土地管理法》实施以来，各地按照国家法律法规和政策积极开展土地登记工作，取得了显著的成绩，对推进土地市场建设，维护土地权利人合法权益，促进经济社会发展发挥了重要作用。但是，受当时条件的限制，农村集体土地确权登记发证工作总体滞后，有的地区登记发证率还很低，已颁证的农村集体土地所有权大部分只确权登记到行政村农民集体一级，没有确认到每一个具有所有权的农民集体，这与中央的要求和农村经济社会发展的现实需求不相适应。明晰集体土地财产权，加快推进农村集体土地确权登记发证工作任务十分紧迫繁重。

（一）加快推进农村集体土地确权登记发证工作是维护农民权益、促进农村社会和谐稳定的现实需要。通过农村集体土地确权登记发证，有效解决农村集体土地权属纠纷，化解农村社会矛盾，依法确认农民土地权利，强化农民特别是全社会的土地物权意识，有助于在城镇化、工业化和农业现代化推进过程中，切实维护农民权益。

（二）加快推进农村集体土地确权登记发证工作是落实最严格的耕地保护制度和节约用地制度、提高土地管理和利用水平的客观需要。土地确权登记发证的过程，是进一步查清宗地的权属、面积、用途、空间位置，建立土地登记簿的过程，也是摸清土地利用情况的过程，从而改变农村土地管理基础薄弱的状况，夯实管理和改革的基础，确认农民集体、农民与土地长期稳定的产权关系，将农民与土地物权紧密联系起来，可以进一步激发农民保护耕地、节约集约用地的积极性。

（三）加快推进农村集体土地确权登记发证工作是夯实农业农村发展基础、促进城乡统筹发展的迫切需要。加快农村集体土地确权登记发证，依法确认和保障农民的土地物权，进而通过深化改革，还权赋能，最终形成产权明晰、权能明确、权益保障、流转顺畅、分配合理的农村集体土地产权制度，是建设城乡统一的土地市场的前提，是促进农村经济社会发展、实现城乡统筹的动力源泉。

**二　切实加快农村集体土地确权登记发证工作，强化成果应用**

各地要认真落实中央1号文件精神，加快农村集体土地所有权、宅基地使用权、集体建设用地使用权等确权登记发证工作，力争到2012年底把全国范围内的农村集体土地所有权证确认到每个具有所有权的集体经济组织，做到农村集体土地确权登记发证全覆盖。要按照土地总登记模式，集中人员、时间和地点开展工作，坚持依法依规、便民高效、因地制宜、急需优先和全面覆盖的原则，注重解决难点问题。

（一）完善相关政策。认真总结在农村集体土地确权登记发证工作方面的经验，围绕地籍调查、土地确权、争议调处、登记发证工作中存在的问题，深入研究，创新办法，细化和完善加快农村集体土地确权登记发证的政策。严禁通过土地登记将违法违规用地合法化。

（二）加快地籍调查。地籍调查是土地登记发证的前提，各地要加快地籍调查，严格按照地籍调查有关规程规范的要求，开展农村集体土地所有权、宅基地使用权、集体建设用地使用权调查工作，查清农村每一宗土地的权属、界址、面积和用途等基本情况。有条件的地方要制作农村集体土地所有权地籍图，以大比例尺地籍调查为基础，制作农村集体土地使用权，特别是建设用地使用权、宅基地使用权地籍图。县级以上城镇以及有条件的一般建制镇、村庄，要建立地籍信息系统，将地籍调查成果上图入库，纳入规范化管理，在此基础上，开展土地总登记及初始登记和变更登记。建立地籍成果动态更新机制，以土地登记为切入点，动态更新地籍调查成果资料，保持调查成果的现势性，确保土地登记结果的准确性。

（三）加强争议调处。要及时调处土地权属争议，建立土地权属争议调处信息库，及时掌握集体土地所有权、宅基地使用权和集体建设用地使用权权属争议动态，有效化解争议，为确权创造条件。

（四）规范已有成果。结合全国土地登记规范化和土地权属争议调处检查工作，凡是农村集体土地所有权证没有确认到具有所有权的农民集体经济组织的，应当确认到具有所有权的农民集体经济组织；已经登记发证的宗地缺失档案资料以及不规范的，尽快补正完善；已经登记的宗地测量精度不够的，及时进行修补测量；对于发现登记错误的，及时予以更正。

（五）加强信息化建设。把农村集体土地确权登记发证同地籍信息化建设结合起来，在应用现代信息技术加快确权登记发证的同时，一并将地籍档案数字化，实现确权登记发证成果的信息化管理。建设全国土地登记信息动态监管查询系统，逐步实现土地登记资料网上实时更新，动态管理，建立共享机制，全面提高地籍管理水平，大幅度提高地籍工作的社会化服务程度。

（六）强化证书应用。实行凭证管地用地制度。土地权利证书要发放到权利人手中，严禁以统一保管等名义扣留、延缓发放土地权利证书。各地根据当地实际，可以要求凡被征收的农村集体所有土地，在办理征地手续之前，必须完成农村集体土地确权登记发证，在征地拆迁时，要依据农村集体土地所有证和农村集体土地使用证进行补偿；凡是依法进入市场流转的经营性集体建设用地使用权，必须经过确权登记，做到产权明晰、四至清楚、没有纠纷，没有经过确权登记的集体建设用地使用权一律禁止流转；农用地流转需与集体土地所有权确权登记工作做好衔接，确保承包地流转前后的集体所有性质不改变，土地用途不改变，农民土地承包权益不受损害；对新农村建设和农村建设用地整治涉及宅基地调整的，必须以确权登记发证为前提。

充分发挥农村土地确权登记发证工作成果在规划、耕保、利用、执法等国土资源管理各个环节的基础作用。农村集体土地登记发证与集体建设用地流转、城乡建设用地增减挂钩、农用地流转、土地征收等各项重点工作挂钩。凡是到 2012 年底未按时完成农村集体土地所有权登记发证工作的，农转用、土地征收审批暂停，农村土地整治项目不予立项。

三 加强组织领导，强化督促落实

（一）加强组织领导。国土资源部会同财政部、农业部成立全国加快推进农村集体土地确权登记发证工作领导小组，办公室设在国土资源部地籍管理司，由成员单位有关方面负责人、联络员及工作人员组成，具体负责推进农村集体土地确权登记发证的日常工作。省级人民政府国土资源部门要牵头成立相应的领导小组，负责本地区工作的组织和实施。市（县）政府是农村集体土地登记的法定主体，市（县）成立以政府领导为组长的工作领导小组，国土资源部门承担领导小组的日常工作，负责编制实施方案，分解任务，落实责任，明确进度，定期检查，抓好落实。农村集体土地所有权确权登记发证应当覆盖到本行政区内全部集体土地。

（二）周密部署安排。各省要抓紧摸清本地区集体土地确权登记发证现状，研究制定具体工作方案，明确年度工作目标和任务，加强人员培训，落实责任制，加快农村集体土地所有权、宅基地使用权、集体建设用地使用权等确权登记颁证工作，2012 年底基本完成把农村集体土地所有权证确认到每个具有所有权的农民集体经济组织的任务。

建立全国农村集体土地确权登记发证工作进度汇总统计分析和通报制度。请省级领导小组办公室于 2011 年 6 月底将本地区农村集体土地确权登记发证工作进展情况报办公室，此后按季度定期上报工作进度情况，并逐步建立网上动态上报机制，办公室将采取多种方式加强督促检查。

（三）切实保障经费。相关地方政府要按照中央 1 号文件要求，统筹安排，将农村集体土地确权登记发证有关工作经费足额纳入财政预算，保障工作开展。

（四）加强土地登记代理机构队伍建设。借助土地登记代理机构等专业力量，提高确权登记发证的效率和规范化程度。

（五）宣传动员群众。各地要通过报纸、电视、广播、网络等媒体，大力宣传农村集体土地确权登记发证的重要意义、工作目标和法律政策，创造良好的舆论环境和工作氛围。争取广大农民群众和社会各界的理解支持，充分发挥农村基层组织在登记申报、土地确权、纠纷调处等工作中的重要作用，调动广大农民群众参与的积极性。国土资源部将适时召开加快推进农村集体土地确权登记发证工作现场会，总结、推广、宣传典型经验，为全国提供示范典型。

国土资源部　财政部　农业部
二〇一一年五月六日

## 12. 《国家粮食安全中长期规划纲要 (2008—2020 年)》
（国家发展和改革委员会 2008 年 11 月 13 日发布）

## 前　言

粮食安全始终是关系我国国民经济发展、社会稳定和国家自立的全局性重大战略问题。保障我国粮食安全，对实现全面建设小康社会的目标、构建社会主义和谐社会和推进社会主义新农村建设具有十分重要的意义。党中央、国务院始终高度重视粮食安全，把这项工作摆在突出的位置。当前我国粮食安全形势总体是好的，粮食综合生产能力稳步提高，食物供给日益丰富，供需基本平衡。但我国人口众多，对粮食的需求量大，粮食安全的基础比较脆弱。从今后发展趋势看，随着工业化、城镇化的发展以及人口增加和人民生活水平提高，粮食消费需求将呈刚性增长，而耕地减少、水资源短缺、气候变化等对粮食生产的约束日益突出。我国粮食的供需将长期处于紧平衡状态，保障粮食安全面临严峻挑战。

保障我国粮食安全，要以邓小平理论和"三个代表"重要思想为指导，全面落实科学发展观，按照全面建设小康社会、构建社会主义和谐社会和建设社会主义新农村的战略部署和总体要求，坚持立足于基本靠国内保障粮食供给，加大政策和投入支持力度，严格保护耕地，依靠科学技术进步，着力提高粮食综合生产能力、完善粮食流通体系、加强粮食宏观调控，构建适应社会主义市场经济发展要求和符合我国国情的粮食安全保障体系。

为切实保障我国中长期粮食安全，根据党的十七大精神和《国民经济和社会发展第十一个五年规划纲要》，特编制本纲要。纲要在总结近10年我国粮食安全取得的主要成就和分析今后一个时期面临挑战的基础上，提出了2008年至2020年保障我国粮食安全的指导思想、目标和主要任务及相应政策措施，是今后一个时期我国粮食宏观调控工作的重要依据。

本纲要中的粮食，主要指谷物（包括小麦、稻谷、玉米等）、豆类和薯类；食物，指粮食、食用植物油、肉、禽、蛋、奶及水产品。规划期为2008—2020年。

**一 我国粮食安全取得的成就**

新中国成立以来，党中央、国务院高度重视粮食安全问题，始终把农业放在发展国民经济的首位，千方百计促进粮食生产，较好地解决了人民吃饭问题，取得了举世公认的成就，为世界粮食安全做出了巨大贡献。特别是近年来，在工业化和城镇化进程加快、耕地面积逐年减少、居民消费水平日益提高的情况下，实现了粮食产量的稳定增长，保证了居民食物消费和经济社会发展对粮食的基本需求。近10年来，我国粮食自给率基本保持在95%以上。2007年我国粮食总产量5016亿公斤，人均占有量380公斤，人均消费量388公斤。居民膳食结构不断改善，食物消费日趋多样，口粮消费逐步减少，肉、禽、蛋、奶、水产品及食用植物油等消费逐步增加，营养水平不断提高。据联合国粮农组织测算，2002年我国居民人均每日食物热值、蛋白质和脂肪含量已超过世界平均水平。

（一）粮食综合生产能力保持基本稳定

20世纪90年代以来，我国农业生产迈上了新台阶，粮食进入供求基本平衡、丰年有余的新阶段，食物供给水平不断提高。1996年粮食播种面积达到 16.9 亿亩，产量突破 5000 亿公斤，其中谷物超过 4500 亿公斤。"九五"期间，粮食产量基本保持在 5000 亿公斤水平。1998 年以后，由于连年丰收，库存逐年增加，市场粮价下跌，加之调整农业生产结构，粮食播种面积逐年减少。2003 年粮食播种面积降至 14.9 亿亩，比 1998 年减少 2.16 亿亩；粮食产量由 1998 年 5123 亿公斤降至 4307 亿公斤，减产 816 亿公斤，主要是稻谷、小麦和玉米等谷物减产。2004 年以来，党中央、国务院采取保护耕地、按最低收购价托市收购粮食、减免税收、建立直接补贴制度、加大投入等一系列政策措施，调动了农民种粮积极性，粮食生产实现恢复性增长。2007 年，粮食播种面积恢复到 15.86 亿亩，比 2003 年增加 0.96 亿亩；产量达到 5016 亿公斤，比 2003 年增产 709 亿公斤。其中，谷物面积 12.9 亿亩，增加 1.36 亿亩；产量 4563 亿公斤，增产 820 亿公斤。

农业生产条件逐步改善，粮食综合生产能力稳步提高。1996—2006 年，全国新增有效灌溉面积近 1 亿亩，新增节水灌溉面积近 1.5 亿亩，全国耕种收综合机械化水平提高 4.6 个百分点，农业科技进步贡献率提高 13 个百分点，良种覆盖率达到 95% 以上。粮食单产水平显著提高，2007 年全国粮食平均亩产 316.2 公斤，其中谷物亩产 355 公斤，创历史最高水平。粮食品质结构不断优化，优质小麦、水稻种植比重分别达到 55% 和 69%。

在保证粮食生产稳步发展的基础上，其他食物供给日益丰富。与 1995 年相比，2007 年肉类产品人均占有量 52 公斤，增加 8.5 公斤，其中牛羊肉所占比重提高 3 个百分点；禽蛋人均占有量 19 公斤，增加 5.2 公斤；牛奶人均占有量 26.7 公斤，增加近 22 公斤；水产品人均占有量 36 公斤，增加 16 公斤左右。

（二）粮食流通体制改革取得重大突破

1998 年以来，根据建立社会主义市场经济体制的要求，国家积极稳妥地推进以市场化为取向的粮食流通体制改革。以市场供求为基础的粮食价格形成机制逐步建立，粮食收购市场和收购价格全面放开，市场机制配置粮食资源的基础性作用得到充分发挥。统一开放、竞争有序的粮食市场体系初步形成，现货交易进一步活跃，期货交易稳步发展。国有粮食企业全面推向市场，"老人、老粮、老账"历史包袱基本解决，在粮食收购中继续发挥主渠道作用。粮食市场主体趋向多元化，规模化、组织化程度有所提高，市场竞争能力增强。

（三）粮食安全政策支持体系初步建立

公布实施土地管理法、农村土地承包法和基本农田保护条例，建立了最严格的耕地保护制度。取消农业四税（农业税、除烟叶外农业特产税、牧业税和屠宰税），实行粮食直补、良种补贴、农机具购置补贴和农资综合直补等政策，初步建立了发展粮食生产专项补贴机制和对农民收入补贴机制。对稻谷、小麦实施最低收购价政策，完善了对种粮农民的保护机制，市场粮价基本稳定。调整国民收入分配结构，加大对农业投入倾斜力度，初步建立了稳定的农业和粮食生产投入增长机制。调整中央财政对粮食风险基金的补助比例，实施对产粮大县奖励政策，加大对粮食主产区的转移支付力度。

（四）粮食宏观调控体系逐步完善

完善粮食省长负责制，进一步强化省级人民政府在粮食生产和流通方面的责任。完善中央和地方粮食储备体制，确立粮食经营企业最低库存制度，增强了国家对粮食市场的调控能力。加强粮食进出口品种调剂，促进了粮食供需总量平衡。粮食产销区合作关系得到发展。国家粮食应急保障机制初步建立。公布施行粮食流通管理条例和中央储备粮管理条例，依法管粮取得重要进展。粮食仓储和物流设施条件有所改善，从 1998 年至 2003 年，利用国债资金建设国家储备粮新增库容 527 亿公斤，粮食物流"四散化"（散装、散卸、散存、散运）变革开始起步。

二　我国粮食安全面临的挑战

近年来，我国粮食生产发展和供需形势呈现出较好局面，为改革发展稳定全局奠定了重要基础。但是必须清醒地看到，农业仍然是国民经济的薄弱环节，随着工业化和城镇化的推进，我国粮食安全面临的形势出现了一些新情况和新问题：粮食生产逐步恢复，但继续稳定增产的难度加大；粮食供求将长期处于紧平衡状态；农产品进出口贸易出现逆差，大豆和棉花进口量逐年扩大；主要农副产品价格大幅上涨，成为经济发展中的突出问题。从中长期发展趋势看，受人口、耕地、水资源、气候、能源、国际市场等因素变化影响，上述趋势难以逆转，我国粮食和食物安全将面临严峻挑战。

（一）消费需求呈刚性增长

粮食需求总量继续增长。据预测，到 2010 年我国居民人均粮食消费量为389公斤，粮食需求总量达到5250亿公斤；到2020年人均粮食消费量为395公斤，需求总量5725亿公斤。

粮食消费结构升级。口粮消费减少，据预测，到2010年我国居民口粮消费总量2585亿公斤，占粮食消费需求总量的49%。到2020年口粮消费总量2475亿公斤，占粮食消费需求总量的43%。饲料用粮需求增加，据预测，到2010年饲料用粮需求总量为1870亿公斤，占粮食消费需求总量的36%；到2020年将达到2355亿公斤，占粮食消费需求总量的41%。工业用粮需求趋于平缓。

食用植物油消费继续增加。据预测，2010年我国居民人均食用植物油消费17.8公斤，消费需求总量2410万吨；2020年人均消费量20公斤，消费需求总量将达到2900万吨。

（二）耕地数量逐年减少

受农业结构调整、生态退耕、自然灾害损毁和非农建设占用等影响，耕地资源逐年减少。据调查，2007年全国耕地面积为18.26亿亩，比1996年减少1.25亿亩，年均减少1100万亩。目前，全国人均耕地面积1.38亩，约为世界平均水平的40%。受干旱、陡坡、瘠薄、洪涝、盐碱等多种因素影响，质量相对较差的中低产田约占2/3。土地沙化、土壤退化、"三废"污染等问题严重。随着工业化和城镇化进程的加快，耕地仍将继续减少，宜耕后备土地资源日趋匮乏，今后扩大粮食播种面积的空间极为有限。

（三）水资源短缺矛盾凸显

目前，我国人均占有水资源量约为2200立方米，不到世界平均水平的28%，每年农业生产缺水200多亿立方米，且水资源分布极不均衡，水土资源很不匹配。我国北方地区水资源短缺矛盾更加突出。东北和黄淮海地区粮食产量占全国的53%，商品粮占全国的66%，但黑龙江三江平原和华北平原很多地区超采地下水灌溉，三江平原近10年来地下水位平均下降2—3米，部分区域下降3—5米，华北平原已形成9万多平方公里的世界最大地下水开采漏斗区（包括浅层地下水和深层承压水）。此外，近年来我国自然灾害严重，不利气象因素较多，北方地区降水持续偏少，干旱化趋势严重。今后受全球气候变暖影响，我国旱涝灾害特别是干旱缺水状况呈加重趋势，可能会给农业生产带来诸多不利影响，将对我国中长期粮食安全构成极大威胁。

（四）供需区域性矛盾突出

粮食生产重心北移。2007 年 13 个粮食主产区产量占全国总产量的 75%。其中，河北、内蒙古、辽宁、吉林、黑龙江、山东、河南 7 个北方产区，粮食产量占全国的比重由 1991 年的 36.2% 提高到 2007 年的 43.5%。南方粮食生产总量下降。江苏、安徽、江西、湖北、湖南、四川 6 个南方产区，粮食产量占全国比重由 1991 年的 36% 下降到 2007 年的 31.6%。主销区粮食产需缺口逐年扩大。北京、天津、上海、浙江、福建、广东和海南 7 个主销区，粮食产量占全国的比重已由 1991 年的 12.2% 下降到 2007 年的 6.3%；产需缺口由 2003 年 485 亿公斤扩大到 2007 年 550 亿公斤左右。此外，西部部分地区生态环境较差、土地贫瘠，粮食生产水平较低，存在供需缺口。

（五）品种结构性矛盾加剧

小麦供需总量基本平衡，但品种优质率有待进一步提高。大米在居民口粮消费中约占 60%，且比重还在逐步提高，但南方地区水田不断减少，水稻种植面积大幅下降，恢复和稳定生产的难度很大，稻谷供需总量将长期偏紧。玉米供需关系趋紧。大豆生产徘徊不前，进口依存度逐年提高。北方种植大豆、南方种植油菜籽比较效益低，生产缩减。粮食品种间（如东北大豆、玉米、水稻）争地及粮食作物与油料、棉花、烤烟等经济作物之间的争地矛盾将长期存在。

（六）种粮比较效益偏低

近年来，由于化肥、农药、农用柴油等农业生产资料价格上涨和人工成本上升，农民种粮成本大幅增加，农业比较效益下降。随着我国工业化、城镇化快速发展，农村外出务工人员增多，特别是粮食主产区一半以上的青壮年劳动力外出打工，农业劳动力呈现结构性紧缺，一些地区粮食生产出现"副业化"的趋势。与进城务工和种植经济作物相比，种粮效益明显偏低，保护农民种粮积极性、保持粮食生产稳定发展的难度加大。

（七）全球粮食供求偏紧

全球粮食产量增长难以满足消费需求增长的需要。据测算，近 10 年来全球谷物消费需求增加 2200 亿公斤，年均增长 1.1%；产量增加 1000 亿公斤，年均增长 0.5%。目前，世界谷物库存消费比已接近 30 年来最低水平。2006 年以来，国际市场粮价大幅上涨，小麦、玉米、大米、大豆和豆油价格相继创历史新高。今后受全球人口增长、耕地和水资源约束以及气候异常等因素影响，全球粮食供求将长期趋紧。特别是在能源紧缺、油价高位运行的背景下，全球利用粮食转化生物能源的趋势加快，能源与食品争粮矛盾日益突出，将进一步加剧全球粮食供求紧张，我国利用国际市场弥补国内个别粮油品种供给不足的难度增大。

### 三　保障粮食安全的指导思想和主要目标

（一）指导思想

以邓小平理论和"三个代表"重要思想为指导，全面落实科学发展观，按照全面建设小康社会、构建社会主义和谐社会和建设社会主义新农村的重大战略部署和总体要求，坚持立足于基本靠国内保障粮食供给，加大政策和投入支持力度，严格保护耕地，依靠科学技术进步，着力提高粮食综合生产能力，增加食物供给；完善粮食流通体系，加强粮食宏观调控，保持粮食供求总量基本平衡和主要品种结构平衡，构建适应社会主义市场经济发展要求和符合我国国情的粮食安全保障体系。

保障国家粮食安全，必须坚持以下原则：

——强化生产能力建设。严格保护耕地特别是基本农田，加强农田基础设施建设，提高粮食生产科技创新能力，强化科技支撑，着力提高粮食单产水平，优化粮食品种结构。合理利用非耕地资源，增加食物供给来源。

——完善粮食市场机制。加强粮食市场体系建设，促进粮食市场竞争，充分发挥市场在资源配置方面的基础性作用。

——加强粮食宏观调控。完善粮食补贴和价格支持政策，保护和调动地方政府重农抓粮积极性和农民种粮积极性。健全粮食储备制度，加强粮食进出口调剂，健全粮食宏观调控机制。

——落实粮食安全责任。坚持粮食省长负责制，增强销区保障粮食安全的责任。

——倡导科学节约用粮。改进粮食收获、储藏、运输、加工方式，降低粮食产后损耗，提高粮食综合利用效率。倡导科学饮食，减少粮食浪费。

（二）主要目标

为保证到2010年人均粮食消费量不低于389公斤、到2020年不低于395公斤，要努力实现以下目标：

专栏一　　　　　**2010 年、2020 年保障国家粮食安全主要指标**

| 类别 | 指标 | 2007 年 | 2010 年 | 2020 年 | 属性 |
|---|---|---|---|---|---|
| 生产水平 | 耕地面积（亿亩） | 18.26 | ≥18.0 | ≥18.0 | 约束性 |
| | 其中：用于种粮的耕地面积 | 11.2 | >11.0 | >11.0 | 预期性 |
| | 粮食播种面积（亿亩） | 15.86 | 15.8 | 15.8 | 约束性 |
| | 其中：谷物 | 12.88 | 12.7 | 12.6 | 预期性 |
| | 粮食单产水平（公斤/亩） | 316.2 | 325 | 350 | 预期性 |
| | 粮食综合生产能力（亿公斤） | 5016 | ≥5000 | ≥5400 | 约束性 |
| | 其中：谷物 | 4563 | ≥4500 | >4750 | 约束性 |
| | 油料播种面积（亿亩） | 1.7 | 1.8 | 1.8 | 预期性 |
| | 牧草地保有量（亿亩） | 39.3 | 39.2 | 39.2 | 预期性 |
| | 肉类总产量（万吨） | 6800 | 7140 | 7800 | 预期性 |
| | 禽蛋产量（万吨） | 2526 | 2590 | 2800 | 预期性 |
| | 牛奶总产量（万吨） | 3509 | 4410 | 6700 | 预期性 |
| 供需水平 | 国内粮食生产与消费比例（%） | 98 | ≥95 | ≥95 | 预期性 |
| | 其中：谷物 | 106 | 100 | 100 | 预期性 |
| 物流水平 | 粮食物流"四散化"比重（%） | 20 | 30 | 55 | 预期性 |
| | 粮食流通环节损耗率（%） | 8 | 6 | 3 | 预期性 |

注：2007 年有关产量数据以统计局最终公布数据为准。

——稳定粮食播种面积。到 2020 年，耕地保有量不低于 18 亿亩，基本农田数量不减少、质量有提高。全国谷物播种面积稳定在 12.6 亿亩以上，其中稻谷稳定在 4.5 亿亩左右。在保证粮食生产的基础上，力争油菜籽、花生等油料作物播种面积恢复到 1.8 亿亩左右。

——保障粮食等重要食物基本自给。粮食自给率稳定在 95% 以上，到 2010 年粮食综合生产能力稳定在 5000 亿公斤以上，到 2020 年达到 5400 亿公斤以上。其中，稻谷、小麦保持自给，玉米保持基本自给。畜禽产品、水产品等重要品种基本自给。

——保持合理粮食储备水平。中央和地方粮食储备保持在合理规模水平。粮食库存品种结构趋向合理，小麦和稻谷比重不低于 70%。

——建立健全"四散化"粮食物流体系。加快发展以散装、散卸、散存和散运为特征的"四散化"粮食现代物流体系，降低流通成本，提高粮食流通效率。到 2010 年全国粮食物流"四散化"比例达到 30%，到

2020 年提高到 55%。

### 四 保障粮食安全的主要任务

（一）提高粮食生产能力

加强耕地和水资源保护。采取最严格的耕地保护措施，确保全国耕地保有量不低于 18 亿亩，基本农田保有量不低于 15.6 亿亩，其中水田面积保持在 4.75 亿亩左右。严格控制非农建设占用耕地，加强非建设性占用耕地的管理，切实遏制耕地过快减少的势头。不断优化耕地利用结构，合理调整土地利用布局，加大土地整理复垦，提高土地集约利用水平。继续实施沃土工程、测土配方施肥工程。改进耕作方式，发展保护性耕作。合理开发、高效利用、优化配置、全面节约、有效保护和科学管理水资源，加大水资源工程建设力度，提高农业供水保证率，严格控制地下水开采。加强水资源管理，加快灌区水管体制改革，对农业用水实行总量控制和定额管理，提高水资源利用效率和效益。严格控制面源污染，引导农户科学使用化肥、农药和农膜，大力推广使用有机肥料、生物肥料、生物农药、可降解农膜，减少对耕地和水资源的污染，切实扭转耕地质量和水环境恶化趋势，保护和改善粮食产地环境。

切实加强农业基础设施建设。下大力气加强农业基础设施特别是农田水利设施建设，稳步提高耕地基础地力和产出能力。加快实施全国灌区续建配套与节水改造及其末级渠系节水改造，完善灌排体系建设；适量开发建设后备灌区，扩大水源丰富和土地条件较好地区的灌溉面积；积极发展节水灌溉和旱作节水农业，农业灌溉用水有效利用系数由 2005 年的 0.45 提升到 2010 年的 0.50，2020 年达到 0.55 以上。实施重点涝区治理，加快完成中部粮食主产区大型排涝泵站更新改造，提高粮食主产区排涝抗灾能力。狠抓小型农田水利建设，抓紧编制和完善县级农田水利建设规划，整体推进农田水利工程建设和管理。加强东北黑土区水土流失综合治理和水利设施建设，稳步提高东北地区水稻综合生产能力。强化耕地质量建设，稳步提高耕地基础地力和持续产出能力。大力推进农业综合开发和基本农田整治，加快改造中低产田，建设高产稳产、旱涝保收、节水高效的规范化农田。力争到 2010 年中低产田所占比重降至 60% 左右，到 2020 年中低产田所占比重降到 50% 左右。

着力提高粮食单产水平。强化科技支撑，大力推进农业关键技术研究，力争粮食单产有大的突破，到 2010 年全国粮食单产水平提高到每亩

325 公斤左右，到 2020 年提高到 350 公斤左右。大力促进科技创新，强化农业生物技术和信息技术的应用，加强科研攻关，实施新品种选育、粮食丰产等科技工程，启动转基因生物新品种培育重大专项，提高生物育种的研发能力和扩繁能力，力争在粮食高产优质品种选育、高效栽培模式、农业资源高效利用等方面取得新突破，加快培育形成一批具有自主知识产权的高产、优质、抗性强的粮油品种。实施农业科技入户工程，集成推广超级杂交水稻等高产、优质粮食新品种和高效栽培技术、栽培模式，提倡精耕细作。主要粮食作物良种普及率稳定在 95% 以上。科技对农业增长的贡献率年均提高 1 个百分点。

加强主产区粮食综合生产能力建设。按照资源禀赋、生产条件和增产潜力等因素，科学谋划粮食生产布局，明确分区功能和发展目标。集中力量建设一批基础条件好、生产水平高和粮食调出量大的核心产区；在保护生态前提下，着手开发一批有资源优势和增产潜力的后备产区。核心产区、后备产区等粮食增产潜力较大的地区要抓紧研究增加本地区粮食生产的规划和措施。加快推进优势粮食品种产业带建设，优先抓好小麦、稻谷等品种生产，在稳定南方地区稻谷生产的同时，促进东北地区发展粳稻生产。继续扩大优质稻谷、优质专用小麦、优质专用玉米、高油高蛋白大豆和优质薯类杂粮的种植面积。在粮食主产省和西部重要产粮区，继续实施优质粮食产业工程、大型商品粮生产基地项目和农业综合开发项目等。积极推行主要粮食作物全程机械化作业，促进粮食生产专业化和标准化发展。抓好非主产区重点产粮区综合生产能力建设，扩大西部退耕地区基本口粮田建设，稳定粮食自给水平。在稳定发展粮油生产的基础上，合理调整农用地结构和布局，促进农业产业结构和区域布局的优化。

健全农业服务体系。加强粮食等农作物种质资源保护、品种改良、良种繁育、质量检测等基础设施建设。推进农业技术推广体系改革和建设，整合资源，建立高效、务实、精干的基层涉农服务机构，强化农技推广服务功能。大力推进粮食产业化发展，提高粮食生产组织化程度。加强病虫害防治设施建设，建立健全重要粮食品种有害生物预警与监控体系，提高植物保护水平。健全农业气象灾害预警监测服务体系，提高农业气象灾害预测和监测水平。完善粮食质量安全标准，健全粮食质量安全体系。加强农村粮食产后服务，健全农业信息服务体系。

（二）利用非粮食物资源

大力发展节粮型畜牧业。调整种养结构，逐步扩大优质高效饲料作物种植，大力发展节粮型草食畜禽。加强北方天然草原保护和改良，充分利用农区坡地和零星草地，建设高产、稳产人工饲草地，提高草地产出能力。加快南方草地资源的开发，积极发展山地和丘陵多年生人工草地、一年生高产饲草，扩大南方养殖业的饲草来源。力争在2020年之前全国牧草地保有面积稳定在39.2亿亩以上。加快农区和半农区节粮型畜牧业发展，积极推行秸秆养畜。转变畜禽饲养方式，促进畜牧业规模化、集约化发展，提高饲料转化效率。

积极发展水产养殖业和远洋渔业。充分利用内陆淡水资源，积极推广生态、健康水产养殖。发展稻田和庭院水产养殖，合理开发低洼盐碱地水产养殖，扩大淡水养殖面积。合理利用海洋资源，加强近海渔业资源保护，扩大、提高远洋捕捞规模和水平。加强水产资源和水域生态环境保护，促进水产养殖业可持续发展。

促进油料作物生产。在优先保证口粮作物生产的基础上，努力扩大大豆、油菜籽等主要油料作物生产，稳定食用植物油的自给率。继续建设东北地区高油大豆、长江流域"双低"（低芥酸、低硫苷）油菜生产基地。鼓励和引导南方地区利用冬闲田发展油菜生产。加强油料作物主产区农田水利基础设施建设，加快油料作物优良品种选育，大力推广高产高油新品种，着力提高大豆、油菜籽和花生等油料作物单产和品质。到2010年油料单产比2006年提高6%左右，油料含油率平均提高2个百分点。积极开发特种油料，大力发展芝麻、胡麻、油葵等作物生产，充分利用棉籽榨油。

大力发展木本粮油产业。合理利用山区资源，大力发展木本粮油产业，建设一批名、特、优、新木本粮油生产基地。积极培育和引进优良品种，加快提高油茶、油橄榄、核桃、板栗等木本粮油品种的品质和单产水平。积极引导和推进木本粮油产业化，促进木本粮油产品的精深加工，增加木本粮油供给。

（三）加强粮油国际合作

完善粮食进出口贸易体系。积极利用国际市场调节国内供需。在保障国内粮食基本自给的前提下，合理利用国际市场进行进出口调剂。继续发挥国有贸易企业在粮食进出口中的作用。加强政府间合作，与部分重要产粮国建立长期、稳定的农业（粮油）合作关系。实施农业"走出去"战略，鼓励国内企业"走出去"，建立稳定可靠的进口粮源保障体系，提高保障国内粮食安全的能力。

（四）完善粮食流通体系

继续深化粮食流通体制改革。积极推进现代粮食流通产业发展，努力提高粮食市场主体的竞争能力。继续深化国有粮食企业改革，推进国有粮食企业兼并重组，重点扶持一批国有粮食收购、仓储、加工骨干企业，提高市场营销能力，在粮食收购中继续发挥主渠道作用。鼓励和引导粮食购销、加工等龙头企业发展粮食订单生产，推进粮食产业化发展。发展农民专业合作组织和农村经纪人，为农民提供粮食产销服务。引导各类中介组织开展对农民的市场营销、信息服务和技术培训，增强农民的市场意识。充分发挥粮食协会等中介组织行业自律和维护市场秩序作用。

健全粮食市场体系。重点建设和发展大宗粮食品种的区域性、专业性批发市场和大中城市成品粮油批发市场。发展粮食统一配送和电子商务。积极发展城镇粮油供应网络和农村粮食集贸市场。稳步发展粮食期货交易，引导粮食企业和农民专业合作组织利用期货市场规避风险。建立全国粮食物流公共信息平台，促进粮食网上交易。

加强粮食物流体系建设。编制实施粮食现代物流发展规划，推进粮食物流"四散化"变革。加快改造跨地区粮食物流通道，重点改造和建设东北地区粮食流出、黄淮海地区小麦流出、长江中下游地区稻谷流出以及玉米流入、华东地区和华南沿海地区粮食流入、京津地区粮食流入六大跨地区粮食物流通道。在交通枢纽和粮食主要集散地，建成一批全国性重要粮食物流节点和粮食物流基地。重点加强散粮运输中转、接收、发放设施及检验检测等相关配套设施的建设。积极培育大型跨区域粮食物流企业。大力发展铁海联运，完善粮食集疏运网络。提高粮食物流技术装备水平和信息化程度。

（五）完善粮食储备体系

完善粮食储备调控体系。进一步完善中央战略专项储备与调节周转储备相结合、中央储备与地方储备相结合、政府储备与企业商业最低库存相结合的粮油储备调控体系，增强国家宏观调控能力，保障国家粮食安全。（1）中央战略专项储备主要用于保证全国性的粮食明显供不应求、重大自然灾害和突发性事件的需要。（2）中央调节周转储备主要用于执行中央政府为保护农民利益而实行的保护性收购预案，调节年度间丰歉。
（3）地方储备主要用于解决区域性供求失衡、突发性事件的需要及居民口粮应急需求。各省（区、市）储备数量按"产区保持3个月销量、销区保持6个月销量"的要求，由国家粮食行政主管部门核定，并做好与中央储备的衔接。（4）所有从事粮食收购、加工、销售的企业必须承担粮油最低库存义务，具体标准由省级人民政府制定。积极鼓励粮食购销企业面向农民和用粮企业开展代购、代销、代储业务，提倡农户科学储粮。

优化储备布局和品种结构。逐步调整优化中央储备粮油地区布局，重点向主销区、西部缺粮地区和贫困地区倾斜；充分利用重要物流节点、粮食集散地，增强对大中城市粮食供应的保障能力。按照"优先保证口粮安全，同时兼顾其他用粮"的原则，优化中央储备粮和地方储备粮品种结构，保证小麦和稻谷的库存比例不低于70%，适当提高稻谷和大豆库存比例；逐步充实中央和地方食用植物油储备；重点大中城市要适当增加成品粮油储备，做好粮油市场的应急供应保障。

健全储备粮管理机制。加强中央储备粮垂直管理体系建设。健全中央储备粮吞吐轮换机制。建立销区地方储备粮轮换与产区粮食收购紧密衔接的工作机制。完善储备粮监管制度，确保数量真实、质量良好和储存安全。加强储备粮仓储基础设施建设，改善储粮条件，提高粮食储藏技术应用水平，确保储粮安全。

（六）完善粮食加工体系

大力发展粮油食品加工业。引导粮油食品加工业向规模化和集约化方向发展。按照"安全、优质、营养、方便"的要求，推进传统主食食品工业化生产，提高优、新、特产品的比重。推进粮油食品加工副产品的综合利用，提高资源利用率和增值效益。强化粮油食品加工企业的质量意识和品牌建设，促进粮油食品加工业的健康、稳定发展。

积极发展饲料加工业。我国玉米生产首先是满足养殖业发展对饲料的需要。优化饲料产业结构，改进饲料配方技术，加快发展浓缩饲料、精料补充料和预混合饲料，提高浓缩饲料和预混合饲料的比重，建立安全优质高效的饲料生产体系。大力开发和利用秸秆资源，缓解饲料对粮食需求的压力。积极开发新型饲料资源和饲料品种，充分利用西部资源优势，建立饲料饲草等原料生产基地。

适度发展粮食深加工业。在保障粮食安全的前提下，发展粮食深加工业。生物质燃料生产要坚持走非粮道路，把握"不与粮争地，不与人争粮"的基本原则，严格控制以粮食为原料的深加工业发展。制定和完善粮食加工行业发展指导意见，加强对粮食深加工业的宏观调控和科学规划，未经国务院投资主管部门核准一律不得新建和扩建玉米深加工项目。

**五 保障粮食安全的主要政策和措施**

（一）强化粮食安全责任

保障粮食安全始终是治国安邦的头等大事。地方各级人民政府和各有关部门要统一思想，提高认识，高度重视粮食安全工作。要建立健全中央和地方粮食安全分级责任制，全面落实粮食省长负责制。省级人民政府全面负责本地区耕地和水资源保护、粮食生产、流通、储备和市场调控工作。主产区要进一步提高粮食生产能力，为全国提供主要商品粮源；主销区要稳定现有粮食自给率；产销平衡区要继续确保本地区粮食产需基本平衡，有条件的地方应逐步恢复和提高粮食生产能力。要将保护耕地和基本农田、稳定粮食播种面积、充实地方储备和落实粮食风险基金地方配套资金等任务落实到各省（区、市），并纳入省级人民政府绩效考核体系，建立有效的粮食安全监督检查和绩效考核机制。国务院有关部门负责全国耕地和水资源保护、粮食总量平衡，统一管理粮食进出口，支持主产区发展粮食生产，建立和完善中央粮食储备，调控全国粮食市场和价格。要不断完善政策，进一步调动各地区、各部门和广大农民发展粮食生产的积极性。

粮食经营者和用粮企业要按照法律、法规要求，严格落实粮食经营者保持必要库存的规定，履行向当地粮食行政管理部门报送粮食购销存等基本数据的义务。所有粮食经营者必须承担粮食应急任务，在发生紧急情况时服从国家统一安排和调度。

（二）严格保护生产资源

坚持家庭承包经营责任制长期稳定不变，加快农业经营体制机制创新。依法推进农村土地承包经营权流转，在有条件的地方培育发展多种形式适度规模经营的市场环境，促进土地规模化、集约化经营，提高土地产出效率。

落实省级人民政府耕地保护目标责任制度，严格执行耕地保护分解任务，把基本农田落实到地块和农户，确保基本农田面积不减少、用途不改变、质量有提高。加强土地利用总体规划、城市总体规划、村庄和集镇规划实施的管理。加强土地利用年度计划管理，严格控制非农建设用地规模，推进土地集约、节约利用。严格执行征地听证和公告制度，强化社会监督。严格执行耕地占补平衡制度，加强对补充耕地质量等级的评定和审核，禁止跨省区异地占补。完善征地补偿和安置制度，健全土地收益分配机制。研究建立耕地撂荒惩罚制度。健全国家土地督察制度，严格土地执法，坚决遏制土地违规违法行为。

加强草原等非耕地资源的保护与建设。建立基本草原保护制度，划定基本草原，任何单位和个人不得擅自征用、占用基本草原或改变其用途。建立划区轮牧、休牧和禁牧制度，逐步实现草畜平衡。加强对草原生态的保护与建设，加快实施天然草原退牧还草工程，防止草原退化和沙化。积极研究推进南方草地资源保护和开发利用。加强对水域、森林资源的保护。

（三）加强农业科技支撑

建立以政府为主导的多元化、多渠道农业科研投入体系，增加对农业（粮食）科研的投入。国家重大科技专项、科技支撑计划、"863"计划、"973"计划等要向农业领域倾斜。继续安排农业科技成果转化资金，加快农业技术成果的集成创新、中试熟化和推广普及。

建立健全农业科技创新体系，加快推进农业科技进步。加强国家农业科研基地、区域性科研中心的创新能力建设，推动现代农业产业技术体系建设，提升农业区域创新能力。逐步构建以国家农技推广机构为主体、科研单位和大专院校广泛参与的农业科技成果推广体系。深化农业科研院所改革，建立科技创新激励机制，鼓励农业科研单位、大专院校参与农业科技研发和推广，充分发挥其在农业科研和推广中的作用。

引导和鼓励涉农企业、农民专业合作经济组织开展农业技术创新和推广活动，积极为农民提供科技服务。深入实施科技入户工程，加大重大技术推广支持力度，继续探索农业科技成果进村入户的有效机制和办法。大力发展农村职业教育，完善农民科技培训体系，调动农民学科学、用科技的积极性，提高农民科学种粮技能。加强农业科技国际合作交流，增强自主创新能力。

（四）加大支持投入力度

增加粮食生产的投入。强化农业基础，推动国民收入分配和国家财政支出重点向"三农"倾斜，大幅度增加对农业和农村的投入，努力增加农民收入。各级人民政府要按照存量适度调整、增量重点倾斜的原则，不断加大财政支农力度。优化政府支农投资结构，重点向提高粮食综合生产能力倾斜，切实加大对农田水利等基础设施建设投入。增加国家对基本农田整理、土地复垦、农业气象灾害监测预警设施建设、农作物病虫害防治的投入。各类支持农业和粮油生产的投入，突出向粮食主产区、产粮大县、油料生产大县和基本农田保护重点地区倾斜。积极扶持种粮大户和专业户发展粮食生产。

加大金融对农村、农业的支持力度。逐步健全农村金融服务体系，完善农业政策性贷款制度，加大对粮油生产者和规模化养殖户的信贷支持力度，创新担保方式，扩大抵押品范围，保证农业再生产需要。

完善粮食补贴和奖励政策。完善粮食直补、农资综合直补、良种补贴和农机具购置补贴政策，今后随着经济发展，在现有基础上中央财政要逐年较大幅度增加对农民种粮的补贴规模。完善粮食最低收购价政策，逐步理顺粮食价格，使粮食价格保持在合理水平，使种粮农民能够获得较多收益。借鉴国际经验，探索研究目标价格补贴制度，建立符合市场化要求、适合中国国情的新型粮食价格支持体系，促进粮食生产长期稳定发展。继续实施中央对粮食（油料）主产县的奖励政策。加大对东北大豆、长江流域油菜籽和山区木本粮油生产的扶持力度。完善农业政策性保险政策，加快建立大宗粮食作物风险规避、损失补偿机制和灾后农田恢复能力建设的应急补助机制。

完善粮食风险基金政策。根据粮食产销格局变化，进一步完善粮食风险基金政策，加大对粮食主产区的扶持力度。

加强对粮食产销衔接的支持。建立健全粮食主销区对主产区利益补偿机制，支持主产区发展粮食生产。铁路和交通部门要加强对跨区域粮食运输的组织、指导和协调，优先安排履行产销合作协议的粮食运输。粮食主销区要支持销区的粮食企业到产区建立粮食生产基地，参与产区粮食生产、收购并定向运往销区。鼓励产区粮食企业到销区建立粮食销售网络，保证销区粮食供应。主产区粮食企业在销区建立物流配送中心和仓储设施的，主销区地方人民政府要给予必要支持。

加大对散粮物流设施建设的投入。引导多渠道社会资金建设散粮物流设施，积极推进粮食物流"四散化"变革。对服务于粮食宏观调控的重要物流通道和物流节点上的散装、散卸、散存、散运及信息检测等设施的建设，各级人民政府要予以支持。

（五）健全粮食宏观调控

健全粮食统计制度。完善粮食统计调查手段。加强对粮食生产、消费、进出口、市场、库存、质量等监测，加快建立粮食预警监测体系和市场信息会商机制。成立粮食市场调控部际协调小组，建立健全高效灵活的粮食调控机制。

健全和完善粮食应急体系。认真落实《国家粮食应急预案》的各项要求，形成布局合理、运转高效协调的粮食应急网络。增加投入，加强对全国大中城市及其他重点地区粮食加工、供应和储运等应急设施的建设和维护，确保应急工作需求。对列入应急网络的指定加工和销售企业，地方人民政府要给予必要的扶持，增强粮油应急保障能力。完善对特殊群体的粮食供应保障制度，保证贫困人口和低收入阶层等对粮食的基本需要。建立健全与物价变动相适应的城乡低保动态调整机制，确保城乡低收入群体生活水平不因物价上涨而降低。

完善粮食流通产业政策。进一步完善粮食市场准入制度，加快研究制定国内粮油收购、销售、储存、运输、加工等领域产业政策，完善管理办法。

加强粮食行政管理体系建设。落实和健全粮食行政执法、监督检查和统计调查职责，保障粮食宏观调控和行业管理需要。

（六）引导科学节约用粮

按照建设资源节约型社会的要求，加强宣传教育，提高全民粮食安全意识，形成全社会爱惜粮食、反对浪费的良好风尚。改进粮食收购、储运方式，加快推广农户科学储粮技术，减少粮食产后损耗。积极倡导科学用粮，控制粮油不合理的加工转化，提高粮食综合利用效率和饲料转化水平。引导科学饮食、健康消费，抑制粮油不合理消费，促进形成科学合理的膳食结构，提高居民生活和营养水平。建立食堂、饭店等餐饮场所"绿色餐饮、节约粮食"的文明规范，积极提倡分餐制。抓紧研究制定鼓励节约用粮、减少浪费的相关政策措施。

（七）推进粮食法制建设

认真贯彻执行农业法、土地管理法、草原法、粮食流通管理条例和中央储备粮管理条例等法律法规，加大执法力度。加强粮食市场监管，保证粮食质量和卫生安全，维护正常的粮食流通秩序。制定公布粮食安全法，制（修）定中央和地方储备粮管理、规范粮食经营和交易行为等方面的配套法规。

（八）制定落实专项规划

抓紧组织编制粮食生产、流通、储备、加工等方面的专项规划，推进本纲要实施，形成以本纲要为统领，各专项规划统一衔接的规划体系。各地区和各有关部门按照本纲要和各专项规划的要求，抓好组织实施。

# 13. 关于引导农村土地经营权有序流转
## 发展农业适度规模经营的意见

（中共中央办公厅、国务院办公厅 2014 年 11 月 20 日发布）

伴随我国工业化、信息化、城镇化和农业现代化进程，农村劳动力大量转移，农业物质技术装备水平不断提高，农户承包土地的经营权流转明显加快，发展适度规模经营已成为必然趋势。实践证明，土地流转和适度规模经营是发展现代农业的必由之路，有利于优化土地资源配置和提高劳动生产率，有利于保障粮食安全和主要农产品供给，有利于促进农业技术推广应用和农业增效、农民增收，应从我国人多地少、农村情况千差万别的实际出发，积极稳妥地推进。为引导农村土地（指承包耕地）经营权有序流转、发展农业适度规模经营，现提出如下意见。

**一 总体要求**

（一）指导思想

全面理解、准确把握中央关于全面深化农村改革的精神，按照加快构建以农户家庭经营为基础、合作与联合为纽带、社会化服务为支撑的立体式复合型现代农业经营体系和走生产技术先进、经营规模适度、市场竞争力强、生态环境可持续的中国特色新型农业现代化道路的要求，以保障国家粮食安全、促进农业增效和农民增收为目标，坚持农村土地集体所有，实现所有权、承包权、经营权三权分置，引导土地经营权有序流转，坚持家庭经营的基础性地位，积极培育新型经营主体，发展多种形式的适度规模经营，巩固和完善农村基本经营制度。改革的方向要明，步子要稳，既要加大政策扶持力度，加强典型示范引导，鼓励创新农业经营体制机制，又要因地制宜、循序渐进，不能搞大跃进，不能搞强迫命令，不能搞行政瞎指挥，使农业适度规模经营发展与城镇化进程和农村劳动力转移规模相适应，与农业科技进步和生产手段改进程度相适应，与农业社会化服务水平提高相适应，让农民成为土地流转和规模经营的积极参与者和真正受益者，避免走弯路。

（二）基本原则

——坚持农村土地集体所有权，稳定农户承包权，放活土地经营权，以家庭承包经营为基础，推进家庭经营、集体经营、合作经营、企业经营等多种经营方式共同发展。

——坚持以改革为动力，充分发挥农民首创精神，鼓励创新，支持基层先行先试，靠改革破解发展难题。

——坚持依法、自愿、有偿，以农民为主体，政府扶持引导，市场配置资源，土地经营权流转不得违背承包农户意愿、不得损害农民权益、不得改变土地用途、不得破坏农业综合生产能力和农业生态环境。

——坚持经营规模适度，既要注重提升土地经营规模，又要防止土地过度集中，兼顾效率与公平；不断提高劳动生产率、土地产出率和资源利用率，确保农地农用，重点支持发展粮食规模化生产。

**二 稳定完善农村土地承包关系**

（三）健全土地承包经营权登记制度

建立健全承包合同取得权利、登记记载权利、证书证明权利的土地承包经营权登记制度，是稳定农村土地承包关系、促进土地经营权流转、发展适度规模经营的重要基础性工作。完善承包合同，健全登记簿，颁发权属证书，强化土地承包经营权物权保护，为开展土地流转、调处土地纠纷、完善补贴政策、进行征地补偿和抵押担保提供重要依据。建立健全土地承包经营权信息应用平台，方便群众查询，利于服务管理。土地承包经营权确权登记原则上确权到户到地，在尊重农民意愿的前提下，也可以确权确股不确地。切实维护妇女的土地承包权益。

（四）推进土地承包经营权确权登记颁证工作

按照中央统一部署、地方全面负责的要求，在稳步扩大试点的基础上，用5年左右时间基本完成土地承包经营权确权登记颁证工作，妥善解决农户承包地块面积不准、四至不清等问题。在工作中，各地要保持承包关系稳定，以现有承包台账、合同、证书为依据确认承包地归属；坚持依法规范操作，严格执行政策，按照规定内容和程序开展工作；充分调动农民群众积极性，依靠村民民主协商，自主解决矛盾纠纷；从实际出发，以农村集体土地所有权确权为基础，以第二次全国土地调查成果为依据，采用符合标准规范、农民群众认可的技术方法；坚持分级负责，强化县乡两级的责任，建立健全党委和政府统一领导、部门密切协作、群众广泛参与的工作机制；科学制定工作方案，明确时间表和路线图，确保工作质量。有关部门要加强调查研究，有针对性地提出操作性政策建议和具体工作指导意见。土地承包经营权确权登记颁证工作经费纳入地方财政预算，中央财政给予补助。

### 三　规范引导农村土地经营权有序流转

#### （五）鼓励创新土地流转形式

鼓励承包农户依法采取转包、出租、互换、转让及入股等方式流转承包地。鼓励有条件的地方制定扶持政策，引导农户长期流转承包地并促进其转移就业。鼓励农民在自愿前提下采取互换并地方式解决承包地细碎化问题。在同等条件下，本集体经济组织成员享有土地流转优先权。以转让方式流转承包地的，原则上应在本集体经济组织成员之间进行，且需经发包方同意。以其他形式流转的，应当依法报发包方备案。抓紧研究探索集体所有权、农户承包权、土地经营权在土地流转中的相互权利关系和具体实现形式。按照全国统一安排，稳步推进土地经营权抵押、担保试点，研究制定统一规范的实施办法，探索建立抵押资产处置机制。

#### （六）严格规范土地流转行为

土地承包经营权属于农民家庭，土地是否流转、价格如何确定、形式如何选择，应由承包农户自主决定，流转收益应归承包农户所有。流转期限应由流转双方在法律规定的范围内协商确定。没有农户的书面委托，农村基层组织无权以任何方式决定流转农户的承包地，更不能以少数服从多数的名义，将整村整组农户承包地集中对外招商经营。防止少数基层干部私相授受，谋取私利。严禁通过定任务、下指标或将流转面积、流转比例纳入绩效考核等方式推动土地流转。

#### （七）加强土地流转管理和服务

有关部门要研究制定流转市场运行规范，加快发展多种形式的土地经营权流转市场。依托农村经营管理机构健全土地流转服务平台，完善县乡村三级服务和管理网络，建立土地流转监测制度，为流转双方提供信息发布、政策咨询等服务。土地流转服务主体可以开展信息沟通、委托流转等服务，但禁止层层转包从中牟利。土地流转给非本村（组）集体成员或村（组）集体受农户委托统一组织流转并利用集体资金改良土壤、提高地力的，可向本集体经济组织以外的流入方收取基础设施使用费和土地流转管理服务费，用于农田基本建设或其他公益性支出。引导承包农户与流入方签订书面流转合同，并使用统一的省级合同示范文本。依法保护流入方的土地经营权益，流转合同到期后流入方可在同等条件下优先续约。加强农村土地承包经营纠纷调解仲裁体系建设，健全纠纷调处机制，妥善化解土地承包经营流转纠纷。

（八）合理确定土地经营规模

各地要依据自然经济条件、农村劳动力转移情况、农业机械化水平等因素，研究确定本地区土地规模经营的适宜标准。防止脱离实际、违背农民意愿，片面追求超大规模经营的倾向。现阶段，对土地经营规模相当于当地户均承包地面积 10 至 15 倍、务农收入相当于当地二三产业务工收入的，应当给予重点扶持。创新规模经营方式，在引导土地资源适度集聚的同时，通过农民的合作与联合、开展社会化服务等多种形式，提升农业规模化经营水平。

（九）扶持粮食规模化生产

加大粮食生产支持力度，原有粮食直接补贴、良种补贴、农资综合补贴归属由承包农户与流入方协商确定，新增部分应向粮食生产规模经营主体倾斜。在有条件的地方开展按照实际粮食播种面积或产量对生产者补贴试点。对从事粮食规模化生产的农民合作社、家庭农场等经营主体，符合申报农机购置补贴条件的，要优先安排。探索选择运行规范的粮食生产规模经营主体开展目标价格保险试点。抓紧开展粮食生产规模经营主体营销贷款试点，允许用粮食作物、生产及配套辅助设施进行抵押融资。粮食品种保险要逐步实现粮食生产规模经营主体愿保尽保，并适当提高对产粮大县稻谷、小麦、玉米三大粮食品种保险的保费补贴比例。各地区各有关部门要研究制定相应配套办法，更好地为粮食生产规模经营主体提供支持服务。

（十）加强土地流转用途管制

坚持最严格的耕地保护制度，切实保护基本农田。严禁借土地流转之名违规搞非农建设。严禁在流转农地上建设或变相建设旅游度假村、高尔夫球场、别墅、私人会所等。严禁占用基本农田挖塘栽树及其他毁坏种植条件的行为。严禁破坏、污染、圈占闲置耕地和损毁农田基础设施。坚决查处通过"以租代征"违法违规进行非农建设的行为,坚决禁止擅自将耕地"非农化"。利用规划和标准引导设施农业发展,强化设施农用地的用途监管。采取措施保证流转土地用于农业生产,可以通过停发粮食直接补贴、良种补贴、农资综合补贴等办法遏制撂荒耕地的行为。在粮食主产区、粮食生产功能区、高产创建项目实施区,不符合产业规划的经营行为不再享受相关农业生产扶持政策。合理引导粮田流转价格,降低粮食生产成本,稳定粮食种植面积。

**四 加快培育新型农业经营主体**

**(十一)发挥家庭经营的基础作用**

在今后相当长时期内,普通农户仍占大多数,要继续重视和扶持其发展农业生产。重点培育以家庭成员为主要劳动力、以农业为主要收入来源,从事专业化、集约化农业生产的家庭农场,使之成为引领适度规模经营、发展现代农业的有生力量。分级建立示范家庭农场名录,健全管理服务制度,加强示范引导。鼓励各地整合涉农资金建设连片高标准农田,并优先流向家庭农场、专业大户等规模经营农户。

**(十二)探索新的集体经营方式**

集体经济组织要积极为承包农户开展多种形式的生产服务,通过统一服务降低生产成本、提高生产效率。有条件的地方根据农民意愿,可以统一连片整理耕地,将土地折股量化、确权到户,经营所得收益按股分配,也可以引导农民以承包地入股组建土地股份合作组织,通过自营或委托经营等方式发展农业规模经营。各地要结合实际不断探索和丰富集体经营的实现形式。

**(十三)加快发展农户间的合作经营**

鼓励承包农户通过共同使用农业机械、开展联合营销等方式发展联户经营。鼓励发展多种形式的农民合作组织,深入推进示范社创建活动,促进农民合作社规范发展。在管理民主、运行规范、带动力强的农民合作社和供销合作社基础上,培育发展农村合作金融。引导发展农民专业合作社联合社,支持农民合作社开展农社对接。允许农民以承包经营权入股发展农业产业化经营。探索建立农户入股土地生产性能评价制度,按照耕地数量质量、参照当地土地经营权流转价格计价折股。

**(十四)鼓励发展适合企业化经营的现代种养业**

鼓励农业产业化龙头企业等涉农企业重点从事农产品加工流通和农业社会化服务，带动农户和农民合作社发展规模经营。引导工商资本发展良种种苗繁育、高标准设施农业、规模化养殖等适合企业化经营的现代种养业，开发农村"四荒"资源发展多种经营。支持农业企业与农户、农民合作社建立紧密的利益联结机制，实现合理分工、互利共赢。支持经济发达地区通过农业示范园区引导各类经营主体共同出资、相互持股，发展多种形式的农业混合所有制经济。

（十五）加大对新型农业经营主体的扶持力度

鼓励地方扩大对家庭农场、专业大户、农民合作社、龙头企业、农业社会化服务组织的扶持资金规模。支持符合条件的新型农业经营主体优先承担涉农项目，新增农业补贴向新型农业经营主体倾斜。加快建立财政项目资金直接投向符合条件的合作社、财政补助形成的资产转交合作社持有和管护的管理制度。各省（自治区、直辖市）根据实际情况，在年度建设用地指标中可单列一定比例专门用于新型农业经营主体建设配套辅助设施，并按规定减免相关税费。综合运用货币和财税政策工具，引导金融机构建立健全针对新型农业经营主体的信贷、保险支持机制，创新金融产品和服务，加大信贷支持力度，分散规模经营风险。鼓励符合条件的农业产业化龙头企业通过发行短期融资券、中期票据、中小企业集合票据等多种方式，拓宽融资渠道。鼓励融资担保机构为新型农业经营主体提供融资担保服务，鼓励有条件的地方通过设立融资担保专项资金、担保风险补偿基金等加大扶持力度。落实和完善相关税收优惠政策，支持农民合作社发展农产品加工流通。

（十六）加强对工商企业租赁农户承包地的监管和风险防范

各地对工商企业长时间、大面积租赁农户承包地要有明确的上限控制，建立健全资格审查、项目审核、风险保障金制度，对租地条件、经营范围和违规处罚等作出规定。工商企业租赁农户承包地要按面积实行分级备案，严格准入门槛，加强事中事后监管，防止浪费农地资源、损害农民土地权益，防范承包农户因流入方违约或经营不善遭受损失。定期对租赁土地企业的农业经营能力、土地用途和风险防范能力等开展监督检查，查验土地利用、合同履行等情况，及时查处纠正违法违规行为，对符合要求的可给予政策扶持。有关部门要抓紧制定管理办法，并加强对各地落实情况的监督检查。

### 五 建立健全农业社会化服务体系

（十七）培育多元社会化服务组织

巩固乡镇涉农公共服务机构基础条件建设成果。鼓励农技推广、动植物防疫、农产品质量安全监管等公共服务机构围绕发展农业适度规模经营拓展服务范围。大力培育各类经营性服务组织，积极发展良种种苗繁育、统防统治、测土配方施肥、粪污集中处理等农业生产性服务业，大力发展农产品电子商务等现代流通服务业，支持建设粮食烘干、农机场库棚和仓储物流等配套基础设施。农产品初加工和农业灌溉用电执行农业生产用电价格。鼓励以县为单位开展农业社会化服务示范创建活动。开展政府购买农业公益性服务试点，鼓励向经营性服务组织购买易监管、可量化的公益性服务。研究制定政府购买农业公益性服务的指导性目录，建立健全购买服务的标准合同、规范程序和监督机制。积极推广既不改变农户承包关系，又保证地有人种的托管服务模式，鼓励种粮大户、农机大户和农机合作社开展全程托管或主要生产环节托管，实现统一耕作，规模化生产。

（十八）开展新型职业农民教育培训

制定专门规划和政策，壮大新型职业农民队伍。整合教育培训资源，改善农业职业学校和其他学校涉农专业办学条件，加快发展农业职业教育，大力发展现代农业远程教育。实施新型职业农民培育工程，围绕主导产业开展农业技能和经营能力培养培训，扩大农村实用人才带头人示范培养培训规模，加大对专业大户、家庭农场经营者、农民合作社带头人、农业企业经营管理人员、农业社会化服务人员和返乡农民工的培养培训力度，把青年农民纳入国家实用人才培养计划。努力构建新型职业农民和农村实用人才培养、认定、扶持体系，建立公益性农民培养培训制度，探索建立培育新型职业农民制度。

（十九）发挥供销合作社的优势和作用

扎实推进供销合作社综合改革试点，按照改造自我、服务农民的要求，把供销合作社打造成服务农民生产生活的生力军和综合平台。利用供销合作社农资经营渠道，深化行业合作，推进技物结合，为新型农业经营主体提供服务。推动供销合作社农产品流通企业、农副产品批发市场、网络终端与新型农业经营主体对接，开展农产品生产、加工、流通服务。鼓励基层供销合作社针对农业生产重要环节，与农民签订服务协议，开展合作式、订单式服务，提高服务规模化水平。

土地问题涉及亿万农民切身利益，事关全局。各级党委和政府要充分认识引导农村土地经营权有序流转、发展农业适度规模经营的重要性、复杂性和长期性，切实加强组织领导，严格按照中央政策和国家法律法规办事，及时查处违纪违法行为。坚持从实际出发，加强调查研究，搞好分类指导，充分利用农村改革试验区、现代农业示范区等开展试点试验，认真总结基层和农民群众创造的好经验好做法。加大政策宣传力度，牢固树立政策观念，准确把握政策要求，营造良好的改革发展环境。加强农村经营管理体系建设，明确相应机构承担农村经管工作职责，确保事有人干、责有人负。各有关部门要按照职责分工，抓紧修订完善相关法律法规，建立工作指导和检查监督制度，健全齐抓共管的工作机制，引导农村土地经营权有序流转，促进农业适度规模经营健康发展。

## 14. 关于引导农村产权流转交易市场健康发展的意见
### （国务院办公厅 2014 年 12 月 30 日发布）

各省、自治区、直辖市人民政府，国务院各部委、各直属机构：

近年来，随着农村劳动力持续转移和农村改革不断深化，农户承包土地经营权、林权等各类农村产权流转交易需求明显增长，许多地方建立了多种形式的农村产权流转交易市场和服务平台，为农村产权流转交易提供了有效服务。但是，各地农村产权流转交易市场发展不平衡，其设立、运行、监管有待规范。引导农村产权流转交易市场健康发展，事关农村改革发展稳定大局，有利于保障农民和农村集体经济组织的财产权益，有利于提高农村要素资源配置和利用效率，有利于加快推进农业现代化。为此，经国务院同意，现提出以下意见。

**一　总体要求**

（一）指导思想

以邓小平理论、"三个代表"重要思想、科学发展观为指导，深入贯彻习近平总书记系列重要讲话精神，全面落实党的十八大和十八届三中、四中全会精神，按照党中央、国务院决策部署，以坚持和完善农村基本经营制度为前提，以保障农民和农村集体经济组织的财产权益为根本，以规范流转交易行为和完善服务功能为重点，扎实做好农村产权流转交易市场建设工作。

（二）基本原则

——坚持公益性为主。必须坚持为农服务宗旨，突出公益性，不以盈利为目的，引导、规范和扶持农村产权流转交易市场发展，充分发挥其服务农村改革发展的重要作用。

——坚持公开公正规范。必须坚持公开透明、自主交易、公平竞争、规范有序，逐步探索形成符合农村实际和农村产权流转交易特点的市场形式、交易规则、服务方式和监管办法。

——坚持因地制宜。是否设立市场、设立什么样的市场、覆盖多大范围等，都要从各地实际出发，统筹规划、合理布局，不能搞强迫命令，不能搞行政瞎指挥。

——坚持稳步推进。充分利用和完善现有农村产权流转交易市场，在有需求、有条件的地方积极探索新的市场形式，稳妥慎重、循序渐进，不急于求成，不片面追求速度和规模。

**二 定位和形式**

（三）性质。农村产权流转交易市场是为各类农村产权依法流转交易提供服务的平台，包括现有的农村土地承包经营权流转服务中心、农村集体资产管理交易中心、林权管理服务中心和林业产权交易所，以及各地探索建立的其他形式农村产权流转交易市场。现阶段通过市场流转交易的农村产权包括承包到户的和农村集体统一经营管理的资源性资产、经营性资产等，以农户承包土地经营权、集体林地经营权为主，不涉及农村集体土地所有权和依法以家庭承包方式承包的集体土地承包权，具有明显的资产使用权租赁市场的特征。流转交易以服务农户、农民合作社、农村集体经济组织为主，流转交易目的以从事农业生产经营为主，具有显著的农业农村特色。流转交易行为主要发生在县、乡范围内，区域差异较大，具有鲜明的地域特点。

（四）功能。农村产权流转交易市场既要发挥信息传递、价格发现、交易中介的基本功能，又要注意发挥贴近"三农"，为农户、农民合作社、农村集体经济组织等主体流转交易产权提供便利和制度保障的特殊功能。适应交易主体、目的和方式多样化的需求，不断拓展服务功能，逐步发展成集信息发布、产权交易、法律咨询、资产评估、抵押融资等为一体的为农服务综合平台。

（五）设立。农村产权流转交易市场是政府主导、服务"三农"的非营利性机构，可以是事业法人，也可以是企业法人。设立农村产权流转交易市场，要经过科学论证，由当地政府审批。当地政府要成立由相关部门组成的农村产权流转交易监督管理委员会，承担组织协调、政策制定等方面职责，负责对市场运行进行指导和监管。

（六）构成。县、乡农村土地承包经营权和林权等流转服务平台，是现阶段农村产权流转交易市场的主要形式和重要组成部分。利用好现有的各类农村产权流转服务平台，充分发挥其植根农村、贴近农户、熟悉农情的优势，做好县、乡范围内的农村产权流转交易服务工作。现阶段市场建设应以县域为主。确有需要的地方，可以设立覆盖地（市）乃至省（区、市）地域范围的市场，承担更大范围的信息整合发布和大额流转交易。各地要加强统筹协调，理顺县、乡农村产权流转服务平台与更高层级农村产权流转交易市场的关系，可以采取多种形式合作共建，也可以实行一体化运营，推动实现资源共享、优势互补、协同发展。

（七）形式。鼓励各地探索符合农村产权流转交易实际需要的多种市场形式，既要搞好交易所的市场建设，也要有效利用电子交易网络平台。鼓励有条件的地方整合各类流转服务平台，建立提供综合服务的市场。农村产权流转交易市场可以是独立的交易场所，也可以利用政务服务大厅等场所，形成"一个屋顶之下、多个服务窗口、多品种产权交易"的综合平台。

**三　运行和监管**

（八）交易品种。农村产权类别较多，权属关系复杂，承载功能多样，适用规则不同，应实行分类指导。法律没有限制的品种均可以入市流转交易，流转交易的方式、期限和流转交易后的开发利用要遵循相关法律、法规和政策。现阶段的交易品种主要包括：

1. 农户承包土地经营权。是指以家庭承包方式承包的耕地、草地、养殖水面等经营权，可以采取出租、入股等方式流转交易，流转期限由流转双方在法律规定范围内协商确定。

2. 林权。是指集体林地经营权和林木所有权、使用权，可以采取出租、转让、入股、作价出资或合作等方式流转交易，流转期限不能超过法定期限。

3. "四荒"使用权。是指农村集体所有的荒山、荒沟、荒丘、荒滩使用权。采取家庭承包方式取得的，按照农户承包土地经营权有关规定进行流转交易。以其他方式承包的，其承包经营权可以采取转让、出租、入股、抵押等方式进行流转交易。

4. 农村集体经营性资产。是指由农村集体统一经营管理的经营性资产（不含土地）的所有权或使用权，可以采取承包、租赁、出让、入股、合资、合作等方式流转交易。

5. 农业生产设施设备。是指农户、农民合作组织、农村集体和涉农企业等拥有的农业生产设施设备，可以采取转让、租赁、拍卖等方式流转交易。

6. 小型水利设施使用权。是指农户、农民合作组织、农村集体和涉农企业等拥有的小型水利设施使用权，可以采取承包、租赁、转让、抵押、股份合作等方式流转交易。

7. 农业类知识产权。是指涉农专利、商标、版权、新品种、新技术等，可以采取转让、出租、股份合作等方式流转交易。

8. 其他。农村建设项目招标、产业项目招商和转让等。

（九）交易主体。凡是法律、法规和政策没有限制的法人和自然人均可以进入市场参与流转交易，具体准入条件按照相关法律、法规和政策执行。现阶段市场流转交易主体主要有农户、农民合作社、农村集体经济组织、涉农企业和其他投资者。农户拥有的产权是否入市流转交易由农户自主决定。任何组织和个人不得强迫或妨碍自主交易。一定标的额以上的农村集体资产流转必须进入市场公开交易，防止暗箱操作。农村产权流转交易市场要依法对各类市场主体的资格进行审查核实、登记备案。产权流转交易的出让方必须是产权权利人，或者受产权权利人委托的受托人。除农户宅基地使用权、农民住房财产权、农户持有的集体资产股权之外，流转交易的受让方原则上没有资格限制（外资企业和境外投资者按照有关法律、法规执行）。对工商企业进入市场流转交易，要依据相关法律、法规和政策，加强准入监管和风险防范。

（十）服务内容。农村产权流转交易市场都应提供发布交易信息、受理交易咨询和申请、协助产权查询、组织交易、出具产权流转交易鉴证书，协助办理产权变更登记和资金结算手续等基本服务；可以根据自身条件，开展资产评估、法律服务、产权经纪、项目推介、抵押融资等配套服务，还可以引入财会、法律、资产评估等中介服务组织以及银行、保险等金融机构和担保公司，为农村产权流转交易提供专业化服务。

（十一）管理制度。农村产权流转交易市场要建立健全规范的市场管理制度和交易规则，对市场运行、服务规范、中介行为、纠纷调处、收费标准等作出具体规定。实行统一规范的业务受理、信息发布、交易签约、交易中（终）止、交易（合同）鉴证、档案管理等制度，流转交易的产权应无争议，发布信息应真实、准确、完整，交易品种和方式应符合相应法律、法规和政策，交易过程应公开公正，交易服务应方便农民群众。

（十二）监督管理。农村产权流转交易监督管理委员会和市场主管部门要强化监督管理，加强定期检查和动态监测，促进交易公平，防范交易风险，确保市场规范运行。及时查处各类违法违规交易行为，严禁隐瞒信息、暗箱操作、操纵交易。耕地、林地、草地、水利设施等产权流转交易后的开发利用，不能改变用途，不能破坏农业综合生产能力，不能破坏生态功能，有关部门要加强监管。

（十三）行业自律。探索建立农村产权流转交易市场行业协会，充分发挥其推动行业发展和行业自律的积极作用。协会要推进行业规范、交易制度和服务标准建设，加强经验交流、政策咨询、人员培训等服务；增强行业自律意识，自觉维护行业形象，提升市场公信力。

**四　保障措施**

（十四）扶持政策。各地要稳步推进农村集体产权制度改革，扎实做好土地承包经营权、集体建设用地使用权、农户宅基地使用权、林权等确权登记颁证工作。实行市场建设和运营财政补贴等优惠政策，通过采取购买社会化服务或公益性岗位等措施，支持充分利用现代信息技术建立农村产权流转交易和管理信息网络平台，完善服务功能和手段。组织从业人员开展业务培训，积极培育市场中介服务组织，逐步提高专业化水平。

（十五）组织领导。各地要加强领导，健全工作机制，严格执行相关法律、法规和政策；从本地实际出发，根据农村产权流转交易需要，制定管理办法和实施方案。农村工作综合部门和科技、财政、国土资源、住房城乡建设、农业、水利、林业、金融等部门要密切配合，加强指导，及时研究解决工作中的困难和问题。

国务院办公厅

2014 年 12 月 30 日

# 15. 国务院关于支持河南省加快建设中原经济区的指导意见

（国务院 2011 年 9 月 28 日发布）

各省、自治区、直辖市人民政府，国务院各部委、各直属机构：

中原地处我国中心地带，是中华民族和华夏文明的重要发源地。中原经济区是以全国主体功能区规划明确的重点开发区域为基础、中原城市群为支撑、涵盖河南全省、延及周边地区的经济区域，地理位置重要，粮食优势突出，市场潜力巨大，文化底蕴深厚，在全国改革发展大局中具有重要战略地位。为支持河南省加快建设中原经济区，现提出以下意见。

## 一　总体要求

（一）重大意义。河南省是人口大省、粮食和农业生产大省、新兴工业大省，解决好工业化、城镇化和农业现代化（以下简称"三化"）协调发展问题具有典型性和代表性。改革开放特别是实施促进中部地区崛起战略以来，河南省经济社会发展取得巨大成就，进入了工业化、城镇化加速推进的新阶段，既面临着跨越发展的重大机遇，也面临着粮食增产难度大、经济结构不合理、城镇化发展滞后、公共服务水平低等挑战和问题。积极探索不以牺牲农业和粮食、生态和环境为代价的"三化"协调发展的路子，是中原经济区建设的核心任务。支持河南省加快建设中原经济区，是巩固提升农业基础地位，保障国家粮食安全的需要；是破除城乡二元结构，加快新型工业化、城镇化进程的需要；是促进"三化"协调发展，为全国同类地区创造经验的需要；是加快河南发展，与全国同步实现全面建设小康社会目标的需要；是带动中部地区崛起，促进区域协调发展的需要。

（二）指导思想。以邓小平理论和"三个代表"重要思想为指导，深入贯彻落实科学发展观，全面实施促进中部地区崛起战略，坚持以科学发展为主题，以加快转变经济发展方式为主线，探索不以牺牲农业和粮食、生态和环境为代价的工业化、城镇化和农业现代化协调发展的路子，进一步解放思想、抢抓机遇，进一步创新体制、扩大开放，着力稳定提高粮食综合生产能力，着力推进产业结构和城乡结构调整，着力建设资源节约型和环境友好型社会，着力保障和改善民生，着力促进文化发展繁荣，以新型工业化、城镇化带动和提升农业现代化，以农业现代化夯实城乡共同繁荣的基础，推动中原经济区实现跨越式发展，在支撑中部地区崛起和服务全国大局中发挥更大作用。

（三）基本原则

——坚持稳粮强农，把解决好"三农"问题作为重中之重。毫不放松地抓好粮食生产，切实保障国家粮食安全，促进农业稳定发展、农民持续增收、农村全面繁荣。

——坚持统筹协调，把促进"三化"协调发展作为推动科学发展、转变发展方式的具体体现。坚定不移地走新型工业化、城镇化道路，建立健全以工促农、以城带乡长效机制，在协调中促发展，在发展中促协调。

——坚持节约集约，把实现内涵式发展作为基本要求。实行最严格的耕地保护制度和节约用地制度，着力提高资源利用效率，加强生态建设和环境保护，全面增强可持续发展能力。

——坚持以人为本，把保障和改善民生作为根本目的。大力发展教育、卫生、文化等各项社会事业，切实解决就业、住房、社会保障等民生问题，加快推进基本公共服务均等化，确保广大城乡居民共享改革发展成果。

——坚持改革开放，把改革创新和开放合作作为强大动力。大胆探索，勇于创新，在重点领域和关键环节的改革上先行先试，全方位扩大对内对外开放，加快形成有利于"三化"协调发展的体制机制。

（四）战略定位

——国家重要的粮食生产和现代农业基地。集中力量建设粮食生产核心区，巩固提升在保障国家粮食安全中的重要地位；大力发展畜牧业生产，建设全国重要的畜产品生产和加工基地；加快转变农业发展方式，发展高产、优质、高效、生态、安全农业，培育现代农业产业体系，不断提高农业专业化、规模化、标准化、集约化水平，建成全国农业现代化先行区。

——全国工业化、城镇化和农业现代化协调发展示范区。在加快新型工业化、城镇化进程中同步推进农业现代化，探索建立工农城乡利益协调机制、土地节约集约利用机制和农村人口有序转移机制，加快形成城乡经济社会发展一体化新格局，为全国同类地区发展起到典型示范作用。

——全国重要的经济增长板块。提升中原城市群整体竞争力，建设先进制造业和现代服务业基地，打造内陆开放高地、人力资源高地，成为与长江中游地区南北呼应、带动中部地区崛起的核心地带之一，引领中西部地区经济发展的重要引擎，支撑全国发展的重要区域。

——全国区域协调发展的战略支点和重要的现代综合交通枢纽。充分发挥承东启西、连南贯北的区位优势，加速生产要素集聚，强化东部地区产业转移、西部地区资源输出和南北区域交流合作的战略通道功能；加快现代综合交通体系建设，促进现代物流业发展，形成全国重要的现代综合交通枢纽和物流中心。

——华夏历史文明传承创新区。传承弘扬中原文化，充分保护和科学利用全球华人根亲文化资源；培育具有中原风貌、中国特色、时代特征和国际影响力的文化品牌，提升文化软实力，增强中华民族凝聚力，打造文化创新发展区。

（五）发展目标。到2015年，粮食综合生产能力稳步提高，产业结构继续优化，城镇化质量和水平稳步提升，"三化"发展协调性不断增强，基本公共服务水平和均等化程度全面提高，居民收入增长与经济发展同步，生态环境逐步改善，资源节约取得新进展，初步形成发展活力彰显、崛起态势强劲的经济区域。到2020年，粮食生产优势地位更加稳固，工业化、城镇化达到或接近全国平均水平，综合经济实力明显增强，城乡基本公共服务趋于均等化，基本形成城乡经济社会发展一体化新格局，建设成为城乡经济繁荣、人民生活富裕、生态环境优良、社会和谐文明，在全国具有重要影响的经济区。

（六）空间布局。按照"核心带动、轴带发展、节点提升、对接周边"的原则，形成放射状、网络化空间开发格局。"核心带动"，提升郑州交通枢纽、商务、物流、金融等服务功能，推进郑（州）汴（开封）一体化发展，建设郑（州）洛（阳）工业走廊，增强引领区域发展的核心带动能力。"轴带发展"，依托亚欧大陆桥通道，壮大沿陇海发展轴；依托京广通道，拓展纵向发展轴；依托东北西南向、东南西北向运输通道，培育新的发展轴，形成"米"字形重点开发地带。"节点提升"，逐步扩大轴带节点城市规模，完善城市功能，推进错位发展，提升辐射能力，形成大中小城市合理布局、城乡一体化发展的新格局。"对接周边"，加强对外联系通道建设，促进与毗邻地区融合发展，密切与周边经济区的合作，实现优势互补、联动发展。

**二　着力提高粮食生产能力，积极推进农业现代化**

把发展粮食生产放在突出位置，打造全国粮食生产核心区，不断提高农业技术装备水平，建立粮食和农业稳定增产长效机制，走具有中原特点的农业现代化道路，夯实"三化"协调发展的基础。

（七）加强粮食生产核心区建设。加快实施全国新增千亿斤粮食生产能力规划和河南省粮食生产核心区建设规划，稳定播种面积，着力提高单产，挖掘秋粮增产潜力，建成全国重要的高产稳产商品粮生产基地，到2020年粮食生产能力稳定达到1300亿斤。支持黄淮海平原、南阳盆地、豫北豫西山前平原优质专用小麦、专用玉米、优质大豆、优质水稻产业带建设，大幅提高吨粮田比重，优先安排并重点支持重大控制性水利工程、低洼易涝地治理、病险水库（水闸）除险加固和大中型灌区建设，加大大型灌排泵站更新改造力度，增强抗御水旱灾害能力。在保护地下水的前提下，在井灌区因地制宜实施"机井通电"和"以电代油"工程。推进以农田水利设施为基础的田间工程建设，发展高效节水灌溉。加快中低产田改造，建设旱涝保收高标准农田。实施粮食丰产科技工程，提升粮食生产核心区建设的科技支撑能力。支持发展现代种业，建设全国小麦、玉米育种创新基地。加大水利基础设施建设、中低产田改造、高标准基本农田建设、土地整理和复垦开发项目中央补助力度，逐步取消粮食主产县县级配套。

（八）推进农业结构战略性调整。向农业深度和广度进军，提高农业比较效益，促进农民增收。实施农产品优势产区建设规划，不断优化农业生产布局。加快现代畜牧业发展，重点支持畜禽标准化规模养殖场（小区）建设，完善动物疫病防控和良种繁育体系。加大对生猪调出大县的政策扶持力度，建设全国优质安全畜产品生产基地。加快特色高效农业发展，重点支持优质油料、蔬菜瓜果、花卉苗木生产，建设全国重要的油料和果蔬花卉生产基地。加快现代水产养殖业发展。支持驻马店、周口、商丘、濮阳等地建设国家级现代农业示范区，推进许昌、南阳等地建设国家级农业科技园区。扶持重点龙头企业，创建农业产业化示范基地，培育知名品牌，推进农产品精深加工，不断提高农业产业化经营水平。坚持和完善农村基本经营制度，建立健全土地承包经营权流转市场，按照依法、自愿、有偿原则，允许农民以转包、出租、互换、转让、股份合作等形式流转土地承包经营权，发展多种形式的适度规模经营。

（九）健全农业社会化服务体系。加大对公益性农业科研机构和农业院校的支持，加强基础能力建设，深入实施重大科技专项，力争在关键和共性技术方面取得突破，加快农业科技成果转化。健全乡镇或区域性农业公共服务机构，提高人员素质，充实工作手段，充分发挥基层农业技术推广体系的作用。提升秋粮生产机械化水平，增强农机推广服务能力，加快推进农业机械化。鼓励和引导农民专业合作社等提供多种形式的生产经营服务，形成多元化的农业社会化服务格局。推进农产品标准化生产，健全农产品和食品质量安全检验检测体系。推进郑州、商丘、驻马店等地建设大型农产品批发交易市场，在周口、南阳等农业大市培育和发展农产品综合交易市场。支持郑州商品交易所增加期货品种，建成全国农产品期货交易中心、价格中心和信息中心。

（十）加大强农惠农政策支持力度。加大中央财政转移支付力度，支持粮食主产区提高财政保障能力，逐步缩小地方标准财政收支缺口。扩大对种粮农民直接补贴、农资综合补贴规模，扩大良种补贴范围，继续实施花生、生猪良种补贴，加大农机购置补贴力度，重点向粮食主产县倾斜。加大粮食主产区投入和利益补偿，提高对产粮大县奖励标准，加大中央预算内投资对主产区的投入力度，优先在主产区安排重大农业发展项目。支持在主产区中心城市和县城布局对地方财力具有支撑作用的重大项目，扶持粮食主产区经济发展。逐步提高粮食最低收购价格。引导主销区参与主产区粮食生产基地、仓储设施等建设，建立稳固的产销协作关系。加大农业保险支持力度，发展具有地方特色的农产品保险品种。研究设立农村金融改革试验区，开展农村金融综合改革创新试点。

### 三 加快新型工业化进程，构建现代产业体系

抢抓产业转移机遇，促进结构优化升级，坚持走新型工业化道路，加快建立结构合理、特色鲜明、节能环保、竞争力强的现代产业体系，引领带动"三化"协调发展。

（十一）发展壮大优势主导产业。做大做强高成长性的汽车、电子信息、装备制造、食品、轻工、新型建材等产业，改造提升具有传统优势的化工、有色、钢铁、纺织产业，加快淘汰落后产能，形成带动力强的主导产业群。建设郑州汽车制造基地，推进整车及零部件产业发展。支持新型显示、信息家电、新一代信息通信产品等发展，建设郑州、漯河、鹤壁等

电子信息产业基地。提升输变电装备、大型成套装备、现代农机等产业竞争力，建设现代装备制造基地。扩大面制品、肉制品、乳品果蔬饮料产业优势，提升主食工业化水平，促进食品工业大发展。加快培育一批家用电器、家具厨卫等特色轻工产业集群，大力发展节能、环保和绿色建筑材料。严格控制冶金行业总量扩张，以整合重组、技术改造、精深加工为重点，支持骨干企业实施煤电铝及加工一体化发展，加快重点钢铁企业产品结构升级，推动石油化工、盐化工、煤化工融合发展，建设具有国际竞争力的精品原材料基地。提升服装、面料、家用纺织品的发展规模和水平，支持发展品牌服装产业。推动洛阳、安阳、新乡、平顶山、南阳等老工业基地加快调整改造，支持焦作、濮阳、三门峡等资源型城市可持续发展。

（十二）积极培育战略性新兴产业。集中优势资源，实施一批科技重大项目，加快产业化基地建设，重点推动生物、新材料、新能源、新能源汽车、高端装备等先导产业发展，大力发展节能环保产业。加快发展生物医药、生物育种、超硬材料、高强轻型合金，建设郑州生物产业基地和洛阳新材料产业基地。实施重大产业创新发展工程，促进动力电池、电动汽车、光伏材料、节能环保成套装备、纤维乙醇等发展，培育一批战略性新兴产业示范基地，形成一批具有自主知识产权的国家标准和国际标准。实施重大应用示范工程，扩大新能源汽车示范运营范围，支持建设南阳国家生物质能示范区。

（十三）加快发展服务业。提高规模化、品牌化、网络化发展水平，改造提升商贸、餐饮等传统服务业，发展壮大健康产业、社区服务、养老服务等新型业态，加快培育和扶持具有地方特色的家庭服务业。支持发展信息服务、创意设计、会展、服务外包、科技服务、电子商务等新兴服务业。突出发展物流、文化、旅游和金融等现代服务业。挖掘整合旅游资源，推动文化旅游融合发展，重点培育文化体验游、休闲度假游、保健康复游等特色产品，实施乡村旅游富民工程，建设中原历史文化旅游区、黄河文化旅游带和南水北调中线生态文化旅游带等一批重点旅游景区和精品旅游线路，建成世界知名、全国一流的旅游目的地。支持完善金融机构、金融市场和金融产品，形成多层次资本市场体系。加快推进郑东新区金融集聚核心功能区建设，适时申请开展电子商务国际结算业务。支持设立创业投资基金。推动保险业创新发展，开展保险资金投资基础设施等试点。支持郑州开展服务业综合改革试点。

（十四）促进产业集聚发展。依托中心城市和县城，促进第二、第三产业高度集聚，强化产业分工协作，建设沿陇海产业带、沿京广产业带，形成以产兴城、以城促产的协调发展新格局。加强产业集聚区规划与土地利用总体规划、城市总体规划的衔接，整合提升各类产业园区，科学规划建设产业集聚区，积极构建现代产业体系、现代城镇体系和自主创新体系发展的重要载体，促进企业集中布局、产业集群发展、资源集约利用、功能集合构建、人口有序转移。支持基础设施和公共服务平台建设，推进创新型、开放型、资源节约和环境友好型等产业集聚区的示范创建，建设一批国家新型工业化产业示范基地。

（十五）有序承接产业转移。发挥区位优越、劳动力资源丰富等优势，完善产业配套条件，打造产业转移承接平台，健全产业转移推进机制，全方位、多层次承接沿海地区和国际产业转移。支持中心城市重点承接发展高端制造业、战略性新兴产业和现代服务业，推动县城重点发展各具特色、吸纳就业能力强的产业，形成有序承接、集中布局、错位发展、良性竞争的格局。支持设立承接产业转移示范区。

（十六）提高产业核心竞争力。促进工业化与信息化融合、制造业与服务业融合、新兴科技与新兴产业融合，加大技术改造力度，走创新驱动发展道路。发挥企业创新主体作用，鼓励国家级科研院所、高校设立分支机构或建立成果转移中心，建立产业技术创新联盟，加强国家级企业技术中心、工程（技术）研究中心、重点实验室、工程实验室等研发平台建设，构筑区域性自主创新体系。支持组织实施一批重大科技专项工程，加强技术创新，推动郑州、洛阳成为具有重要影响力的产业创新中心。完善创新创业服务体系，支持创新型企业加快发展。推进国家级检验检测公共技术服务平台建设。鼓励和支持优质资本、优势企业跨行政区并购和重组，加快培育大型企业集团，提高产业集中度。培育若干具有国际影响力的知名品牌。

**四 积极推进城镇化，促进城乡一体化发展**

充分发挥中原城市群辐射带动作用，形成大中小城市和小城镇协调发展的城镇化格局，走城乡统筹、社会和谐、生态宜居的新型城镇化道路，支撑和推动"三化"协调发展。

（十七）加快中原城市群发展。实施中心城市带动战略，提升郑州作为我国中部地区重要的中心城市地位，发挥洛阳区域副中心城市作用，加强各城市间分工合作,推进交通一体、产业链接、服务共享、生态共建,形成具有较强竞争力的开放型城市群。支持郑汴新区加快发展,建设内陆开发开放高地,打造"三化"协调发展先导区,形成中原经济区最具活力的发展区域。推进教育、医疗、信息资源共享,实现电信、金融同城,加快郑汴一体化进程。加强郑州与洛阳、新乡、许昌、焦作等毗邻城市的高效联系,实现融合发展。推进城市群内多层次城际快速交通网络建设,促进城际功能对接、联动发展,建成沿陇海经济带的核心区域和全国重要的城镇密集区。

(十八)增强城镇承载能力。科学编制城镇规划,完善城市功能,提升基础设施水平和公共服务能力,加强生态和历史文化保护,建设集约紧凑、生态宜居、富有特色的现代化城市。支持中心城市优化布局,形成以中心城区为核心、周边县城和功能区为组团的空间格局。增强郑州综合服务功能,提升高端要素集聚、科技创新、文化引领能力,建设中部地区重要的区域性经济中心。拓宽多元化投融资渠道,加强城镇基础设施和公共服务能力建设。支持有条件的中心城市制定覆盖全行政区的城乡规划,建设内涵发展、紧凑布局的复合型功能区,推进城乡一体化进程。

(十九)提高以城带乡发展水平。发挥县(市)促进城乡互动的纽带作用,把中小城市作为吸纳农村人口就近转移的重要载体,推动城乡之间公共资源均衡分配和生产要素自由流动。增强县城发展活力,支持有条件的县城逐步发展为中等城市,提高承接中心城市辐射和带动农村发展的能力。按照合理布局、适度发展原则,支持基础较好的中心镇逐步发展成为小城市,强化其他小城镇对周边农村的生产生活服务功能。推动基础设施和公共服务向农村延伸。有序推进农村人口向城镇转移,把符合条件的农业转移人口逐步转成城镇居民,享有平等权益。鼓励城市骨干企业与农村建立对口帮扶长效机制。

(二十)扎实推进新农村建设。统筹城乡规划,优化村庄布局,建设富裕、民主、文明、和谐的社会主义新农村。按照规划先行、就业为本、量力而行、群众自愿原则,积极稳妥开展新型农村社区建设试点,促进土地集约利用、农业规模经营、农民就近就业、农村环境改善。支持新乡统筹城乡发展试验区、信阳农村改革发展综合试验区建设。加快通乡通村道路建设,同步推进村庄内外道路硬化。支持农村危房改造和农村沼气建设,加快新一轮农村电网升级改造,完善农村通信基础设施,全面解决农村饮水安全问题，实施农村清洁工程，开展农村环境综合整治，改善农村生产生活条件。

（二十一）严格耕地保护和城乡节约用地。严守耕地红线，严格保护耕地特别是基本农田，确保基本农田总量不减少、用途不改变、质量有提高。建立耕地保护补偿激励机制。按照主体功能区定位要求，发挥土地利用总体规划的管控作用，统筹安排农田保护、城镇建设、产业集聚、生态涵养等空间布局，通过提高土地利用效率保障工业化、城镇化发展用地需求。以增加高产稳产基本农田和改善农村生产生活条件为目标，大力实施农村土地综合整治，积极开展"千村整治"试点，严格规范城乡建设用地增减挂钩试点工作。严格执行节约集约用地标准，提高投资强度和土地利用效率，扩大产业集聚区多层标准厂房比例，加快旧城区和城中村改造，积极盘活闲置和空闲土地。建立健全节约集约用地考核评价机制，支持探索节约集约用地新模式。

**五 加强基础设施建设，提高发展保障水平**

按照统筹规划、合理布局、适度超前的原则，加快交通、能源、水利、信息基础设施建设，构建功能配套、安全高效的现代化基础设施体系，为中原经济区建设提供重要保障。

（二十二）巩固提升郑州综合交通枢纽地位。加强综合规划引导，按照枢纽型、功能性、网络化要求，把郑州建成全国重要的综合交通枢纽。推进郑州国内大型航空枢纽建设，加快建设郑州机场二期工程，积极引进和培育基地航空公司，增开连接国际大型枢纽机场的客货运航线，扩大航权开放范围，大力发展航空物流，把郑州机场建成重要的国内航线中转换乘和货运集散区域性中心。提升郑州铁路枢纽在全国铁路网中的地位和作用，推进郑州东站、郑州机场站和郑州火车站三大客运综合枢纽建设改造。统筹航空、铁路、公路各种运输方式高效衔接，促进客运零距离换乘、货运无缝对接，加强与沿海港口和各大枢纽的高效连接，推进空路运输一体联程、货物多式联运。改造提升洛阳、安阳、商丘、南阳、信阳、三门峡、漯河、新乡等地区性交通枢纽，形成与郑州联动发展的现代综合交通枢纽格局。

（二十三）构筑便捷高效的交通运输网络。加强铁路、公路、航空、水运网络建设，提高通达能力，强化与沿海地区和周边经济区域的交通联系，形成网络设施配套衔接、覆盖城乡、连通内外、安全高效的综合交通运输网络体系。开工建设郑州至万州铁路，研究规划郑州至济南、郑州至太原、郑州至合肥等快速铁路通道，逐步形成促进大区域间高效连接的铁路通道网络。推进中原城市群城际铁路网建设。加快内蒙古西部至华中地区铁路煤运通道建设，完成宁（南京）西（安）等铁路复线电气化改造工程，形成多条出海运输通道。统筹研究洛阳、南阳、商丘、明港以及豫东北、鲁山机场建设，支持发展通用航空，适时试点开放低空空域。完善内联外通的高速公路网，实施京港澳、连霍等高速公路扩容改造。建设国家级区域公路交通应急救援和路网协调中心。提高农村公路建设标准，加快县乡道改造和农村连通工程等建设。推进淮河、沙颍河、涡河、沱浍河等跨省航道建设。

（二十四）建设全国现代物流中心。实施大交通大物流战略，建设以郑州为中心、地区性中心城市为节点、专业物流企业为支撑的现代物流体系。优化郑州物流功能区布局，支持郑州干线公路物流中心、郑州铁路集装箱中心站二期和航空港物流园等建设，强化国际物流、区域分拨、本地配送功能，促进交通公共服务信息平台和物流信息平台共建共享，建设内陆无水港，成为覆盖中西部、辐射全国、连通世界的内陆型现代物流中心。大力发展食品冷链、粮食、邮政等专业物流，建设全国性快递集散交换中心、铁路冷链物流基地。建设洛阳、安阳、商丘、濮阳、信阳、南阳等区域物流枢纽。推动国内外大型物流集团建设区域性分拨中心和配送网络，大力引进和培育第三方物流企业。研究完善物流企业营业税差额纳税试点办法。

（二十五）提高能源保障水平。优化能源结构和布局，提高开发利用效率，建立安全、高效、清洁的能源保障体系。加强煤炭资源勘查和大中型矿井建设，推进煤炭资源整合和兼并重组，培育大型煤炭企业集团，建设全国重要的煤炭生产基地。结合工业园区和城市发展规划，重点建设热电联产项目，根据煤炭生产供应情况，规划建设大型坑口、路口等骨干电源。规划建设外电入豫通道，加快智能电网建设。做好南阳核电厂址保护工作。依托西气东输等国家骨干天然气管道，完善支线管网，提高燃气覆盖率。支持建设中原成品油和煤炭物流储配中心，推进濮阳、平顶山等地建设天然气储备基地。积极发展生物质能、太阳能等可再生能源。

（二十六）加强水资源保障体系建设。坚持兴利除害并举、防灾减灾并重，统筹协调区域水利基础设施建设，形成由南水北调干渠和受水配套工程、水库、河道及城市生态水系组成的水网体系。进一步推进黄河、淮河大江大河治理，支持河口村、出山店、前坪等大中型控制性水利工程建设，加强中小河流治理和蓄滞洪区建设，加快山洪灾害防治。在深入论证的基础上，适度开展引黄调蓄工程建设，提高黄河水资源利用水平。严格地下水管理，削减地下水超采量。加快推进南水北调中线及配套工程建设，研究南水北调配套工程的资金和政策支持问题，实施总干渠防洪影响工程，建立渠首、沿线地区与受水地区经济协作机制，确保南水北调中线输水水质。加强城市供水设施及应急备用水源建设。深化黄河小浪底枢纽至南水北调中线工程干渠贯通工程前期工作。建立和完善水权制度，研究设立黄河及南水北调中线工程沿线水权交易中心，推进水资源节约利用。建设黄河中下游沿线综合开发示范区，打造集生态涵养、水资源综合利用、文化旅游、滩区土地开发于一体的复合功能带。

（二十七）加快信息网络设施建设。加强区域空间信息基础设施建设，建立和完善信息资源共建共享机制，深化信息技术应用。实施数字河南、智慧中原、无线城市、中原数据基地和光网城市等重大工程，提升郑州信息集散中心和通信网络交换枢纽地位，促进新一代移动通信、下一代互联网、物联网等新一代信息通信技术产业发展。按照国家统筹部署，全面推进电信网、广播电视网、互联网"三网融合"，加快光纤接入网建设和普及延伸，建设宽带中原。实施移动通信网络升级工程，扩大第三代移动通信网络覆盖范围，优先布局新一代移动通信网络。加快物联网发展，实施重点领域物联网应用示范工程。支持重大应用网络平台和信息安全基础设施建设，完善容灾备份和信息安全应急体系。提升农业农村信息化服务水平。

**六 加强资源节约和环境保护，大力推进生态文明建设**

坚持高起点推进工业化、城镇化和农业现代化，把加强生态环境保护、节约集约利用资源作为转变经济发展方式的重要着力点，加快构建资源节约、环境友好的生产方式和消费模式，不断提高可持续发展能力。

（二十八）加大环境保护力度。严格污染物总量控制，实现环境容量高效利用，努力保障发展需求。加大丹江口库区和南水北调中线工程调水干渠沿线、淮河、黄河、海河等重点流域水污染防治力度，支持南水北调中线工程渠首环境保护能力建设，建立健全跨流域、跨区域的污染联防联控、跨界防治机制。推进污水和垃圾处理、重点工业污染源治理、次级河流污染整治等项目建设，加强土壤环境保护、重金属污染治理、农村环境综合整治和危险废物管理，大力推进大气污染防治，实施多种污染物协同控制，全面完成国家明确的主要污染物减排任务。支持开展环境容量研究及应用试点，优化环境容量资源配置。加强环境保护能力建设，提升环境应急能力，建设郑州区域性应急物资储备基地和支援保障基地。将河南纳入排污权交易试点省，支持建设排污权、碳排放交易中心，探索建立排污权有偿使用和排污权、碳排放交易机制。

（二十九）加强资源节约集约利用。坚持节约优先，深化资源价格改革，提高资源利用效率和保障水平。实行最严格的水资源管理制度，建立水资源开发利用控制、用水效率控制、水功能区限制纳污红线指标体系，提高农业灌溉用水利用效率，大力开展工业节水，推进许昌、济源等创建节水型城市，全面建设节水型社会。加大工业、建筑、交通、公共机构等领域节能力度，推进重点节能工程建设，全面完成国家明确的单位生产总值能耗下降、二氧化碳减排目标任务。深入推进资源整合，继续加大矿产资源勘查、开发和保护力度，大力开展资源综合利用。加快循环经济试点省建设，建设一批循环经济重点工程和示范城市、园区、企业，推动工农业复合型循环经济发展。加大对鹤壁等循环经济试点的支持力度，推进驻马店、周口、漯河等地开展农业废弃物综合利用示范，建设许昌废金属再生利用示范基地。

（三十）建设生态网络构架。依托山体、河流、干渠等生态空间，构建区域生态网络，建设黄河中下游、淮河上中游生态安全保障区。支持实施生态移民、水土保持、天然林保护等工程，巩固退耕还林成果，构建伏牛山、桐柏大别山和太行山山地生态区。推进平原沙化治理及防护林建设，构建平原生态涵养区。加强黄河湿地保护，建设沿堤防护林带，构建沿黄生态涵养带。构建南水北调中线生态走廊，建设中线工程渠首水源地高效生态经济示范区。推进矿区生态恢复治理、煤矿塌陷区治理和农村土壤修复，支持国家级自然保护区建设，加强生物多样性保护和外来物种防控。加大对重点生态功能区财政转移支付力度，建立丹江口库区、淮河源头生态补偿机制。

## 七　全面提升公共服务水平，切实保障和改善民生

牢固树立以人为本理念，坚持发展为了人民，发展依靠人民，发展成果由人民共享，切实解决人民群众最关心最直接最现实的民生问题，保护

调动各方面的积极性，形成建设中原经济区的强大合力。

（三十一）努力扩大就业。坚持促进产业发展和扩大就业相结合，拓宽就业渠道，增加就业岗位。大力发展劳动密集型产业和小型微型企业，加大对高校毕业生、返乡农民工等创业扶持力度，加强创业培训服务体系建设，以创业带动就业。实施全民技能振兴工程，加强农村劳动力转移就业技能培训，推进农民工培训资金省级统筹，对高校毕业生、下岗失业人员、农民工等重点群体开展职业技能培训。完善覆盖城乡的公共就业服务体系，建设人力资源开发交流服务平台。

（三十二）加快城乡社会事业发展。加快构建基本公共教育服务体系，优化配置义务教育资源，基本实现县域内义务教育均衡发展。落实好农村义务教育阶段家庭困难寄宿生生活费补助政策，扩大边远艰苦地区学校农村教师周转宿舍建设试点范围。支持教育基础薄弱县改扩建一批普通高中，办好现有乡镇中心幼儿园，加快普及学前教育和高中阶段教育。全面落实医药卫生体制改革各项任务，完善公共卫生服务体系，加快建立完善医疗急救网络，加强妇幼保健机构建设。加大对人口大县县医院、中医院和乡镇卫生院的支持力度。加强省辖市综合医院建设。建设郑州区域性医疗中心，推动省部共建医学科研院所。大力发展中医药事业。实施基础文化设施覆盖工程，支持省辖市图书馆、文化馆、博物馆和文物大县博物馆等公共文化设施建设，继续实施广播电视村村通工程、农村电影放映工程。推进人口和计划生育服务体系建设，促进人口长期均衡发展。加强公共体育设施建设。加大中央财政均衡性转移支付力度，提高城乡居民基本公共服务水平。

（三十三）健全社会保障体系。加快建设覆盖城乡居民的社会保障体系，稳步提高保障水平。加快实现新型农村和城镇居民社会养老保险制度全覆盖，稳步扩大农村低保覆盖面，做好城镇职工基本养老保险关系转移接续工作，推进社会养老服务体系建设，逐步推进城乡养老保障制度有效衔接。加快建立预防、补偿、康复三位一体的工伤保险制度，加快康复中心建设。完善社会福利和养老机构基础设施，建立健全城乡困难群体、残疾人和优抚对象等特殊群体的社会保障机制。加强以公共租赁住房为重点的保障性安居工程建设，支持开展利用住房公积金贷款支持保障性住房建设试点。

（三十四）加大扶贫开发力度。坚持开发式扶贫方针，逐步提高扶贫标准，增加扶贫资金投入，加快解决集中连片特殊困难地区的贫困问题。支持贫困地区改善基础设施条件，发展特色优势产业，增强自我发展能力。因地制宜开展整村推进扶贫开发，对偏远山区、生态脆弱区和自然条件恶劣地区的贫困村，加大易地扶贫搬迁力度。促进扶贫开发与农村最低生活保障制度有效衔接。扩大互助资金、连片开发、彩票公益金扶贫、科技扶贫等试点。支持建设濮（阳县）范（县）台（前县）扶贫开发综合试验区。按照国家相关政策，加大对革命老区、豫西贫困山区、丹江口库区的支持力度。

（三十五）加强和创新社会管理。加强社会管理能力建设，构建社会管理源头治理、动态监控和应急处置有效机制，全面提高社会管理科学化水平。加快城乡社区服务设施建设，完善基层社会管理和服务体系，创新社区管理服务体制，健全多元投入和运行经费保障机制。支持各类社会组织发展，推动政府部门向社会组织转移职能，加快建立和完善政府向社会组织购买服务的制度。加强法治政府和服务型政府建设，促进公平司法、公正司法，建立健全科学的利益协调机制、诉求表达机制、矛盾调处机制和权益保障机制。加强公共安全体系建设，严格食品药品安全和安全生产监管。探索建立人口均衡发展的政策和服务体系。改革和调整户口迁移政策，创新流动人口管理机制。

**八 弘扬中原大文化，增强文化软实力**

积极推进具有中原特质的文化大发展大繁荣，打造昂扬向上的中原人文精神，大力促进人口资源向人力资源转化，全面提高人民的素质，为中原经济区建设提供强大精神动力和智力支持。

（三十六）提升中原文化影响力。挖掘中华姓氏、文字沿革、功夫文化、轩辕故里等根亲祖地文化资源优势，提升具有中原特质的文化内涵，增强对海内外华人的凝聚力。加强文物保护工作，统筹做好洛阳、安阳、郑州、开封等地的遗址保护和利用，探索大遗址保护机制。依托洛阳龙门石窟、安阳殷墟、登封"天地之中"历史建筑群，建设世界遗产保护研究基地。促进地方剧种、传统手工艺发展，加强非物质文化遗产保护利用，加大历史文化名城、名镇、名村保护力度。创新文化传播内容和形式，进一步推动中原文化"走出去"，扩大对外文化贸易。

（三十七）促进文化产业大发展。加快广播影视、演艺娱乐、新闻出版、动漫游戏、文化创意等重点文化产业发展，推进数字出版基地和动漫基地建设，扶持具有中原特色和国家水准的重大文化项目，创作更多思想深刻、艺术精湛、群众喜闻乐见的文化精品，打造全国重要的文化产业基地。支持开展文化改革发展综合试验，探索政府主导与发挥市场作用有机统一的文化事业和文化产业发展机制，完善扶持公益性文化事业、鼓励文化创新的政策措施。加大金融对中原文化产业发展支持力度，加快文化产业投融资平台和公共服务平台建设。积极推动文化市场开放，鼓励社会力量参与公益性文化建设。

（三十八）提高人力资源开发水平。坚持人才优先发展，显著提升人口综合素质，把人口压力转化为人力资源优势，努力建设全国人力资源高地。调整高等学校、职业院校布局和学科专业结构，支持探索构建现代职业教育体系。建设国家职业教育改革试验区，加强职业教育基础能力建设，改革创新职业教育体制机制和人才培养模式，落实好中等职业教育免学费政策，打造全国重要的职业教育基地和职业培训实训基地。加快高水平大学和重点学科建设，支持郑州大学和河南大学创建国内一流大学，将符合条件的高校纳入"中西部高等教育振兴计划"。实施高端人才引进和培养工程，国家"千人计划"、"百人计划"等人才和引智项目予以适当倾斜。完善各类人才薪酬制度。

（三十九）塑造中原人文精神。弘扬兼容并蓄、刚柔相济、革故鼎新、生生不息的中原文化，加强人文教育，提升人文素质，注重人文关怀，塑造具有中原特质、体现时代特征的人文精神。发扬愚公移山精神、焦裕禄精神和红旗渠精神。全面增强开放意识、市场意识、机遇意识和创新意识，深入实施全民科学素质行动计划，开展群众性精神文明创建活动，倡导敬岗诚信、劳动致富、团结互助的社会风尚，营造扶正祛邪、惩恶扬善的社会风气，树立中原发展新形象。

**九 推进体制机制创新，扩大对内对外开放**

坚持深化改革，不断破解体制机制难题，坚持扩大开放，不断拓展新的发展空间，以改革开放促发展、促创新，推动传统农业大区向现代经济强区转变，开创中原经济区建设新局面。

（四十）加大"三化"协调发展先行先试力度。允许采取更加灵活的政策措施，在城乡资源要素配置、土地节约集约利用、农村人口有序转移、行政管理体制改革等方面先行先试。加快农村土地管理制度改革试点，建立城乡统一的土地市场，改革和完善土地征用制度，确保农民在土地增值中的收益权。进一步完善县域法人金融机构将新增存款一定比例用于当地发放贷款的政策，提高农村存款用于农业农村发展的比重。在严格执行土地利用总体规划和土地整治规划的基础上，探索开展城乡之间、地区之间人地挂钩政策试点，实行城镇建设用地增加规模与吸纳农村人口进入城市定居规模挂钩、城市化地区建设用地增加规模与吸纳外来人口进入城市定居规模挂钩，有效破解"三化"协调发展用地矛盾。创新农民进城落户的社会保障、住房、技能培训、就业创业、子女就学等制度安排，探索建立农村人口向城镇就地就近有序转移机制，妥善解决农民工流动中的社会问题，健全农民工权益保障机制。鼓励国内外知名医疗机构在经济区设立分支机构，推动国内外知名大学在经济区设立中外合作办学机构，满足高层次医疗、教育服务需求。创新行政管理体制，优化政府结构和行政层级，加快推行省直管县（市）改革。

（四十一）深化重点领域和关键环节改革。全面深化经济体制改革，完善社会主义市场经济体制，增创体制机制新优势。探索建立符合区域主体功能定位的财政政策导向机制。深化投融资体制改革，加快发展完善资本、产权、技术、土地和劳动力等要素市场，推进资源性产品价格改革，提高资源税税率。稳步推进电价改革，开展大用户直供电试点。深化国有企业改革，加强中小企业服务体系建设，全面落实促进中小企业和非公有制经济发展的政策措施。探索建立与中央企业合作的长效机制。

（四十二）建设内陆开放高地。打造对外开放平台，营造与国内外市场接轨的制度环境，完善涉外公共管理和服务体系，加快形成全方位、多层次、宽领域的开放格局。支持郑州建设内陆开放型经济示范区，加快郑州新郑综合保税区建设，推进"一站式"通关和电子口岸建设，创新监管模式。支持符合条件的省级开发区升级为国家级开发区，支持具备条件的地区申报建设海关特殊监管区域，鼓励与东部地区合作承接沿海加工贸易梯度转移。支持符合条件的城市申报服务外包示范城市。统筹规划，合理布局海关、出入境检验检疫机构。加强与沿海港口口岸的战略合作。依托现有园区，加强与港澳台经济技术和贸易投资领域的合作。

（四十三）促进区域联动发展。强化区域发展分工与合作，构建联动发展新机制，实现优势互补，不断拓展发展空间。建立中原城市群城市与粮食主产县合作和利益补偿机制，增强城市群对区域内欠发达地区的辐射带动作用。推进与毗邻地区在基础设施、信息平台、旅游开发、生态保护等重点领域的合作，加强在科技要素、人力资源、信用体系、市场准入、质量互认和政府服务等方面的对接。完善与周边省份区域合作机制，支持晋陕豫黄河金三角地区开展区域协调发展试验，鼓励焦作、济源、安阳、濮阳与晋冀鲁地区加强区域合作。密切与长三角、山东半岛、江苏沿海、京津冀、关中—天水等区域的合作，进一步发挥连接东西南北的纽带作用。推动在河南省举办国家级经贸活动，打造高水平区域开放合作平台。

**十　保障措施**

（四十四）强化组织实施。河南省人民政府要加强对本意见实施的组织领导，明确工作分工，健全工作机制，完善工作方案，认真落实意见提出的各项任务，涉及的重大政策、改革试点和建设项目按规定程序另行报批后实施。要按照本意见确定的战略定位、空间布局和发展重点，有序推进重点项目建设，努力探索有利于中原经济区科学发展的体制机制。要加强与国务院有关部门的沟通衔接，强化与周边省份的互动合作，扎实推进意见实施。

（四十五）加大政策支持。国务院有关部门要按照本意见要求和各自职能分工，抓紧制定具体工作措施，认真落实财税、金融、投资、产业、土地等方面的支持政策。加大中央财政转移支付力度，支持中原经济区建设和发展。支持地方性银行、保险等金融机构发展，开展规范股权投资企业发展、完善备案管理工作的试点，支持符合条件的企业上市和发行债券。鼓励政策性金融机构加大信贷支持力度。支持农村信用社进一步深化改革。加大专项建设资金投入，在重大项目规划布局、审批核准、资金安排等方面给予适当支持。研究制定差别化产业政策，支持鼓励类产业发展。实施差别化土地管理政策，对土地利用年度计划和城乡建设用地增减挂钩试点计划指标适度予以倾斜，支持开展土地利用总体规划定期评估和适时修订试点。

（四十六）加强指导协调。发展改革委要加强对本意见实施情况的跟踪分析，做好指导与督促检查工作，会同有关部门和河南省人民政府定期组织开展意见实施情况评估。在实施过程中，要加强与国家相关规划的衔接，注意研究新情况、解决新问题、总结新经验，重大问题及时向国务院报告。

建设中原经济区，事关促进中部地区崛起和区域协调发展总体战略，是一项重大而艰巨的历史任务。国务院有关部门和有关地方要进一步统一思想，提高认识，锐意进取，扎实工作，全面落实意见提出的各项任务，推动中原经济区实现跨越式发展，为服务全国发展大局做出更大贡献。

国务院
二〇一一年九月二十八日

# 16.《中原经济区规划》（2012—2020 年）（节选）
## （2012 年 11 月，国务院正式批复）

## 第二章　总体要求

### 第二节　战略定位

国家重要的粮食生产和现代农业基地。集中力量建设粮食生产区，推进标准农田建设，保障国家粮食安全；加快发展现代农业产业化集群，推进全国重要的畜产品生产和加工基地建设，提高农业专业化、规模化、标准化、集约化水平，建成全国新型农业现代化先行区。

全国"三化"协调发展示范区。在加快新型工业化、城镇化进程中同步推进农业现代化，探索建立人口集中、产业集聚、土地集约联动机制，形成城乡经济社会发展一体化新格局，为全国同类地区发展提供示范。

## 第四章　推进新型农业现代化

推进以粮食优质高产为前提，以绿色生态安全、集约化、标准化、组织化、产业化程度高为主要标志，基础设施、机械装备、服务体系、科学技术和农民素质支撑有力的新型农业现代化，构建具有中原特点的现代农业产业体系，夯实"三化"协调发展的基础。

### 第一节　建设粮食生产核心区

依托纳入全国新增千亿斤粮食生产能力规划的县（市、区），建设黄淮海平原、南阳盆地、太行山前平原、汾河平原优质专用小麦和优质玉米、水稻、大豆、杂粮产业带，大幅提高吨粮田比重，建设粮食生产核心区。加强农产品主产区耕地保护，稳定粮食播种面积。推进大中型水库和灌区建设，加大低洼易涝地治理、病险水库除险加固和大型灌排泵站更新改造力度，增强抗御旱涝灾害能力。加快高标准农田建设和中低产田改造。实施粮食丰产科技工程，建设一批粮食科技示范区。加快超高产新品种选育推广，建设全国小麦、玉米、水稻育种创新基地。推进农业机械化，提高粮食耕种收综合机械化水平。推进整建制粮食高产创建，实施提高粮食综合生产能力重大工程，打造 20 个粮食生产能力超 20 亿斤、25个 15 亿—20 亿斤和 60 个 10 亿—15 亿斤的粮食生产大县，建设区域化、规模化、集中连片的国家商品粮生产基地。

## 第二节　加快农业结构战略性调整

加快现代畜牧业发展，重点提高生猪产业竞争力，扩大奶牛、肉牛、肉羊等优势产品的规模，大力发展禽类产品，提高畜禽产品质量，建设全国优质安全畜禽产品生产基地。推进畜禽标准化规模养殖场（小区）建设，完善动物疫病防控和良种繁育体系，发展壮大优势畜牧养殖带（区）。优化生产布局，加大养殖品种改良力度，发展高效生态型水产养殖业。加快优势特色产业带建设，大力发展油料、棉花产业，推进蔬菜、林果、中药材、花卉、茶叶、食用菌、柞桑蚕、木本粮油等特色高效农业发展，建设全国重要的油料、棉花、果蔬、花卉生产基地和一批优质特色农林产品生产基地。大力发展设施农业。

## 第三节　构建现代农业支撑体系

实施现代农业产业化集群培育工程，加快发展农民专业合作组织，壮大龙头企业，培育知名品牌，做大做强优势特色产业，构建现代农业产业体系，建设一批现代农业示范区。推动耕地向种粮大户、农机大户、家庭农场和农民专业合作社集中，促进农业适度规模经营。加强农技推广队伍建设，深入实施重大科技专项，推进农业科技创新和成果转化，提高农业公共服务能力。完善农产品流通体系，建设一批大型农产品批发交易市场。加强农产品质量安全体系建设，建立健全农产品质量安全标准体系和质检体系。加强农业信息和气象服务，推进农村信息化建设。